역사상 가장 위대한 경제이론

300년 세계 경제사를 한 권으로 읽는다

역사상 가장 위대한 경제이론

19+

경제전문기자 김민구 저

불황에서 호황으로
빈곤에서 풍요로

사람in
saram
in.com

경제학이라고 하면 흔히 거시경제학과 미시경제학에서 다루는 수학 공식으로 가득 찬 경제이론을 떠올린다. 어떻게 보면 맞는 얘기다. 경제학에 적용된 수학적 개념은 경제 현상을 보다 정밀하고 객관적으로 보게 해주는 주요 도구이기 때문이다. 한편으로는 수학과 경제이론이 절묘하게 어우러진 점 때문에 많은 사람이 경제학 공부를 시작하기도 전에 거부감을 느끼는 것도 사실이다. 저자 역시 마찬가지였다. 학창 시절 배운 경제학 이론을 토대로 경제 관련 뉴스를 쓰며 살고 있지만 거시-미시경제학 이론에 도전하는 일은 만만치 않았다. 어쨌든 약 30년간 기자로 생활하며 경제 관련 서적을 발간하고 기존 경제이론 외에 최근 수십 년간 노벨경제학상을 받은 경제학자들의 다양한 이론을 접하고 지평을 넓힌 점은 그나마 위안이 아닐 수 없다.

어느 날 중세 이후부터 최근까지 나타난 경제 상황을 토대로 경제이론을 수학적 수식에서 한 발짝 물러나 통사적으로 정리하면 어떨까 하고 생각했다. 경제학 교과서나 원론에 빠짐없이 등장하는 애덤 스미스를 비롯해 21세기 세계 경제학에 심대한 영향을 미친 경제학자들의 생애와 그들이 이론을 내놓게 된 시대적 배경 등을 종합해 스토리텔링식으로 이야기하면 독자들이 '딱딱한' 경제학이 아닌 '편안하고 재미있는' 경제학을 배울 수 있을 거라고 생각했다.

이 책을 집필한 이유는 그 때문이다. 물론 지난 수백 년간 이어진 경제학 역사를 이 책 한 권에 모두 담을 수는 없다. 경제학의 모든 것을 담으려면 책 열 권도 부족할 것이다. 고민을 거듭한 나는 경제학에 한 획을 그은 주요 인물들을 엄선해 이들의 경제이론과 우리에게 던지는 시사점, 현대 사회와의 연관성 등을 연구했다. 독자들이 이 책에 등장하는 경제학자들의 이론과 당시 시대상을 접하며 경제이론을 보다 쉽고 종합적으로 이해할 수 있도록 노력했다. 또한 과거 경제 상황과 현대 경제 현상을 비교, 분석해 독자가 더 많은 교훈을 얻을 수 있도록 했다. 이를 위해 수많은 경제학 관련 원서를 비롯해 외국의 유명 경제경영 전문 잡지의 내용을 분석했다.

이 책은 대학 입시와 대학원 시험을 앞둔 수험생을 비롯해 각종 취업 시험 준비생이 반드시 알아야 할 세계 경제학사, 경제이론, 관련 지식을 한 번에 정리하는 데 큰 도움이 될 것이다. 앞서 설명했듯이 복잡한 경제이론을 그대로 담기보다는 최대한 쉽게 내용을 정리했기 때문이다. 이 책을 통해 독자들이 경제학에 대한 거부감을 없애고 우리 일상생활 속에 살아 숨 쉬는 경제 현상과 경제이론을 더 쉽게 이해하기를 바란다.

경제학은 시대 변화를 반영하는 거울과 같다. 과거는 물론 현재 경제 상황을 면밀하게 분석하며 그 원인을 찾고 해법, 교훈을 얻으려 노력하는 학문이기 때문이다. 그래서 경제학 이론은 성장과 진화를 거듭한다.

끝으로, 이 책이 세상에 등장할 수 있도록 배려해주신 모든 분에게 감사드린다. 또한 내가 평일의 휴식과 주말, 연말 휴가를 반납하고 이 책을 집필할 수 있도록 옆에서 묵묵히 지켜보며 도와준 가족에게 감사를 전한다.

김민구

차 례

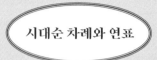

관세동맹과 보호무역 게오르크 프리드리히 리스트 1789~1846

1800

공리주의와 세제 개혁 존 스튜어트 밀 1806~1873

공산주의 카를 하인리히 마르크스 1818~1883

수요와 공급 앨프리드 마셜 1842~1924

사회 후생 아서 세실 피구 1877~1959

정부의 시장 개입 존 메이너드 케인스 1883~1946

1919 6월 28일 베르사유조약 체결
1923 《화폐개혁론》 저술
1929 10월 24일 미국발 대공황 시작
1936 《고용, 이자, 화폐 일반이론》 저술
1944 브레턴우즈 체제 성립

1900

창조적 파괴 조지프 알로이스 슘페터 1883~1950

1908 《경제이론의 본질과 정수》 저술
1911 《경제 발전 이론》 저술
1939~1945 제2차 세계대전
1942 《자본주의, 사회주의 그리고 민주주의》 저술

희소재에 대한 욕망 라이어널 로빈스 1898~1984

1932 《과학으로서의 경제학이 지닌 속성과 중요성》 저술
1933~1939 미국 뉴딜 정책 시행
1934 《대공황》 저술

신자유주의의 아버지 프리드리히 아우구스트 폰 하이에크 1899~1992

1944 《노예의 길》 저술
1947 몽펠르랭소사이어티 결성
1947 23개국 관세 및 무역에 관한 일반협정GATT 체결
1955~1975 베트남전쟁
1971 《자유헌정론》 저술
1974 노벨경제학상 수상
1988 《치명적인 자만》 저술

통화주의와 신자유주의 밀턴 프리드먼 1912~2006

1962 《자본주의와 자유》 저술
1969 《최적통화량》 저술
1976 노벨경제학상 수상
1980 《선택할 자유》 저술

시장과 정부의 균형 폴 앤서니 새뮤얼슨 1915~2009

1948 《경제학》 저술
1947 《경제학 분석의 기초》 저술
1970 노벨경제학상 수상

인간의 제한적인 합리성 게리 베커 1930~2014

1964 《인적자본》 저술
1971 8월 15일 닉슨 금태환 중지 선언
1971 《차별의 경제학》 저술
1973 제1차 석유파동 발생
1991 《가족에 관한 논문》 저술
1992 노벨경제학상 수상

래퍼 곡선 아서 래퍼 1940~

1981~1989 레이거노믹스
1990 《통화정책, 조세, 국제투자전략》 저술(공저)

행동경제학 리처드 세일러 1945~

1992 《승자의 저주: 경제생활의 역설과 변칙》 저술
1995 1월 1일 세계무역기구WTO 출범
1999 1월 1일 유럽연합 유로화 사용 시작
2008 《넛지: 건강, 부, 행복을 개선하는 방법》 저술
2016 《똑똑한 사람들의 멍청한 선택》 저술
2017 노벨경제학상 수상

부의 재분배 토마 피케티 1971~

2000

2008~2009 글로벌 금융위기
2004 《불평등 경제》 저술
2013 《21세기 자본》 저술
2019 《자본과 이데올로기》 저술

경제이론의 변천사

우리 삶과 경제는 떼려야 뗄 수 없는 관계다. 생활하면서 다양한 경제활동을 하고 경제적 이득을 얻기 위해 계속 무언가를 결정하기 때문이다.

국가 차원에서도 경제가 중요하다는 것은 두말할 나위가 없다. 경제經濟라는 말이 '세상을 다스리고經世 국민을 편안하게 만든다濟民'는 뜻을 지닌 '경세제민經世濟民'에서 유래한 점도 이를 뒷받침한다. 국정國政을 혼란하게 하지 않고 국민 생활을 편안하게 만드는 역할을 경제가 앞장서서 한다는 얘기다.

경제를 뜻하는 영어 단어 이코노미economy는 그리스어에서 유래했다. οικος oikos와 νέμομαι nomos를 합친 말이다. oikos는 '가정'을, nomos는 '관리하다'를 뜻한다. 결국 이코노미는 '가정 관리'라는 의미로 시작했다. 즉, 집안 살림을 효율적으로 관리하도록 도와주는 학문이었다.

경제학의 출발점은 '가정'이었지만 영향을 미치는 범위는 지역 공동체를 포함한 정치 영역으로 넓어졌다. 중세 유럽에서는 경제학이 '가정 관리'가 아닌 '경제 분야 관리'라는 뜻으로 통했다. 15세기 중세 유럽을 지배한 봉건 왕조들이 나라를 알뜰하게 경영하는 데 경제이론이 필요했기 때문이다. 결국 중세 경제학은 '정치경제학 political ecomomy'으로 불렸고, 봉건 군주가 국가의 부富를 창출하고 교역을 확대하며 해외 식민지를 개척하는 데 필요한 통치 이념으로 활용됐다. 그 과정에서 정치경제학은 딱딱한 경제이론에 그치지 않고 신학, 정치학, 윤리학 등이 가미된 학문으로 자리 잡았다.

정치와 경제이론을 결합한 정치경제학은 18세기 영국에서 일어난 산업혁명을 계기로 새로운 변곡점을 맞았다. 산업혁명을 겪으면서 정치경제학이 고전경제학파의 이론적 바탕이 됐기 때문이다. 이와 함께 정치적 함의를 띤 용어 '정치political'가 떨어져 나가 경제학이라는 독립된 학문으로 탄생했다. 이후 경제학은 정치적 함의에서 벗어나 상품과 서비스 생산, 소비, 유통으로 이뤄진 경제활동에 초점을 두고 분석하는 학문으로 자리 잡았다.

그렇다면 산업혁명이란 거대한 물줄기를 겪으며 경제학이 정립된 이유는 무엇일까. 당시 경제학자들은 '차가운' 경제학 이론에 의존하기보다는 '경제를 통한 사회적 공존共存'을 강조한 신학자나 철학자에 가까웠다. 18세기 당시 사람들의 최대 관심은 산업혁명으로 크게 늘어난 부를 윤리적으로 배분하는 데 모였기 때문이다.

근대 경제학의 효시이자 대표적인 고전경제학파 경제학자 애덤 스미스Adam Smith는 '윤리적인 부의 분배'에 제동을 걸었다. 그는

1776년 저서 《국부론The Wealth of Nations》을 통해 시장이라는 '보이지 않는 손'이 국부를 효율적으로 분배하는 최적의 수단이라고 강조했다. 또 자신의 이익을 추구하는 이기심은 인간의 본성이므로 애써 부정하면 안 된다고 역설했다. 오히려 개인의 이기심을 적극 권장해 경제활동을 왕성하게 만들어 국가의 부를 증대해야 한다고 목소리를 높였다.

애덤 스미스와 같은 시기에 등장한 다른 고전경제학파 학자들의 주장도 비슷했다. 데이비드 리카도David Ricardo, 토머스 맬서스Thomas Robert Malthus, 존 스튜어트 밀John Stuart Mill 등은 보이지 않는 손이 제 기능을 할 수 있도록 정부가 시장에 개입하는 것을 최소화해야 한다고 입을 모았다. 이른바 '작은 정부(정부 규모를 줄여 재정지출을 최소화하고 기업 등 민간의 자율성을 강조하는 정책)'의 중요성을 강조한 대목이다. 또 이들은 작은 정부 체제에서 개인이 경제활동을 자유롭게 하면 모든 사람에게 혜택을 주는 공익이 늘어날 수밖에 없다고 주장했다.

고전경제학파의 주장은 널리 받아들여졌다. 하지만 영원할 것 같았던 이들의 기세는 뜻밖의 복병을 만났다. 미국 뉴욕에서 시작된 대공황이었다. 대공황은 보이지 않는 손이라는 시장이 모든 경제 문제를 해결하지는 못한다는 점을 깨우쳐준 대사건이었다. 고전경제학파 이론에 따르면 실업은 노동시장에 공급이 넘쳐나는 현상이다. 노동시장에 초과 공급이 일어나면 다음의 공식으로 해결되어야 한다.

가격 하락

→ 수요 증대

→ 수요와 공급 균형 회복

그러나 대공황은 이러한 경제 상식을 송두리째 뒤흔들었다.

생산 급감

→ 투자 위축

→ 대규모 실업

→ 디플레이션deflation(물가 하락)

→ 주가 폭락

대공황은 보이지 않는 손이라는 시장 자유방임을 금과옥조로 여긴 당시 고전경제학파 경제학자들로서는 이해할 수 없는 상황을 빚어냈다. 이때 등장한 인물들이 존 메이너드 케인스John Maynard Keynes를 비롯한 이른바 '케인스학파'다.

보이지 않는 손은 만능이 아니라고 주장한 케인스학파는 정부의 공공 분야와 기업 등의 민간 부문이 손잡고 움직이는 이른바 '혼합경제'를 강조했다. '이중경제'로도 불리는 혼합경제는 정부가 경제활동에 적극 개입해 기업 독점 체제를 없애고 소득을 재분배하는 데 역점을 두는 정책이다. 민간 부문이 제대로 기능하지 못하면 정부가 시장에 개입해 해결하는 '큰 정부' 모델인 셈이다. 케인스학파의 핵심 이론은 대공황 같은 불황기에는 정부가 지출을 늘려야 소비와 투자가 되살아나 경제가 회복할 수 있다는 것이다.

하지만 화무십일홍이라 했던가. 승승장구했던 케인스학파도 위기를 맞았다. 정부가 시장에 개입해 경제 문제를 해결할 수 있다는 '큰 정부' 이론이 1970년대 석유파동Oil Shock으로 크게 흔들렸기 때문이다. 당시 미국에서는 린든 존슨Lyndon B. Johnson 대통령이 '빈곤과의 전쟁'을 선포하고 그레이트 소사이어티The Great Society라는 대형 국책사업을 추진해 빈곤을 해소하며 경제 강국으로 가는 토대를 닦았다. 존슨 대통령은 사회보장제도, 실업보험, 의료보험제도, 교육사업 지원, 지방 도시 개발 등에 막대한 국가 재원을 투입했다.

존슨 대통령의 야심 찬 재정 확장 정책(시중에 돈을 많이 푸는 정책)은 인플레이션inflation(물가상승)으로 이어졌고, 경기가 뚜렷하게 회복하지 못하는 가운데 물가가 오르는 스태그플레이션 stagflation(경기 침체 속 물가상승)으로 번졌다. 존슨 대통령의 무리한 경기부양책과 이에 따른 재정 확장은 결국 경기 침체와 실업 증가로 이어졌다. 설상가상으로 인플레이션마저 극심해 스태그플레이션이 좀처럼 해결되지 않았다.

주춤하는 케인스학파에 일격을 가한 것은 신자유주의였다. 정부의 시장 개입에 반대하는 신자유주의자들은 기업 등 민간 부문이 자유롭게 활동할 수 있어야 한다며 시장의 보이지 않는 손의 역할을 거듭 강조했다.

신자유주의자들은 시카고학파Chicago school of economics를 중심으로 세력을 키워갔다. 미국 시카고 대학교 경제학 교수들을 가리키는 시카고학파는 밀턴 프리드먼Milton Friedman, 프리드리히 하이에크Friedrich August von Hayek, 게리 베커Gary Stanley Becker, 폴 크루그먼Paul Robin Krugman, 조지프 스티글리츠Joseph Eugene Stiglitz 등이 주축을 이루었다. 이들은 시장경제의 중요성을 강조하며 다양한 경제이론을 내놨다. 이론의 핵심은 정부의 시장 개입 축소, 규제 완화, 공기업 민영화, 자유경쟁 체제 강화, 재산권 보호 등이다. 이들은 정부의 시장 개입을 완전히 부정하지는 않았지만, 정부가 보이지 않는 손의 순기능을 외면하고 시장에 개입하면 오히려 경제의 효율성과 형평성이 약해진다고 강조했다.

케인스학파의 경제정책이 실패한 결과 1970년대 석유파동 등의 세계적인 경제 불황이 나타났다고 신자유주의자들은 주장했다. 이들의 이론은 미국의 리처드 닉슨Richard Milhous Nixon 행정부는 물론 레이건 행정부의 경제정책(레이거노믹스Reaganomics)의 사상적 근간으로 자리를 잡았다. 우리가 자주 접하는 용어인 '세계화globalization'와 '자유화liberalization'도 신자유주의의 핵심 화두다. 세계무역기구WTO, World Trade Organization 같은 국제경제기구도 시장경제를 강화하는 역할을 했다. 그러나 신자유주의가 등장하여 국가 간 빈부 격차가 오히려 더 커지고 시장을 개방하라는 압력에 따라 약소국의 경제 체제가 타격을 입는 부작용도 생겼다.

결국 신자유주의의 영향력도 오래가지는 못했다. 2008년 글로벌 금융위기가 전 세계 경제를 강타하자 그동안 잠들어 있던 케인스가 무덤을 열고 되살아났다. 세계 각국이 금융위기를 해결하기 위해 국가 재정을 대거 투입하는 케인스주의 정책을 다시 내놨기 때문이다. 정부의 개입이 필요하다고 역설한 케인스의 주장을 경제 상황에 맞춰 다듬은 이른바 포스트케인지언Post-Keynesian을 선보인 셈이다.

2019년 12월 중국 우한에서 발생한 우한폐렴(나중에 신종 코로나바이러스 감염증[코로나19]으로 바뀜) 바이러스가 중국에 머물지 않고 전 세계를 뒤덮어 세계 경제가 혼돈 지경에 빠지면서 '포스트케인지언'의 위력이 또다시 맹위를 떨치고 있다. 세계 각국이 벼랑 끝으로 내몰린 자국 경제를 되살리기 위해 국가 곳간의 돈을 뿌리는 이른바 '헬리콥터 머니' 정책을 펼치고 있기 때문이다.

약 300년에 이르는 세계 경제 역사를 살펴보면 고전경제학파와 케인스 경제학 이념이 시대 추세에 따라 진화하며 주도권을 다투었다. 최근에는 경제학에 심리학 이론을 가미한 '행동주의 경제학'이 관심을 모으고 있다. 경제학계에서 그동안 비주류로 평가받아온 행동경제학자 리처드 세일러가 노벨경제학상을 받았기 때문이다. 기존 경제학자들은 인간이 합리성을 지닌 존재라고 전제하며 이론을 발전시켰지만 행동경제학자들은 인간의 예측 불가능한 측면을 연구하고 이를 통해 경제 현상을 규명하는 데 주력한다. 이처럼 경제학은 멈춰 서지 않고 시대적 변화에 따라 계속 진화하는 생물이라고 해도 과언이 아니다.

I

국부론

애덤 스미스

1723~1790

ADAM SMITH

애덤 스미스Adam Smith(1723~1790)는 경제학을 공부하면 가장 많이 접하는 학자 가운데 한 사람이다. 스미스는 영국 스코틀랜드 동부에 있는 파이프주 커콜디의 유대인 집안에서 태어났다. 커콜디는 석탄을 배에 싣는 항구(석탄 적출항)였는데, 소금 생산과 석탄 채굴 산업 등 제조업도 발달한 지역이었다.

스미스의 어린 시절은 그리 순탄하지 않았다. 네 살 때는 집시에게 납치당했는데 주변 사람들의 도움으로 가까스로 구출되었다고 한다. 그에 관한 전기를 집필한 존 레이John Rae는 1895년에 발간한《애덤 스미스의 생애Life of Adam Smith》에서 다음과 같이 서술한다.

> 스미스는 스코틀랜드 리벤호수 인근 마을 스태래센드리에 있는 할아버지 집에 놀러 가려다 지나가는 집시들에게 납치되었다. 그가 비명을 지르며 도움을 청하자 당시 주변에 있던 사람들이 집시들을 향해 달려들었고, 결국 집시들은 그를 버리고 도망갔다.

스미스가 집시들로부터 탈출하지 못했다면 세계 경제사에 한 획을 그은 위대한 경제학자가 아니라 집시 두목으로 일생을 마쳤을지도 모른다. 그는 불과 열네 살에 스코틀랜드 글래스고 대학교에 입학하는 천재성을 보였다. 대학교에서 그는 아일랜드 출신 철학자 프랜시스 허치슨Francis Hutcheson 교수로부터 윤리철학을 배웠다. 허치슨은 인간의 심성에는 자신의 이익을 추구하는 이기적인 면 못지않게 다른 사람을 배려하는 이타적 성향이 있다고 주장했다. 이 사상은 최대 다수의 최대 행복을 주장하는 공리주의에도 영향을 미쳤다. 스미스가 《국부론》에서 설파한 다음 이야기는 허치슨의 영향을 받은 대목으로 풀이된다.

기업가가 사업을 통해 얻은 이윤을 생산을 늘리기 위해 재투자할 때 개인 이익을 키우려는 인간의 이기심이 결국 공동체 전체 부의 초석이 된다.

세계 경제의 패러다임을 바꾼 산업혁명

애덤 스미스가 탄생한 18세기는 세계사적 사건들이 연이어 나타난 시기였다. 전 세계 인구의 80퍼센트 이상이 농업으로 먹고 살던 18세기에 영국에서 산업혁명이 일어났기 때문이다. 영국을 비롯한 유럽과 미국에서 1760년부터 1840년까지 이어진 산업

혁명을 통해 인간의 노동력을 대체하는 기계가 발명되고 기술혁
신이 나타났다. 중세 이후 이어진 가내수공업 중심의 생산 방식이
공장식 기계공업으로 탈바꿈했다. 영국이 산업혁명의 선두주자로
등장한 요인은 크게 세 가지다.

첫째, 영국은 다른 나라에 비해 면직물 공업 등의 산업이 발
전한 상태였다.

직물 공업을 중심으로 경제를 발전시킨 영국은 산업혁명 시기
에 발명된 기계들을 제조업에 활용하기 시작했다. 덕분에 면직물
공업이 크게 발전했다. 예컨대 영국 북서부의 랭커셔주는 세계적
인 면공업 지역이었다. 랭커셔는 산업혁명 이전인 1750년에만 해
도 면화 소비량이 250만 파운드(약 113톤) 정도였다. 당시에는
사람이 직접 힘들여서 면화를 가공 처리해 옷을 만들었다. 그러나
면화에서 실을 뽑아내 방사紡絲를 만드는 방적기, 그리고 방사로
직물을 만드는 방직기가 등장함에 따라 랭커셔의 면공업이 크게

산업혁명 분류

분류	1차 산업혁명	2차 산업혁명	3차 산업혁명	4차 산업혁명
시기	1760년 이후	1870년 이후	1969년 이후	현재
기술	증기기관	전기와 내연기관	인터넷, 컴퓨터, 자동화 시스템	로봇, 인공지능AI
의미	생산의 기계화	전기를 이용한 대량생산	정보화와 자동화	현실과 가상의 통합

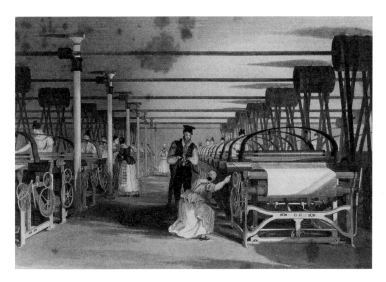
산업혁명 시기의 방직공장

발달했다. 1787년 랭커셔의 면화 소비량은 2,200만 파운드(약 9,979톤)로 늘어 1750년에 비해 10배 가까운 수치를 기록했다. 이후에도 랭커셔 지역이 주도하는 영국 면공업은 폭발적인 성장을 거듭하여 1800년대에 면화 소비량이 5,200만 파운드(약 2만 3,587톤)를, 1850년에는 5억 8,800만 파운드(약 26만 6,712톤)를 기록했다.

둘째, 당시 영국은 무역 중심지 역할을 했다.

해외 무역과 상업이 발달해 거대한 자본을 축적한 영국은 해외 식민지를 개척하여 원료를 값싸게 수입할 수 있었다. 또한 석탄과 철 등의 지하자원이 풍부해서 산업혁명에 필요한 원자재를 공급하는 데 문제가 없었다.

셋째, 이른바 인클로저가 일어났다.

인클로저Enclosure를 풀이하면 '울타리 치기'라 할 수 있다. 영국은 원래 양털로 만든 직물인 모직물업에 경쟁력을 갖추고 있었다. 그런데 산업혁명 덕분에 각광받은 업종은 모직물업이 아닌 면공업이었다. 그 이유는 무엇일까. 인도에서 수입한 캘리코Calico 때문이었다. 인도산 면직물인 캘리코는 값싸고 질이 좋았기 때문에, 면직물 수요가 많았던 영국을 비롯한 유럽 국가들에서 선풍적인 인기를 얻었다.

이 '의류혁명'에 영향을 받은 영국 봉건 영주들은 고민에 빠졌다. 이들은 경쟁이 이미 치열해진 면공업이 아닌 모직물업으로 돈을 벌어야겠다고 생각하기 시작했다. 영주들은 농경지에 울타리를 치고 양을 기르기 시작했다. 모직물업에 필요한 양털을 얻기 위해서였다. 양을 기르는 목축업이 널리 퍼지자 그동안 농경지에서 농사지으며 먹고 살던 농민들은 땅에서 밀려나기 시작했다. 하루아침에 일터를 잃은 농민들은 직업을 찾아 도시로 대거 이동했다. 이른바 영국판 이촌향도 현상이 빚어졌다. 공상 소설《유토피아Utopia》를 쓴 영국 작가 토머스 모어Thomas More는 농부들이 정든

고향을 떠나 대도시를 전전하는 사회상을 "양이 사람을 잡아먹었
다"라고 표현했다.

이러한 사회적 아픔이 있었지만 영국은 산업혁명에 필요한 노
동력을 풍부하게 확보할 수 있었다. 잘 알려졌듯 산업혁명은 제임
스 와트가 발명한 증기기관차를 통해 기차혁명도 이끌었다.

프랑스의 시골에서 태동한 역사적 경제학

산업혁명이 영국 전역을 뒤흔들고 있을 때 애덤 스미스는 글
래스고 대학교에서 교수 생활을 했다. 재미있는 점은 그가 가르
친 과목이 경제학이 아닌 윤리학과 철학 등 인문학이라는 점이다.
1759년에는 인문학 강의 내용을 토대로 《도덕감정론The Theory of
Moral Sentiments》이란 책을 발간했다. 엄밀하게 말하면 현대 경제학
에 대한 개념이 제대로 형성되지 않았기 때문에 가능한 일이었다.

그러던 어느 날 애덤 스미스는 세계사에 획을 긋는 역사적 순
간의 계기를 맞이했다. 1762년 글래스고 대학교에서 법학 박
사 학위를 받은 후 이듬해에 영국 정치가 찰스 타운센드Charles
Townshend로부터 스카우트를 제의받은 것이다. 타운센드는 영국에
서 막강한 영향력을 발휘한 인물로 하원의원, 국방 장관, 재무 장
관을 역임했다. 그는 당시 식민지였던 미국에서 수입하는 유리,
종이, 차에 세금을 부과해 식민지 미국의 반발을 삼으로써 미국

독립운동을 유발한 인물이기도 하다. 타운센드는 스미스에게 자신의 의붓아들 헨리 스콧의 가정교사가 되어달라고 제안했다. 헨리 스콧은 스코틀랜드 버클루 지역을 지배한 버클루공이었다.

당시 영국에서는 대학교수보다 많은 돈과 막강한 권력을 쥔 귀족의 가정교사가 되는 것이 더 현명한 결정이라는 인식이 짙게 깔려 있었다. 스미스도 예외는 아니었다. 그는 스카우트 제의를 받은 후 이듬해인 1764년에 교수직을 버리고 타운센드의 집안으로 들어갔다. 그는 타운센드로부터 연봉 300파운드에 퇴직 후 해마다 300파운드의 연금을 받기로 했다. 당시 영국의 교수 연봉이 150파운드 정도였다는 점을 감안하면 2배가 넘는 액수였다.

스미스는 헨리 스콧은 물론 프랑스 철학자 볼테르Voltaire, 미국 정치가이자 과학자이며 저술가 벤저민 프랭클린Benjamin Franklin, 프랑스 중농주의 경제학자 프랑수아 케네François Quesnay 등의 지식인들과 함께 프랑스 제4의 도시 툴루즈, 파리, 스위스 제네바 등을 여행하며 견문을 넓혔다.

《국부론》은 바로 이 시기에 탄생했다. 스미스는 툴루즈에 1년 반 정도 머물렀는데, 시골에서 무료한 시간을 보내기 위해 《국부론》을 썼다. 헨리 스콧 등과 유럽을 여행하고 고향으로 돌아온 그는 10년간 서재에 파묻혀 지내다가 1766년에 《국부론》을 발간했다. 책이 세상에 처음 모습을 드러냈을 때의 원제는 《국부의 특성과 원인에 대한 연구An Inquiry into the Nature and Cause of the Wealth of Nations》였다.

'국부'를 놓고 중상주의에 맞서다-분업과 자유방임

《국부론》이 등장하기 전까지 영국, 프랑스, 스페인 등 대다수 유럽 국가들은 중상주의에 중점을 뒀다. 15세기부터 18세기에 걸쳐 유럽을 지배한 중상주의 원칙에 따르면 당시 강력한 왕정 체제를 구축한 유럽 국가들이 국가 안보를 확립하기 위해서는 정부가 정치는 물론 경제에도 간섭하고 통제할 필요가 있었다. 중상주의 체제에서는 금과 은 등 귀금속이 국부의 원천이었다. 이에 따라 유럽 국가들은 무역을 통제해 금이나 은이 해외로 나가는 것을 막고 귀금속이 유입되도록 유도해 보유량을 늘리는 정책을 폈다. 애덤 스미스는 이러한 중상주의에 반기를 들었다.

> 중상주의에 토대한 각종 정부 정책과 규제가 오히려 경제와 사회 발전을 가로막는다. 나라 곳간에 금 등 귀금속이 가득 찼다고 부자 국가가 되는 것이 아니다. 국민이 이용할 수 있는 재화와 서비스가 늘어나야 국부가 커진다.

《국부론》에서 스미스는 분업과 자유방임 시장의 필요성을 역설했다. 노동자가 아무리 숙련됐더라도 한 사람이 모든 제품 공정 과정을 맡으면 하루에 생산하는 제품은 불과 몇 개에 그치기 마련이다. 그러나 여러 사람이 업무를 나누는 분업을 통해 한 사람이 한 공정만 맡으면 제품 생산 속도가 빨라지고 업무 전문성도 높아지므로 1인당 생산성이 크게 개선될 수 있다는 것이었다.

　스미스의 또 다른 경제관은 자유방임주의^{laissez-faire}다. '내버려 두다', '방치하다'라는 뜻을 지닌 프랑스어에서 유래한 이 말은 정부의 무간섭주의를 가리킨다. 정부가 개인이나 기업에 대한 간섭을 최소화해 사유재산을 보호하고 기업이 자유롭게 경영 활동을 하도록 보장하라는 얘기다.

　예컨대 자유방임과 제품 가격의 관계를 생각해보자. A라는 업체가 제품을 판매할 때 가장 고민하는 대목 중 하나는 가격이다. 너무 비싸면 손님이 찾지 않고, 그렇다고 손해 보면서 가격을 턱없이 내릴 수도 없기 때문이다. 하지만 가격을 결정하는 과정에 많은 변수가 있는 현실을 무시하고 정부가 모든 제품의 가격을 시시콜콜 정할 수는 없는 일이다. 정부가 시장에 개입하지 않으면 가격은 시장 수요와 공급에 따라 여러 과정을 거쳐 균형점을 찾는다. 즉, 이른바 '적정가격'이 결정된다. 스미스는 적정가격이라는 최종 결과물은 자유방임 시장이라는 '보이지 않는 손^{Invisible hand}'이 작용하기 때문에 나온다고 강조했다. '보이지 않는 손'은 인간 본성에 대한 깊은 성찰과 전문성에서 나온 이론이다.

　　우리가 저녁을 먹을 수 있는 이유는 푸줏간 주인, 양조장 주인 혹은 빵집 주인의 자비심 때문이 아니라 자신의 이익을 추구하려는 그들의 이기심 때문이다.

《국부론》에 등장하는 이 유명한 구절은 인간의 이기심에 대한 세상의 편견에 돌을 던졌다. 기존 도덕 교과서들은 인간의 이기심은 나쁘고 이타심은 좋다고 강조했다. 그러나 스미스는 이기심이 개인의 이익은 물론 사회 전체의 이익을 촉진하는 영양제라고 설파했다. 그에 따르면 경제 주체가 각각 자신의 이익을 위해 경제 활동을 하면 자신은 물론 남과 사회 전체를 잘살게 해줄 수 있다. 이 철학은 인간 심성에는 자신의 이익을 추구하는 이기적인 면 못지않게 다른 사람을 배려하는 이타적 성향이 있다고 강조한 프랜시스 허치슨의 영향 때문에 나타났을 수도 있다.

스미스는 인간은 더 잘살려는 본성이 있어서 현재보다 나은 내일을 원하므로 본성을 나쁘게 여기고 억제하기보다 잘 활용해 사회에 이익을 주는 방향으로 나아가야 한다고 역설했다. 인간 본성이 수요와 공급에도 영향을 미쳐 좋은 결과를 유도한다고 생각한 그는 정부가 간섭하기보다는 내버려 두는 자유방임 시장을 강조하고, 보이지 않는 손이 더 활약할 수 있어야 한다고 주장했다.

오해는 하지 말자. 스미스가 강조한 자유방임은 정의와 법, 평등에 따른 자유라는 점을 기억하자. 그가 무법천지를 주장한 것은 아니다.

보이지 않는 손과 시장 실패

스미스의 경제관을 자세히 들여다보면 고대 중국의 유교 사상가 맹자孟子가 떠오른다. 맹자는 인간의 성품은 원래 착하다는 이른바 '성선설'을 주장했다. 인간의 기본 바탕에는 선한 본능이 있다고 본 스미스의 견해와 맥을 같이한다. 그러나 스미스의 주장처럼 인간의 이기심에 순기능만 있는 것은 아니다. 더 많은 이익을 추구하려는 인간의 이기심이 낳은 결과는 스미스가 꿈꾼 세상과는 거리가 멀었다.

시장의 기능에 많은 것을 맡겨야 한다는 보이지 않는 손 이론은 오히려 독과점을 양산하는 결과를 낳았다. 독과점은 시장에 경쟁자가 없는 경우인 독점과 몇몇 소수 기업이 시장을 장악한 과점의 합성어다. 구체적으로 설명하면 독점獨占, monopoly은 특정 기업 한 곳이, 과점寡占, oligopoly은 두 개 이상 기업이 생산과 공급을 거머쥔 시장 형태다. 말하자면 시장에 경쟁이 거의 없어 '땅 짚고 헤엄치는' 구조다. 시장이 독점이나 과점 체제가 되면 제품 가격이 수요와 공급의 결과가 아닌 독과점 기업의 의도대로 높아지기 마련이다. 결국 시장 기능이 제대로 작동하지 못하는 셈이다.

대표적인 예가 19세기 영국이었다. 당시 영국에서는 일부 대기업이 경제를 장악하고 있었다. 이 기업들은 경쟁 업체와 담합해 제품 가격을 올려 소비자에게 부담을 줬다. 흔히 '짬짜미'로 불리는 담합은 특정 업체가 다른 사업자와 짜고 가격을 올리거나 새로이 진입한 경쟁자에게 불리한 사업 조건을 만드는 행위다. 담합 기업들은 이를 통해 시장을 장악하려 한다. 당시 영국에서는 담합에 가담한 기업들이 정치권에 로비하고 자신들에만 유리한 진입 장벽을 만들어 경쟁 업체를 따돌리는 사례가 비일비재했다.

'정보의 비대칭성'도 보이지 않는 손의 대표적인 역기능이다. 정보의 비대칭성은 1996년 노벨경제학상을 받은 영국 케임브리지 대학교의 제임스 멀리스James A. Mirrlees 교수와 미국 컬럼비아 대학교의 윌리엄 비크리William Vickrey 교수가 내놓은 이론이다. 말 그대로 경제적 이해관계가 있는 당사자들 중 한쪽만 정보를 소유하고 다른 한쪽은 모르는 경우를 뜻한다. 정보의 비대칭성 이론은 경제활동에 참여하는 모든 주체가 완전하고 동일한 정보를 갖지는 못하는 현실을 반영한다. 경제활동 과정에서 어떤 결정을 내려야 하는 상황에서 불완전하고 서로 다른 정보를 가지고 있는 정부, 기업, 소비자가 어떻게 대처해야 하느냐는 고민을 반영한 이론이다. 제임스 멀리스와 윌리엄 비크리는 다음과 같이 설명한다.

인간이 가지고 있는 '감춰진 특성'과 '감춰진 행동'이 정보의 비대칭성을 야기하는 근본적인 이유다.

대표적인 예가 중고차 시장과 보험업계다. 중고차 시장에서는 차량을 판매하는 업자는 자동차 상태를 정확하게 알고 있지만 중고차를 사려는 소비자는 사실을 모르는 정보의 비대칭성이 나타난다. 이러다 보니 좋은 차를 사지 못하고 성능이 나쁜 차를 비싼 가격에 구입하는 이른바 역선택이 발생한다. 역선택은 정보의 비대칭성 때문에 불리한 의사결정을 하는 현상이다. 이처럼 거래 제품에 대한 정보가 비대칭적인 상황에서는 좋은 제품이 좀처럼 중고 시장에 나오지 않고 불량품이 판치는 이른바 레몬 시장lemon market이 생겨난다. 여기서 말하는 레몬은 과일이 아니라 품질 낮은 제품을 뜻하는 속어다. 보험 시장도 정보의 비대칭성이 난무하는 분야다. 보험에 가입하려는 사람의 건강 상태와 사고 확률 등에 대한 정보를 모두 파악하기 힘든 보험회사가 질병이나 사고 발생률이 높은 이를 가입시켜 결국 보험 재정에 손해를 입는 것도 대표적인 예다. 중고차 시장과 보험업계는 '감춰진 특성'이 나타나는 대표적인 분야다.

감춰진 행동 역시 우리 주변에서 흔히 접할 수 있다. 대표적인 예가 정치 분야에서 나타난다. 선거일 전에는 국민을 위해 열심히 봉사하겠다고 맹세한 정치인들이 당선된 후 언제 그랬냐는 듯이 국민의 뜻을 실천하기보다는 자신의 정치적 야심만 추구하는 경우가 많다. 국민 손으로 뽑은 공복, 국민 의사를 위임받은 대리인들이 주인인 국민의 의사를 무시하는 행동이다. 이처럼 주인과 대리인의 관계에서 예상하지 못하게 나타나는 대리인의 행동을 '감춰진 행동' 또는 '주인-대리인 문제'라고 한다. 대리인이 정보의 비대칭성을 악용해 최선을 다하지 않아 나타나는 문제점을 경제학에서는 흔히 도덕적 해이moral hazard라고 부른다.

스미스의 이론에 도전한 또 다른 현상은 이른바 '외부효과'다. 외부효과는 기업의 영업 활동이 시장 바깥(외부)의 다른 경제 주체에게 예상치 못한 혜택이나 손해를 끼치는 현상이다.

* **긍정적 외부효과** 외부효과가 사회나 소비자에게 좋은 영향을 미치는 경우
* **부정적 외부효과** 외부효과가 사회나 소비자에게 나쁜 결과를 초래하는 경우

대표적인 예로 공장이 발생시키는 환경오염을 꼽을 수 있다. 공장에서 배출되는 각종 폐수와 공해 물질을 정부가 관리하지 않고 보이지 않는 손만 외치면 비양심적인 기업들의 환경 훼손이 이어질 수밖에 없다. 보이지 않는 손은 로마신화에 등장하는 수호신 야누스처럼 순기능과 역기능을 함께 갖고 있다. 보이지 않는 손이 미처 파악하지 못한 '시장 실패'에 정부가 개입해야 하는 이유가 바로 여기에 있다.

2

래퍼 곡선

아서 래퍼

1940~

ARTHUR LAFFER

아서 베츠 래퍼Arthur Betz Laffer(1940~)는 미국의 대표적인 경제
학자다. 1940년 8월 14일 미국 오하이오주에서 태어난 래퍼는
예일 대학교를 졸업한 후 스탠퍼드 대학교에서 경영학 석사MBA
학위와 경제학 박사 학위를 받았다. 박사 학위를 받은 후에는 시
카고 대학교에서 경영경제학 부교수로 재직했다.

래퍼 곡선의 역사적 탄생

세계 경제학계가 아서 래퍼를 주목하게 된 시점은 그가 시카고
대학교 부교수로 재직하던 1974년이다. 그는 그해 어느 날 미국
수도 워싱턴 D.C.에 있는 워싱턴호텔에 갔다. 호텔 레스토랑에서
저녁 식사를 하기로 약속되어 있었기 때문이다.

그 자리에는 평소 그와 친분이 두터웠던 경제학자 주드 와니스
키Jude Wanniski, 그리고 딕 체니Dick Cheney, 도널드 럼스펠드Donald Henry
Rumsfeld 등의 정치인이 있었다. 주드 와니스키는 대학교 졸업 후
〈라스베이거스리뷰저널The Las Vegas Review-Journal〉 〈내셔널옵저버The

National Observer〉〈월스트리트저널The Wall Street Journal〉 등 언론사에서 기자와 칼럼니스트로 활동했다. 딕 체니는 당시 제럴드 포드Gerald Rudolph Ford 대통령 행정부에서 백악관 비서실장을 지내고 있었고, 도널드 럼스펠드는 백악관 수석으로 일하고 있었다. 훗날 조지 부시 대통령이 집권하자 체니는 부통령을, 럼스펠드는 국방부 장관을 역임했다.

래퍼가 그날 체니 비서실장을 만난 이유는 포드 대통령에게 감세 이론을 전하기 위해서였다. 미국 전역을 뒤흔든 도청 사건인 워터게이트 파문으로 리처드 닉슨이 탄핵받아 대통령직에서 물러나자 그 뒤를 이은 포드는 탄핵 과정에서 타격을 입은 국가를 정비해야 하는 숙제를 떠안았다.

신임 대통령 포드가 물려받은 미국 경제는 난맥상을 드러내고 있었다. 경기가 침체하고 물가가 오르는 상황에서 실업률이 상승하여 미국 경제는 나락으로 추락하고 있었다. 이처럼 경기 불황과 물가상승이 동시에 일어나는 현상을 스태그플레이션이라고 한다. 스태그네이션stagnation(경기 침체)과 인플레이션의 합성어로 영국 정치가 이아인 매클러드Iain Macleod가 영국 의회 연설에서 처음 사용한 말이다.

경기 불황과 저성장 구도가 스태그플레이션보다 더 오랫동안 이어지면 '슬럼프플레이션slumpflation'이라고 한다. 이 용어는 영국 경제 주간지 〈이코노미스트The Economist〉가 처음 사용했다. 불황을 뜻하는 슬럼프slump와 물가 인상을 뜻하는 인플레이션의 합성어

슬럼프플레이션은 '경기 불황 속 고물가'를 뜻한다. 경기 불황과 물가상승이 오랫동안 이어지는 슬럼프플레이션은 스태그플레이션보다 경제에 더 위협이 된다.

미국 경제를 다시 회복시키기 위해서는 정부가 세금을 줄여 기업 등 경제 주체에 활력을 불어넣어야 한다.

이같이 생각한 래퍼는 그날 저녁 식사를 마친 후 테이블 위에 냅킨을 꺼내고는 그림을 그리기 시작했다. 래퍼가 식당 냅킨에 그린 그래프는 영어 알파벳 U 자를 거꾸로 한 곡선 형태였다.

가로축은 세율, 세로축은 세수(조세 수입)를 뜻한다. 일반적으로 정부가 세율을 올리면 세수가 증가하는 것이 상식이다. 이처럼 세율이 올라가 세수가 늘어나는 현상을 정상적인 절차, 정상적인

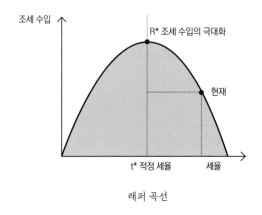

래퍼 곡선

영역이라는 뜻으로 흔히 '노멀 존Normal zone'이라고 부른다. 그러나 노멀 존을 지나면 세율이 증가해도 세수는 오히려 감소한다. 세율이 증가하면 세수가 늘어나야 하는데 줄어드는 현상은 쉽게 이해하기 어렵다. 그래서 이를 '비정상적'이라는 뜻을 담아 '애브노멀 존Abnormal zone'이라고 칭한다. 이처럼 세율이 증가하면 조세 수입이 늘어나지만 일정 수준을 지나면 조세가 오히려 줄어든다는 내용을 담은 이론을 래퍼의 이름을 따서 래퍼 곡선The Laffer Curve이라고 부른다.

래퍼 곡선을 좀 더 알아보자. 역U 자 그래프를 보면 세율 ttax(세금)와 조세 수입 RRevenue(세입)이 표기되어 있다. 그래프를 보면 조세 수입이 0이 되는 구간이 두 곳이다. 세율이 0퍼센트면 기업 등 경제 주체가 세금을 낼 필요가 없으므로 조세 수입이 0이 되고, 세율이 100퍼센트가 되면 조세 수입이 0이다. 세율이 0퍼센트가 되면 기업은 활발하게 경제활동을 하겠지만 정부는 세수가 없으므로 각 부처가 돈이 필요한 각종 정책을 펼 수 없다. 그래서 정부는 사실상 개점휴업 상태가 된다.

그렇다면 세율이 100퍼센트면 왜 조세 수입이 0이 될까. A라는 기업이 열심히 돈을 벌었지만 번 돈을 모두 세금으로 내야 한다면 정부는 이 조세정책을 처음 수립할 당시에는 막대한 세수를 얻을 수 있다. 그러나 '돈을 벌어봐야 모두 세금으로 뺏긴다'는 인식이 자리 잡으면 기업이 경제활동을 사실상 포기하므로 결국 세수는 0이 될 수밖에 없다. 래퍼의 설명은 다음과 같다.

적정 세율 구간 't*' 수준에 이르렀을 때 조세 수입이 극대화 (R*)되지만 세율이 더 늘어나면 조세 수입은 오히려 감소한다.

래퍼가 체니와 럼스펠드에게 강조한 대목은 당시 미국 세율이 역U 자 그래프의 정점에서 내려가는 부분에 있다는 것이었다. 그는 미국 세율이 너무 높아 세수가 줄어드는 상황이기 때문에 세율을 낮춰야 세수가 늘어난다는 논리를 펼쳤다. 이를 뒷받침하듯 당시 미국 개인소득세 최고세율은 70퍼센트, 법인세율은 48퍼센트에 달했다.

세율이 높으면 기업들은 사업을 운영할 동기를 상실하고 일부는 탈세나 지하경제로 숨어들 가능성도 있다. 지하경제는 정부의 과세 대상이지만 규제를 피하고 세금을 내지 않기 위해 온갖 수단을 동원하는 경제활동이다. 지하경제는 통계나 정부 규제 시스템으로 쉽게 파악할 수 없다. 특히 마약 매매, 성매매, 도박, 탈세 등 위법행위의 결과로 발생하는 경제활동이 대표적인 예다. 지하경제에서는 자금의 흐름을 드러내서는 안 되기 때문에 현금 거래가 주요 결제 수단이 될 수밖에 없다.

또한 세율이 높으면 기업들이 회사를 외국으로 옮기는 사태가 빚어진다. 이처럼 래퍼 곡선은 세율이 지나치게 상승하면 조세 수입은 오히려 줄어드는 부작용을 초래한다는 점을 잘 보여준다.

주장을 뒷받침하기 위해 래퍼는 미국에서 개인소득세가 없는 9개 주와 개인소득세율이 높은 9개 주를 대상으로 과거 10년간의 인구·고용·생산·개인소득 증가율을 비교했다. 결론에 따르면 소득세가 없는 9개 주의 고용과 생산, 개인소득이 월등히 높았다. 이에 따라 낮은 세율이 경제 활성화의 밑거름이 된다는 그의 주장에 힘이 실렸다.

스웨덴의 과세율과 조세저항

래퍼 곡선에 관한 사례는 스웨덴에서 쉽게 찾아볼 수 있다. 북유럽 국가 스웨덴은 1980년대 초에 한계세율이 최고 80퍼센트까지 치솟았다. 한계세율은 초과 수익에 대해 세금으로 내는 비율이다. 즉, 초과 수익이 1억 원이고 한계세율이 80퍼센트면 실제로 세금으로 내는 액수가 8,000만 원이라는 얘기다. 한계세율이 높을수록 납세자들이 세금 내는 것을 거부하는 경향인 조세저항이 커진다. 세금이 이렇게 높다 보니 2007년 납세자들이 스웨덴에서 외국으로 빼돌린 재산이 무려 67조 원에 달했다고 한다. 살인적인 세금 부담 때문에 외국으로 돈을 빼돌린 스웨덴 갑부 중에는 세계적인 가구업체 이케아IKEA 창업자 겸 회장 잉바 캄프라드Ingvar Kamprad도 포함됐다는 소문이 돌았다. 영국 경제신문 〈파이낸셜타임스Financial Times〉는 2007년 3월 잉바 캄프라드 회장이 외국에 스티칭 잉카 파운데이션Stichting Ingka Foundation이라는 재단을 설립해 재산 230억 달러(약 26조 원)에 대한 부유세를 회피했다고 보도했다. 이에 대해 잉바 캄프라드 측은 〈파이낸셜타임스〉의 보도 내용이 사실무근이라며 일축했다. 어쨌든 이 일은 당시 스웨덴이 안고 있던 한계세율의 문제점을 보여주는 대표적 사례다.

엄밀하게 따지면 래퍼 곡선은 당시 제1차 석유파동이 낳은 경기 침체와 인플레이션에 시달리던 미국 경제를 위해 래퍼가 정책을 제안하는 과정에서 등장했다. 상식적으로 보면 경기가 불황이면 물가가 내려가고 호황기에는 물가가 올라가기 마련이다. 그러나 미국 경제는 불황에도 물가가 오르는 스태그플레이션을 겪고 있었다.

스태그플레이션은 1973년 제1차 석유파동 이후 더욱 두드러졌다. 석유파동은 1973년 10월 제4차 중동전쟁(욤키푸르 전쟁) 때문에 아랍석유수출국기구OAPEC, Organization of Arab Petroleum Exporting Countries와 석유수출국기구OPEC, Organization of the Petroleum Exporting Countries가 석유 가격을 올리고 생산을 줄여 촉발된 세계 각국의 경제적 혼란을 가리킨다. 제1차 석유파동은, 1973년에 이스라엘과 아랍 국가들이 치른 제4차 중동전쟁에서 OPEC을 중심으로 한 중동 산유국들이 석유 가격을 17퍼센트 인상하며 시작됐다. 아랍 국가들이 석유자원을 무기화했다는 국제적 비난이 쏟아지는 가운데, 1973년 초 배럴당 3달러였던 유가는 1년 만에 12달러로 무려 4배 이상 올랐다. 국제유가가 급등하자 미국을 비롯한 대다수 국가들은 경기 침체를 맞았다.

공급주의 경제학과 레이거노믹스

래퍼는 '공급주의 경제학'을 신봉하는 경제학자다. 공급주의 경제학에 따르면 감세와 정부 규제 완화가 경제성장에 가장 효율적인 수단이다. 이에 따라 법인세와 소득세 인하 등 감세와 정부 규제 완화, 정부 지출 축소 등을 통해 기업 등 민간 경제 주체가 활발하게 활동하도록 만들어 경제성장과 고용 증가라는 두 마리 토끼를 잡는다는 이론이 공급주의 경제학의 핵심이다.

공급주의 경제학의 유래에 관해서는 의견이 분분하다. 일각에서는 앞서 소개한 주드 와니스키가 1975년에 공급주의 경제학이라는 용어를 처음 사용했다고 주장한다. 한때 미국 경제신문 〈월스트리트저널〉 논설위원으로 활동한 와니스키가 대규모 감세 조치가 경제 회복을 이끌 것이라고 주장했기 때문이다.

그러나 미국 경제학자 로버트 앳킨슨Robert D. Atkinson은 공급주의 경제학이라는 말은 1976년 허버트 스타인Herbert Stein이 처음 사용했다고 주장한다. 허버트 스타인은 닉슨이 대통령으로 재임할 때 대통령경제자문위원회 위원을 지낸 인물이다.

공급주의 경제학이란 용어를 누가 먼저 사용했는지는 논란이 있지만 이 이론은 1980년대 '레이거노믹스'로 불리는 미국 정부의 경제정책의 바탕이 됐다. 1981년 1월 40대 미국 대통령으로 취임한 로널드 레이건Ronald Reagan은 지미 카터Jimmy Carter 행정부의 경제정책을 폐기하고 공급주의 경제학을 적극 수용해 과감한 감세 정책과 경제성장 정책을 펼쳤다. 레이건 미국 대통령과 경제학 Economics의 합성어인 이른바 '레이거노믹스'가 탄생하는 순간이었다. 1981~1989년까지 8년간 미국을 통치한 레이건이 레이거노믹스를 시행하자 자연히 공급주의 경제학과 래퍼 곡선이 관심을 모았다.

인권과 자유주의만 강조한 제39대 대통령 지미 카터가 미국 경제를 벼랑 끝으로 내몰아 미국 역사상 가장 인기 없는 대통령이라는 불명예를 안은 후 누더기가 된 경제를 레이건이 떠안게 된 결과였다.

할리우드 영화배우 출신인 레이건은 경제를 회생시켜 미국을 위대한 국가로 만들겠다는 정치적 비전을 제시했다. 레이건 행정부는 세금을 낮추고 기업에 대한 정부 규제를 완화해 경제를 활성화할 수 있는 모든 수단을 동원했다. 또한 감세 정책과 '작은 정부'를 통해 경제성장과 생산성 향상을 이끌었다. 작은 정부론에 따르면 정부는 규모를 줄여 재정지출을 줄이고 기업 등 민간의 자율성을 적극 권장해야 한다. 이 이론은 애덤 스미스와 데이비드 리카도 등 고전경제학파가 주장한 대표적인 정책이다. 스미스와 리카도는 국가 공권력을 개인과 사회의 안전과 질서를 유지하는 것으로 국한하고, 국가 전체의 부는 정부가 아닌 민간이 주도해야 한다는 논리를 펼쳤다.

두 차례에 걸친 석유파동으로 스태그플레이션에 시달리던 상황에서도 레이건 행정부는 미국의 연 평균 경제성장률을 카터 행

1981년 7월 레이건이 대통령 집무실에서 대대적인 감세 개혁안을 설명하고 있다.
이날 인용한 경제이론이 바로 래퍼 곡선이다.

정부 시절의 2배가 넘는 1.8퍼센트로 높였다. 실업률은 1980년 7.0퍼센트에서 1988년 5.4퍼센트로 떨어졌고, 인플레이션은 10.4퍼센트에서 4.2퍼센트로 내려앉았다. 레이거노믹스는 정부가 감세를 통해 경제 주체에게 동기를 부여한 대표적인 사례다. 금리와 법인세를 내려 기업이 고용과 투자를 늘리도록 하여 경제 성장을 촉진하고 이자소득세를 인하해 저축을 장려하는 효과를 거뒀기 때문이다.

앞서 설명한 것처럼 래퍼 곡선은 벼랑 끝에 몰린 미국 경제를 포드 행정부와 레이건 행정부가 되살리는 데 혁혁한 공을 세웠다. 하지만 래퍼 곡선은 만병통치약이 아니다. 일반적으로 세율을 지나치게 내리면 정부 재정이 악화되기 때문이다. 또한 세수를 극대화할 수 있는 적정 세율 수준을 파악하기도 쉽지 않다.

일각에서는 래퍼 곡선의 핵심인 감세 정책이 속 빈 강정이나 다름없는 '부두 경제학'이라고 혹평한다. 부두Voodoo는 중남미 국가 아이티에서 유래한 종교인 부두교를 뜻한다. 아프리카 대륙에서 아이티로 팔려 온 흑인 노예들이 믿은 사이비 종교 부두는 북 치고 노래하고 춤추는 행위를 통해 주술적 힘을 얻기 때문에 일반 종교라기보다는 굿판에 가깝다.

또한 감세 정책이 기업의 고용 창출이나 투자 확대와 반드시 비례하지는 않는다는 지적도 있다. 정부의 감세 혜택을 톡톡히 누린 기업들이 돈주머니를 풀지 않았다는 얘기다. 감세로 최대의 혜택을 입은 기업들이 경기 침체를 이유로 생산 설비와 고용 등에 적극 투자하지 않고 사내유보금 형식으로 돈을 쌓아놓고 위기 관리를 하는 것이 대표적인 예다. 사내유보금은 기업이 매출 급감 등 위기 상황에 대비해 회사 내에 보관하는 돈이다.

앞의 주장에 대한 반론도 물론 제기되었다. 사내유보금은 주주가 출자한 자본금, 빌려 온 돈인 부채 등이 대부분이라는 주장이다. 구체적으로 말하면 사내유보금은 기업이 거둔 순이익 가운데 세금과 주주들에게 나눠주는 배당금을 내고 남은 자금이다. 대기업이 글로벌경영을 하고 전 세계에 수만 명 혹은 수십만 명의 직원을 두고 있는 현실을 감안할 때 비상 상황이 일어나 매출이 급감하는 상황에 대비해 일정한 현금을 보유할 수밖에 없다. 예컨대 2021년 전 세계를 강타한 신종 코로나바이러스 감염증이 낳은 팬데믹 때문에 매출이 감소했다고 해서 대기업이 직원 월급을 주지 않거나 강제 퇴직을 시행할 수는 없는 것이 현실이기 때문이다. 이러한 위기 상황에서 회사를 경제적으로 지탱해주는 비상금이 사내유보금이다. 사내유보금이 모두 현금인 것은 아니다. 생산설비나 공장, 토지 등 부동산과 주식 같은 각종 금융상품이 포함되기 때문이다.

한 보고서에 따르면 국내 30대 대기업의 전체 사내유보금 가운데 현금과 단기 금융상품 등 이른바 현금성 자산이 6분의 1도 안 된다고 한다. 이런 가운데 정부가 2021년부터 사내유보금에 세금을 부과하기로 해 논란이 되고 있다. 이 같은 조치는 앞에서 설명했듯이 '사내유보금=현금'이라고 그릇되게 인식한 결과다. 이 과세 정책에 대다수 기업들은 크게 반발했다. 대다수 경영학자와 업계 전문가들은 기업이 업종과 상황에 따라 사내유보금 보유 수준을 결정하고 이를 통해 향후 경영 계획을 수립하는 게 보통인데, 사내유보금 자체에 세금을 부과하는 정책은 과도한 경영 간섭이라고 주장한다. 기업이 향후 먹거리를 찾아 과감하게 투자하기 위해 보유한 비상금을 정부가 규제하면 결국 사내유보금 규모가 줄어 기업이 장기적 투자나 고용 창출을 미룰 수밖에 없기 때문이다. 사내유보금 과세도 결국 래퍼 곡선과의 상관관계를 보여주는 대목이다.

래퍼 곡선이 보여주듯 정부가 기업을 상대로 각종 세금을 부과하거나 법인세를 올리면 기업은 기업가 정신을 발휘하지 않고 오히려 경영 악화와 투자 불확실성 등을 이유로 투자하기를 주저한다. 즉, 기업이 투자하기보다는 사내유보금을 더 쌓으려 하는 역설적인 상황이 연출된다. 법인세율 등 기업에 대한 세금은 기업인의 기업가 정신과 투자 의욕, 고용 창출을 좌지우지하는 중요한 척도인 셈이다.

3

인구론

토머스 로버트 맬서스

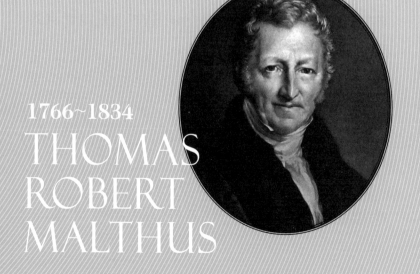

1766~1834

THOMAS
ROBERT
MALTHUS

영국 경제학자 토머스 로버트 맬서스Thomas Robert Malthus(1766~ 1834)는 1766년 2월 영국 잉글랜드 남동부 서리주의 웨스트코 트에 있는 루커리라는 마을에서 태어났다.

토머스 맬서스의 아버지 대니얼 맬서스Daniel Malthus는 명문가 에서 태어나 돈 걱정 없이 살았다. 재정적으로 여유로웠던 대니 얼 맬서스는 영국의 위대한 철학자 중 한 사람인 데이비드 흄David Hume, 프랑스 사상가이자 소설가 장 자크 루소Jean Jacques Rousseau 등과 친분을 쌓았다. 흄과 루소는 18세기 유럽 계몽주의의 양대 산맥을 이룬 학자다. 인간의 이성을 무엇보다 중요시했던 계몽주 의의 영향을 받은 토머스 맬서스는 어려서부터 철학, 문학, 예술 등 각종 인문학을 자연스럽게 접했다.

산업혁명의 밝은 빛에 가려진 삶

맬서스는 처음에는 경제학에 큰 관심이 없었다. 1784년 영국 케임브리지 대학교 소속 신학대학교 지저스 칼리지에 입학한 점

만 봐도 경제학자보다는 목사 등 종교인의 길을 걷고 싶어 했음을
알 수 있다. 결국 그는 1789년에 영국국교회 목사가 됐다.

　맬서스가 목사의 길을 걷던 당시 영국은 산업혁명을 맞이했다.
이후 영국은 인구가 급격하게 증가했다. 산업혁명에 따라 기술이
발전하여 상하수도 시설 등이 개선되고 의약 등 의료보건 기술도
급격하게 발전했기 때문이다. 이에 따라 1세 이하 영아 사망률도
크게 낮아지는 등 평균수명이 대폭 늘어났다. 이뿐만이 아니었다.
산업혁명을 통해 공업 제품을 대량생산하고 해외 식민지에 수출
한 영국은 내수는 물론 해외 식민지 경영에서 호황을 누리며 즐거
운 비명을 질렀다.

　　인구 증가
　　→ 물품 생산 증가
　　→ 해외 식민지 경영 가속화
　　→ 영국의 국부 증가

　영국은 마침내 '위대한 영국(팍스 브리태니카Pax Britanica)'을 부르
짖을 수 있는 역사적 분기점을 맞았다. 라틴어로 '영국에 의한 평
화'를 뜻하는 팍스 브리태니카는 '해가 지지 않는 나라' 대영제국
을 상징한다. 주목할 대목은 산업혁명이 본궤도에 오를 무렵 유럽
에서 시민혁명 바람이 거세게 불었다는 것이다. 특히 프랑스는 혁
명으로 가는 길목에 있었다. 프랑스 국민 대다수가 빈곤에 허덕이

고 있었지만 왕실은 국민의 어려움을 외면한 채 사치와 부패에 빠져 있었다. 특히 루이 16세는 영국의 침략으로부터 파리 외곽을 방어하기 위해 지은 요새 바스티유를 국가정책에 반대하는 정치범들을 재판 없이 가두는 감옥으로 활용했다. 프랑스 국민들의 분노는 하늘을 찔렀고, 시위대가 1789년 7월 14일 바스티유 감옥을 습격함으로써 프랑스혁명이 시작되었다. 결국 루이 16세와 그의 아내 마리 앙투아네트는 프랑스혁명을 이끈 급진적 지도자 막시밀리앙 드 로베스피에르Maximilien François Marie Isidore de Robespierre 등을 비롯한 국민들의 결정으로 단두대에서 참수형을 당했다. 프랑스혁명은 국민의 자유와 존엄성의 중요함을 보여주는 역사적인 사건이었다. 또한 프랑스혁명은 인간의 존재 가치를 일깨우는 사회적 움직임을 세계에 널리 퍼뜨리기 시작했다.

이런 분위기를 보여주듯 영국 정치철학자 윌리엄 고드윈William Godwin은 1793년 저서《정치적 정당성이 도덕과 행복에 미치는 영향 탐구Enquiry concerning Political Justice, and its Influence on General Virtue and Happiness》에서 이렇게 역설했다.

개인의 자율적이고 자발적인 선택의 중요성을 억압하고 규제하는 국가 제도나 관습을 타파해야 한다.

산업혁명과 프랑스혁명 등으로 인간의 자유와 존엄성에 대한 열망이 유럽에 충만해졌지만 맬서스는 다른 생각에 빠졌다. 산업혁명이 커다란 기술적 진보를 가져왔지만 거대한 기계가 가득 찬 공장이 농촌에 속속 등장해 소규모로 농사짓던 농민들은 공장에 밀리는 처지가 되었다. 이와 함께 영국 내에서 양모에 대한 수요가 급증하자 귀족과 중간계급이 대규모 목양지를 만들기 위해 토지를 닥치는 대로 확보해 목초지로 바꾸는 인클로저 열풍이 불었다. 농민들은 돈을 벌기 위해 도시로 떠나 어렵게 삶을 이어가는 도시 빈민이 되거나, 농촌에 들어선 공장의 노동자가 되어 힘겹게 생활하는 신세로 전락했다.

식량 증가 vs. 인구 급증

이처럼 냉엄한 현실에 맬서스는 반기를 들었다. 그는 산업혁명 덕분에 공장에서 더 많은 제품이 쏟아지고 나라도 부유해질 것이라는 점에는 동의했다. 그러나 농민들의 사례에서 알 수 있듯 산업혁명이 일반 서민의 삶을 황폐하게 한다는 점에 주목했다. 또한 새로운 생명이 태어나는 것은 축하할 일이지만 식량과 토지 등은 한정되어 있으므로 인구가 늘면 굶어 죽는 사람이

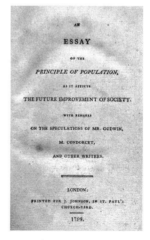

토머스 로버트 맬서스의
《인구론》

더 많아지고 뾰족한 해법도 없을 것이라고 주장했다.

맬서스는 1798년 발간한 《인구론An Essay on the Principle of Population》을 통해 이렇게 주장했다.

> 식량은 마음먹은 대로 증산되지 않아 1, 2, 3, 4, 5, 6, 7, 8…
> 등 산술급수적으로 늘어난다. 이에 비해 인간은 많은 아이를
> 낳으려는 경향이 있어 인구가 1, 2, 4, 8, 16, 32, 64, 128… 등
> 기하급수적으로 늘어난다.

식량 생산은 늘어나는 데 한계가 있지만 인구는 식량보다 훨씬 더 많이, 그리고 빨리 증가한다는 얘기였다. 인구가 25년마다 2배로 증가한다고 파악하고 인구와 식량 비율을 1:1로 정한 맬서스는 200년 후에는 인구와 식량 비율이 259:9, 300년 후에는 4,096:13으로 크게 벌어진다고 강조했다. 즉, 식량 증산 규모와 비교해 인구가 기하급수적으로 늘어나 200년이 흐른 후 인구수는 식량보다 28.7배 많아지고 300년 뒤에는 315배 증가한다는 주장이었다. 또한 맬서스는 이렇게 역설했다.

> 인구가 식량 증산과 비교해 폭발적으로 늘어난다면 기술이
> 아무리 발달해도 인간은 식량 부족에 허덕이게 될 것이다.
> 기술이 발달하여 생활 여건이 개선되면 다시 인구가 늘어나 식
> 량 등 자원이 부족해지는 현상이 이어지고, 식량 부족 때문에

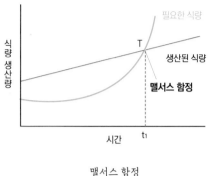

맬서스 함정

전쟁이 일어나고 질병이 발생해 인구가 다시 줄어들 것이다. 이처럼 인구수 급증과 감소에 따른 삶의 질 악화는 계속 되풀이되므로 인류는 크게 진보하지 못할 것이다.

이 주장을 경제학에서는 '맬서스 함정Malthusian trap' 혹은 '맬서스의 망령Malthusian spectre'이라고 부른다. 쉽게 설명하면 인류는 급증하는 인구수 때문에 행복해질 수 없다는 얘기다.

맬서스의 인구 억제 방법

경제학자이자 신학자 맬서스는 산업혁명이 초래한 영국 노동자와 빈민들의 비참한 삶을 보며 번민했다. 그는 빈민층의 인구 증가를 식량 생산 수준에 맞춰야 한다고 주장했다. 그가 인구 증가 속도를 늦추는 방법으로 제시한 해법은 크게 적극적 억제와 예방적 억제 두 가지다.

* **적극적 억제** 전쟁, 질병, 기아 등으로 사망률을 높여 인구 증가를 억제하는 방법

그러나 적극적 억제는 너무 잔인하고 비인간적이라고 비판받았다.

* **예방적 억제** 성욕 억제 등 도덕적인 절제를 통해 결혼하지 않거나 출산을 미루는 것

콘돔 등 피임기구를 사용하는 것도 예방적 억제에 속한다. 맬서스는 예방적 억제가 인구 증가 속도를 해결하는 현실적인 방법이라고 설명했다. 효과적인 피임 방법이 없던 당시 기술을 감안해 그는 빈곤층이 결혼을 늦추거나 출산을 자제하도록 계몽해야 한다고 주장했다.

또 맬서스는 인구 증가를 억제하려면 빈곤층에 대한 복지를 줄여야 한다고 강조했다. 인구가 급증하여 식량 부족이 이어지면 가장 먼저 피해를 보는 계층은 빈곤층이라는 논리에 따른 주장이었다. 어차피 돈이 없어 살기 힘든 빈곤층에 한정된 국가 재원을 무한정 제공할 수 없다고 생각했기 때문이었다. 당시 기득권층은 맬

서스가 제시한 적극적 억제에 찬성했다. 이들은 빈민 구제나 사회복지 확대가 자칫 경제적 파국을 가져올 수 있으므로 적극적 억제로 문제를 해결하자고 주장했다.

맬서스의 《인구론》에는 인구 증가에 따라 사람들의 삶이 황폐해지는 현상을 막으려는 열정이 담겨 있었지만 그에게 돌아온 것은 싸늘한 시선과 비난, 증오뿐이었다. 빈곤층은 맬서스가 지배계급의 이익만 옹호하고 빈곤층을 능멸하는 혹세무민의 달인이라고 여겼다.

사회적 논란으로 번진 맬서스의 이론은 다른 분야에도 큰 영향을 미쳤다. 대표적인 예가 《종의 기원On the Origin of Species》으로 유명한 영국 생물학자 찰스 다윈Charles Robert Darwin이다. 맬서스의 《인구론》에 심취한 다윈은 자연선택이라는 개념을 선보였다. 자연선택은 자연에서 많은 개체가 탄생한 후 경쟁하며, 잘 적응하지 못한 개체는 사라지고 경쟁에서 이긴 개체는 살아남아 자손을 남긴다는 이론이다. 다윈은 이 이론을 토대로 외부 변화에 잘 적응하는 종이 결국 살아남는다는 자연선택설을 강조했다.

전 세계의 국가 숫자와 인구수는 얼마나 될까

세계 주요 화두에 대한 통계를 제공하는 사이트 '월도미터스Worldometers'에 따르면 2021년 3월 현재 전 세계에는 195개국이 있다. 전 세계 국가를 지역별로 분류하면 다음과 같다.

* **아프리카** 54개국
* **아시아** 48개국
* **유럽** 44개국
* **중남미** 33개국
* **남태평양·오세아니아** 14개국
* **미국 등 북미** 2개국

월도미터스는 국가 통계를 발표할 때 타이완, 뉴질랜드 인근의 작은 섬나라 쿡제도 등을 국가에 포함하지 않아 논란이 일기도 했다. 이처럼 타이완, 쿡제도 등 정치적인 이유로 국가로 여겨지지 않은 나라까지 포함하면 전 세계에는 약 250여 개국이 있다. 그렇다면 전 세계 인구수는 얼마나 될까.

* **2021년 3월** 78억 5,000만 명
* **2030년** 85억 명
* **2050년** 97억 명
* **2100년** 110억 명

인구가 급증하고 있지만 우리가 사는 지구의 규모는 더 늘어날 수 없다. 이뿐만이 아니다. 인구가 과거와 비교해 기하급수적으로 늘어나면 그 인구가 편안하게 먹고 살 수 있는 식량도 늘어난다는 보장도 없다.

신新맬서스주의의 등장

맬서스의 인구론이 세상에 모습을 드러낸 지 220여 년이 지났지만 인구 급증에 따른 식량위기론은 지금도 꾸준히 제기되고 있다. 대표적인 예가 폴 얼리치Paul R. Ehrlich의 주장이다. 스탠퍼드 대학교 교수였던 얼리치와 그의 아내 앤 얼리치가 1968년 공동 집필한 베스트셀러《인구 폭탄The Population Bomb》은 인구 급증이 대기근으로 이어져 인류가 종말을 맞을 것이라는 암울한 내용을 담고 있다. 얼리치는《인구 폭탄》에서 이렇게 말했다.

> 인류 전체를 먹여 살리기 위한 전쟁은 끝났다. 어떤 비상대책을 시작해도 1970년대가 되면 수억 명이 굶어 죽을 것이다. 마지막에는 어떤 조치도 엄청난 규모의 전 세계 사망률을 막을 수 없다.

이것뿐만이 아니다. 같은 해인 1968년 미국 생태학자 개릿 하딘Garrett Hardin은 유명 학술지 〈사이언스Science〉에 〈공유지의 비극The Tragedy of the Commons〉이라는 논문을 발표했다.

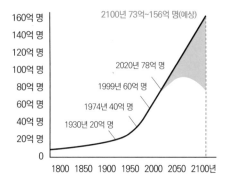

서기 1800년 이후 전 세계 인구 증가 추이(유엔 세계인구보고서)

한계가 있는 세계는 한계가 있는 인구만 부양할 수 있다. 아이를 마음껏 낳으면 모두에게 파멸을 불러일으킬 것이다.

인류와 지구의 미래에 대한 보고서를 발간하는 세계적인 비영리 연구기관 로마클럽The Club of Rome은 1972년 〈성장의 한계The Limits to Growth〉라는 보고서에서 다음과 같이 주장했다.

21세기 초에 이르면 급격하게 늘어난 인구를 지구 자원이 부양하지 못할 것이다.

역시 개릿 하딘의 주장과 일맥상통하는 내용이다.

실패로 끝난 맬서스의 예언
─국가별 인구 증가 억제와 농업혁명

맬서스가 인구 증가에 대한 우려를 담은《인구론》은 다행히 현실이 되지 않았다. 그의 주장과 달리 인구가 25년마다 2배씩 폭발적으로 늘어나지 않았기 때문이다. 예를 들어 1960년 전 세계 인구는 30억 명에 달했다. 그 후 25년이 지난 1985년 세계 인구는 48억 명으로 늘어났다. 인구가 25년간 2배가 아닌 18억 명 증가하는 데 그친 셈이다. 다른 예도 마찬가지다. 1995년 전 세계 인구는 약 57억 명이었다. 25년 후인 2020년 현재 세계 인구는 78억 명이다. 인구가 21억 명 늘어났다. 세계 인구가 과거 수십 년 동안 늘어나고 있지만 인구 증가율이 맬서스의 주장처럼 폭증하지는 않고 있다.

이처럼 세계 인구수가 맬서스의 예언처럼 크게 늘어나지 않은 이유는 수많은 국가가 인구 급증을 자발적으로 막는 인구 억제 정책을 펼쳐왔기 때문이다. 아이를 적게 낳는 이들이 갈수록 증가하는 추세다. 2022년 현재 인구수가 14억 4,847만 명을 돌파한 중국이 대표적인 예다. 중국은 인구 급증에 따른 경제적·사회적 문제를 해결하기 위해 1980년 9월 25일부터 '한 가구 한 자녀 정책'을 시행했다. 1980년 당시 중국 전체 인구수는 9억 8,100만 명 수준이었다. 이후 40여 년 동안 중국의 인구수는 약 50퍼센트 늘어나는 데 그쳤다.

세계적인 '농업혁명' 덕분에 식량 걱정을 할 필요가 없게 된 점도 주목할 만하다. 전 세계 인구의 1~3퍼센트에 불과한 각국 농민들이 전 세계 인구를 먹여 살리기에 충분한 식량을 생산하고 있기 때문이다.

그렇다면 여러 나라의 국민이 가난과 굶주림에 허덕이고 있는 아프리카 지역 등의 현상은 어떻게 해석해야 할까. 맬서스의 인구론이 맞아떨어진 현상이라기보다는 이들 국가의 경제·정치적 정책과 제도에 문제가 있기 때문이라고 봐야 한다. 만성적인 가뭄과 흉작이라는 근본적인 원인도 있지만 세계 각국이 제공하는 식량을 국민에게 제대로 배급하지 못하는 문제점도 안고 있기 때문이다.

인구 절벽과 지방 소멸을 해결하는 방법

오히려 전 세계는 인구 폭발이 아닌 인구 감소에 따른 위기를 맞고 있다. 이른바 인구 절벽을 맞이한 셈이다. 2014년 미국 경제학자 해리 덴트Harry Dent가 저서 《2018 인구 절벽이 온다The Demographic Cliff》에서 주장한 '인구 절벽'은 생산 가능 인구(15~64세) 비율이 급속히 줄어 국가 경제와 사회에 부정적인 영향을 주는 현상을 뜻한다. 인구 절벽이 현실화하면 생산과 소비가 줄어들어 경제활동이 위축되므로 심각한 경제위기가 발생할 수 있다. 특히 소비의 중심축인 40대 중후반 인구가 급감해 소비에 타격을 준다.

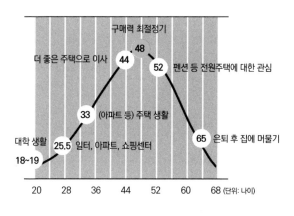

소비자 생활 주기(출처: 해리덴트재단)

한국의 경우도 예외는 아니다. 전국경제인연합회 산하 한국경제연구원은 다음과 같이 전망했다.

> 2060년 한국의 생산 가능 인구는 2020년에 비해 48.1퍼센트에 불과할 것이다. 반면 생산 가능 인구 한 명당 부양해야 하는 노인 수는 2020년 0.22명에서 2060년 0.98명으로 약 4.5배 이상 늘어날 것으로 보인다.

사망자 수가 출생아 수를 뛰어넘는 추세가 이어진 데 따라 나타나는 결과다. 출생아가 적어지면 경제활동 인구가 대폭 줄어드는데, 한편으로는 의료 분야가 발전하여 노년층이 늘어나기 때문이다. 인구 감소는 도시와 비교해 인구가 적은 지방 도시나 시골이 사라지는 이른바 '지방 소멸'로 이어질 수밖에 없다. 한국고용

인구론 • 토머스 로버트 맬서스

정보원이 발표하는 지방소멸위험지수를 적용하면 전국 228개 시·군·구 중 105곳(46.1퍼센트)이 소멸 위험 지역으로 분류된다.

지방소멸위험지수는 2014년 마스다 히로야增田寬也 일본 도쿄대학교 교수가 일본의 지방이 쇠퇴하는 현상을 분석한 저서에 등장한 용어다. 마스다는 오는 2040년까지 일본 기초단체 1,799곳 가운데 절반인 896곳이 인구 감소 때문에 사라질 것이라는 암울한 전망을 내놨다. 구체적으로 살펴보면 지방소멸위험지수는 한 지역의 20~39세 여성 인구(가임 여성 인구)를 65세 이상 인구로 나눈 값이다. 이 지수가 1 이하면 '소멸 주의' 상태고 0.5 이하면 '소멸 위험'이 크다. 소멸 위험이 크다는 것은 인구가 더 늘어나지 않으면 약 30년 뒤 특정 지역이 사라질 수 있다는 뜻이다. 소멸 위험 지역은 인구 감소에 따라 세수가 부족하여 제대로 기능하지 못해 문을 닫는 지방자치단체다. 맬서스는 수백 년 전에 인구 폭발에 따른 대재앙을 예언했지만 현실은 그 반대로 진행되고 있다.

우리나라도 인구가 폭발하는 것이 아니라 인구와 경제활동 인구가 감소하여 국가 성장 동력 엔진이 약해지고 있다. 특히 인구 감소 현상이 일본보다 더 심각하다. 유엔인구기금UNFPA이 2021년 4월 발간한 2021년 세계 인구 현황 보고서 〈내 몸은 나의 것My Body is My Own: State of World Population Report 2021〉에 실린 통계를 살펴보자.

한국 여성 한 명이 평생 낳을 것으로 예상되는 아이 수를 뜻하는 '합계 출산율'은 1.1명이다.

평균적으로 한국 여성이 평생 낳을 아이 수가 한 명이 겨우 넘고 두 명에는 이르지 않는다는 얘기다. 유엔인구기금이 보고서를 만들기 위해 조사한 198개 국가 가운데 꼴찌다. 한국은 합계 출산율이 2019년 1.3명으로 198개국 가운데 192위로 추락했고, 2020년 말 조사에서는 처음으로 꼴찌로 떨어진 뒤 2년 연속 최하위에 머물고 있다. 특히 2008년 총인구가 정점을 찍은 뒤 인구 감소세로 돌아선 일본(1.4명)보다도 적은 점이 충격적이다. 합계 출산율은 여성 한 명이 평생 낳을 것으로 예상되는 평균 출생아 수를 뜻한다.

인구가 급감하여 나타나는 국가적 위기를 해결하려면 결국 아이를 낳는 게 축복이라는 사회적 인식이 확산해야 한다. 그렇지만 출산 장려 정책은 결실을 거두기가 쉽지 않다. 젊은 층의 삶의 질 개선이 시급하기 때문이다.

이 문제를 해결하려면 현재의 극심한 취업난이 해소돼 젊은 층이 결혼하고 아이를 낳으려는 욕구를 자연스럽게 분출할 수 있어야 한다. 소득구조도 아이를 낳아 기를 수 있도록 최저 수준에서 벗어나야 한다. 그 해법은 임금 상승이다.

인구가 수도권에 과도하게 집중되어 있는 현상도 출산 감소를 부추기는 요인 가운데 하나다. 우리나라 전체 인구의 절반인 약 50퍼센트가 서울, 경기, 인천 등 수도권에 살고 있다. 이 가운데 출산 대상 인구인 25~34세의 56퍼센트가 수도권에 몰려 있다. 부동산 가격이 비싼 수도권 지역에 둥지를 틀고 좁고 답답한 주거

공간에서 팍팍한 삶을 이어가면 아이를 낳으려는 생존본능은 위축될 수밖에 없다. 회사가 수도권에만 몰려 있는 현재 상황이 해소되고 젊은 직장인들에게 경제적 여유가 생기면 아이를 낳지 말라고 해도 낳게 되어 있다. 그러므로 정부는 젊은 층이 인간 본능인 종족 보존의 욕구를 마음껏 실현할 수 있는 사회·경제적 여건을 시급하게 마련해야 한다.

4

금본위제도
데이비드 리카도

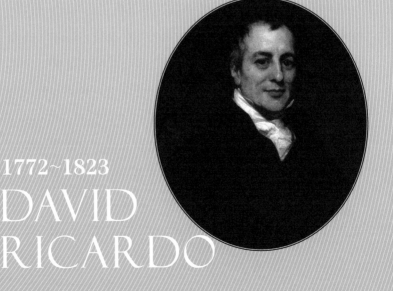

1772~1823
DAVID
RICARDO

경제학자 데이비드 리카도David Ricardo(1772~1823)는 1772년 영국 런던에서 아버지 이스라엘 리카도Israel Ricardo와 어머니 애비게일 델발Abigail Delvalle 슬하의 17남매 중 셋째로 태어났다. 유대인 가문에서 태어난 리카도는 유명 경제학자 가운데서는 드물게 어린 나이에 돈의 중요함을 맛본 인물이다. 그의 아버지 이스라엘 리카도는 런던증권거래소에서 증권거래인으로 명성을 날렸다. 리카도는 경제적으로 성공한 아버지를 보면서 열네 살의 어린 나이에 아버지와 함께 주식 중개 일을 시작했다.

부자가 된 리카도는 아들이 유대인 여성과 결혼하기를 원했던 아버지의 소원을 외면하고 영국인 퀘이커파 신자 프리실라 앤 윌킨슨Priscilla Anne Wilkinson과 사랑에 빠져 스물한 살에 결혼했다. 결혼 후에는 유대교에서 기독교로 개종까지 했다. 돌변한 아들의 모습에 놀란 그의 부모는 더 이상 그와 말도 하지 않는 사이가 되었다고 한다. 리카도는 주식 투자 등을 통해 마흔일곱 살에 거액을 거머쥔 갑부가 된 후 은퇴해 남은 삶을 부유하게 지낼 기반을 갖췄다. 교육이라고는 열네 살 때까지 받은 초등교육이 전부고 돈 버는 재미에 푹 빠져 있던 그가 경제학자의 길로 접어든 이유는 무엇일까. 결정적인 계기는 그가 27세였던 1799년에 일어난 일 때문이었다.

금본위제도의 중요성을 강조한 리카도

리카도는 애덤 스미스의 《국부론》을 읽은 후 경제학에 눈을 떴다. 이후 그는 경제학 관련 서적을 닥치는 대로 읽어 경제학 이론을 습득했다. 그 결과 1810년에 《값비싼 황금: 은행권 가치 하락의 증거The High Price of Bullion, a Proof of the Depreciation of Bank Notes》라는 책을 썼다. 이 책에서 그는 금본위제도The Gold Standard를 지지하는 경제관을 보여준다.

금본위제도에서 금金이 'gold'를 뜻한다는 사실은 쉽게 이해되지만 '본위제도'는 무슨 뜻일까. 본위는 어떤 판단의 기준standard을 말한다. 본위제도는 한 나라의 화폐가치와 금속 중량 등 특정 기준을 등가 관계로 정하는 것이다. 쉽게 설명하면 화폐단위 가치를 금의 일정량 가치와 묶으면 금본위제도, 은銀을 일정량과 같게 정하면 은본위제도The Silver Standard다. 금과 은을 같이 사용하면 금·은 복(중)본위제도The Gold and Silver Standard라고 한다.

은본위제

→ 금본위제

→ 금·은복본위제

→ 관리통화제도

  인류 역사를 살펴보면 세계 금융 체계는 은본위제에서 관리통화제도로 발달해왔다. 관리통화제도는 특정 국가의 통화량(시중에 풀리는 돈 물량)을 금이나 은과 연계시키지 않고 통화당국(여기에서는 중앙은행)이 판단해 조절하는 제도다.

  여기서 잠깐, 우리가 쓰는 '은행銀行'이란 용어는 일본에서 건너온 말이다. 17세기에 은을 많이 생산한 일본은 은을 화폐로 사용하는 은본위제도를 채택했다. 이에 따라 돈의 단위 은을 응용해 금융기관을 '금행'이 아닌 '은행'으로 불렀다. 1868년 근대화를 위해 메이지유신을 단행한 일본은 유럽을 본떠서 1897년 10월 금본위제를 채택하고 서구 세력과 경쟁했다. 이는 2,000여 년간 은본위제를 시행한 중국과 결별한다는 뜻이기도 했다. 중국은 1894년 7월 청일전쟁이 발발하기 전까지 은본위제를 택했다. 당

금본위제도의 역사

1816년	영국 금본위제 도입
1879년	미국 금본위제 도입
1914년	제1차 세계대전으로 금본위제 중단
1944년	브레턴우즈 체제 출범, 금 1트로이온스=35달러로 고정하고 다른 나라 통화를 달러와 교환
1971년	닉슨 당시 미국 대통령 금태환 정지 선언, 브레턴우즈 체제 붕괴하고 각국 변동환율제 도입

시 조선도 은본위제를 채택해 1890년 후반까지 중국과 조선 등 동아시아 국가는 금이 아닌 은을 대표적 통화 수단으로 활용했다. 한편 일본은 서구식 근대화를 수용하고 아시아적 가치관에서 벗어나는 이른바 탈아입구脫亞入歐에 매진했다.

여기서 1840년 중국과 영국이 벌인 아편전쟁을 살펴보자. 표면적으로는 급증하는 아편 수입량을 억제하기 위해 아편 무역 금지령을 내린 중국이 영국과 격돌한 사건이지만 실제로는 중국이 수천 년간 주도해온 은본위제도와 영국의 금본위제도의 대결이라는 분석도 있다. 즉, 아편전쟁은 은본위제도를 채택해온 중국 화폐 체계를 무너뜨리기 위한 서구 열강의 전략 가운데 하나였다는 얘기다.

다시 금본위제도에 관한 이야기로 돌아가자. 금본위제도는 금을 은행에 맡긴 후 금을 대가로 영수증을 받아 돈처럼 사용하는 방식이다. 역사적으로 은행은 초기에 '금을 보관하는 곳' 역할을 했기 때문이다. 부자들이 금을 은행에 맡기면 은행은 이들에게 보관증을 써주고 금을 금고에 보관했다. 금을 많이 보유한 부자들이 무거운 금화를 들고 다니기가 쉽지 않았기 때문이다. 금 보관증이 화폐 같은 역할을 한 셈이다. 금 보관증은 금보다 가볍고 지갑에 보관하기도 쉬웠으며 필요에 따라 은행에서 진짜 금으로 바꿀 수 있었다. 이처럼 금을 토대로 하여 금 보관증을 화폐처럼 사용하는 방식이 금본위제도다.

고대 그리스 철학자 아리스토텔레스는 화폐가 크게 네 가지 특성을 지니고 있다고 설파했다.

* 통화라는 본질적인 가치
* 재화로서의 희귀성
* 시간 흐름과 관계없이 이어지는 내구성
* 쉽게 보관할 수 있는 휴대성

그는 화폐는 이 특성을 고루 갖춰야 한다고 강조했다. 금은 이러한 화폐의 속성을 대부분 갖고 있다.

인류 역사를 살펴보면 금은 고대부터 화폐로 사용됐다. 기원전 7세기경 소아시아 서부 지역에 자리 잡은 리디아왕국에서 금을 화폐로 썼다는 기록이 남아 있다. 소아시아는 아시아 대륙의 서쪽인 흑해, 에게해, 지중해 등에 둘러싸인 반도. 오늘날 터키를 비롯해 아르메니아, 조지아, 이란, 이라크, 시리아 등이 소아시아에 속한다. 기원전 4세기에 마케도니아의 알렉산드로스 대왕이 금화를 만들어 상거래에 사용하도록 하기도 했다. 이에 따라 당시 사람들은 거래할 때 금 무게를 일일이 재지 않고 금화 개수로 계산을 했다.

금이 돈으로 기능하자 일부 사람들은 금화 가장자리를 깎아 금부스러기를 내다 파는 부정행위를 일삼았다. 그러자 영국은 17세기 말에 금화 가장자리에 톱니 같은 요철을 만들어 금화를 훼손하는 일이 없도록 했다. 우리가 지금 쓰는 동전처럼 말이다. 이후 사람들이 금화 대신 지폐를 사용하면서 금본위제가 자리를 잡았다.

금본위제는 중앙은행이 발행하는 돈(통화)의 가치를 금에 고정시켰다. 쉽게 설명하면 금본위제는 국가가 돈을 찍어낼 때 보유하고 있는 금 물량만큼만 화폐를 찍어내는 방식이다. 만약 A라는 국가가 금을 10조 원어치 보유하고 있다면 A의 전체 통화량은 10조 원을 넘지 못하도록 한 것이다. 한 국가의 금 보유량이 적으면 중앙은행이 돈을 발행할 수 없다는 얘기다. 금본위제는 중앙은행이 보유한 금의 양에 따라 국가 경제에서 유통되는 통화량이 결정되므로 인플레이션을 억제하는 장점이 있다. 그러나 중앙은행이 금을 충분하게 보유하지 못하면 통화량이 부족해 디플레이션이 일어나는 폐단을 낳았다.

금본위제는 제1차 세계대전이 일어나자 위기를 맞았다. 유럽 각국이 전쟁 비용을 마련하기 위해 화폐 발행량을 크게 늘렸기 때문이다. 즉, 중앙은행이 지닌 금의 물량은 그대로지만 통화량이 늘어나 화폐를 금으로 바꿀 수 없게 되었다. 제1차 세계대전이 끝난 후 영국 등 대다수 유럽 국가들이 금본위제로 돌아갔지만, 1929년 대공황이 일어나자 금본위제는 사실상 역사 속으로 사라지는 상황을 맞았다.

한편 제2차 세계대전이 끝날 무렵인 1944년 금-달러본위제라고 불리는 새로운 국제통화 체계인 브레턴우즈Bretton Woods 체제가 탄생했다. 1944년 7월 1일 44개국 대표단이 미국 뉴햄프셔주 브레턴우즈에 모여 체결한 다자주의 협정인 브레턴우즈 협정은 금

1트로이온스(약 31.1그램)에 35달러(약 3만 9,500원)로 금 가격을 고정시켰다.

브레턴우즈 협정에서 금의 교환 가치를 달러로 고정한 이유는 무엇일까. 제2차 세계대전을 통해 국제적 위상을 확보한 미국이 당시 전 세계 금의 70퍼센트 이상을 가진 금 보유 강국이었기 때문이다.

그렇다면 미국의 금 보유량이 70퍼센트를 넘은 배경은 무엇일까. 제2차 세계대전의 중심지였던 유럽은 전쟁에 필요한 물자를 준비하기 위해 보유하고 있던 금을 내다 팔았다. 이처럼 유럽이 내놓은 금을 미국이 대량으로 사들인 것이다. 금본위제도에서는 금을 보유한 만큼 화폐(미국 입장에서는 달러)를 발행할 수 있었기 때문에 미국의 달러는 전 세계 금융시장을 좌지우지하는 기축통화Key currency의 위상을 차지했다. 기축통화는 국가 간 결제나 금융거래의 기본이 되는 통화다. 즉, 미국 달러는 전 세계 어디에서든 사용할 수 있는 국제통화가 되었다.

두 종류의 금본위제도

역사적으로 금본위제도는 크게 두 가지로 나타났다. 첫 번째로는 1252년에 이탈리아 피렌체에서 발행한 금화 플로린Florin을 꼽을 수 있다.

이탈리아 중부 토스카나주의 주도 피렌체는 중세 유럽 무역과 금융의 중심지로 이탈리아에서 가장 잘사는 도시 가운데 하나였다. 피렌체는 또한 14~16세기 서유럽에서 일어난 문화운동인 르네상스의 발상지로도 유명하다.

플로린

르네상스는 예술가와 지식인들이 고대 그리스와 로마 문화를 되살려 새로운 문화를 만들려 했던 일종의 문화혁명이었다. 이러한 움직임은 문학과 사상에 머물지 않고 미술과 건축 등 다방면에 영향을 줬다. 피렌체가 르네상스의 요람이 된 원인 중 하나로는 이곳의 명문가였던 메디치Medici 가문이 막강한 영향력을 발휘한 점을 꼽을 수 있다. 메디치 가문은 막강한 재력을 토대로 레오 10세, 클레멘스 7세, 피우스 4세, 레오 11세 등 교황 네 명을 배출했으며, 이탈리아 예술가와 학자를 후원하는 등 르네상스 보급에 앞장섰다. 중세 유럽의 대표적인 부촌 피렌체의 영향력에 힘입어 플로린은 이탈리아는 물론 서유럽 최초의 금화로 자리 잡았다.

두 번째는 금화는 아니지만 금화와 같은 가치가 있는 지폐 또는 금을 사용하지 않은 동전 등을 시중에 유통하는 방법인 금지금본위제다. 금지금gold ingot은 순도가 99.5퍼센트 이상인 금괴, 즉 골드바gold bar를 말한다. 잉곳ingot은 금을 벽돌 모양으로 만든 덩이를 뜻한다. 금지금본위제에서 화폐를 금으로 바꿔주는 것을 금태환, 금태환을 할 수 있는 화폐를 '태환 화폐'라고 칭한다.

캘리포니아 아메리칸리버에서 사금을 채취하는 노인

리카도는 첫 저서에서 금본위제도를 적극 지지했다. 금본위
제도는 산업혁명에 힘입어 19세기 세계 최강 국가로 등장한 영
국이 1819년 가장 먼저 채택했다. 영국이 금본위제도를 도입하
게 된 배경에는 만유인력의 법칙으로 잘 알려진 아이작 뉴턴Issac
Newton이 있다. 1717년 영국 재무부 산하 왕립조폐국에서 화폐 업
무를 총괄했던 뉴턴은 금본위제도를 제안했다. 영국에 이어 독일
(1871), 프랑스(1873), 덴마크(1875), 러시아(1893) 등이 금본
위제도를 수용했다. 미국은 1900년 금본위제도를 도입했다.

그렇다면 과거 유럽은 금본위제도를 앞다퉈 받아들일 만큼 금이 많았을까? 이 질문에 대한 대답은 '그렇다'이다. 영국이 주도한 산업혁명에 영향을 받은 세계 각국이 경제활동에 필요한 금을 찾기 시작했기 때문이다.

미국에서는 1848년 1월 24일 캘리포니아주 주도 새크라멘토 인근 아메리칸리버에서 제분소를 운영했던 제임스 마셜James W. Marshall이 많은 사금을 발견했다. 이 소식이 전해지자 이듬해인 1849년부터 미국 전역은 물론 유럽, 중남미, 심지어 중국에서 약 30만 명이 캘리포니아주로 몰려들었다. 이처럼 많은 금이 발견된 캘리포니아주를 지금도 골든 스테이트Golden State라고 부른다. 한편 1851년 오스트레일리아에서는 금 채굴산업이 본격화됐으며, 1887년 남아프리카공화국에서도 금광 개발이 본궤도에 올랐다.

오즈의 마법사와 금본위제

금본위제와 관련하여 살펴볼 영화가 있다. 1939년 미국에서 개봉한 영화 〈오즈의 마법사〉다. 영화의 줄거리는 다음과 같다.

주인공 도로시 게일은 캔자스주의 헨리 삼촌 집에서 애견 토토와 살았다. 어느 날 토토가 집 근처에 사는 까칠한 이웃 알미라 걸치의 다리를 물었다. 알미라 걸치는 동네 보안관으로부터 토토를 안락사시키라는 명령서를 받아내고 헨리 삼촌 집에 들이닥쳤다. 도로시와 숙모가 없던 일로 해달라고 애원했지만 걸치는 토토를 강제로 빼앗아 갔다. 그러나 토토는 걸치로부터 도망쳐 도로시의 품으로 돌아왔다. 도로시는 토토와 함께 도망가는 방법을 고민하다 캔자스주를 강타한 거대한 회오리바람에 집이 송두리째 빨려드는 바람에 의식을 잃었다. 도로시와 토토는 낯선 곳으로 날아갔다.

도로시가 눈을 뜨니 마법의 나라로 불리는 '오즈의 나라'에 도착해 있었다. 오즈의 나라는 도로가 모두 노란 벽돌로 이뤄졌다. 도로시가 오즈의 나라에 도착했을 때 회오리바람에 함께 날아온 그녀의 집이 동쪽의 나쁜 마녀를 깔아 죽였다. 동쪽 마녀 때문에 노예처럼 살았던 난쟁이 먼치킨족은 도로시에게 감사의 뜻으로 은銀구두를 준다. 도로시는 토토와 함께 캔자스주 삼촌 집으로 되돌아가기 위해 도움을 청하러 오즈의 마법사가 사는 에메랄드시티를 찾아 나선다. 그녀는 도중에 뇌는 없지만 말할 줄 아는 허수아비, 양철 나무꾼, 겁쟁이 사자를 만난다. 허수아비는 두뇌를 얻으러, 양철 나무꾼은 심장을 얻으러, 사자는 용기를 얻으러 도로시와 함께 여행을 떠난다. 도로시는 이들의 도움을 받고 우여곡절 끝에 결국 집으로 돌아온다.

미국 동화 작가 프랭크 바움L. Frank Baum이 1900년에 내놓은 어린이 공상 소설《오즈의 마법사The Wonderful Wizard of Oz》를 토대로 영화사 MGM이 만든 이 영화는 〈바람과 함께 사라지다〉에서 메가폰

영화 〈오즈의 마법사〉 포스터

금본위제도 • 데이비드 리카도

을 잡은 감독 빅터 플레밍Victor Fleming이 만든 걸작이다.

얼핏 보면 이 영화는 가족을 위한 작품 같지만 다르게 해석하는 사람도 있었다. 미국 교육가이자 역사학자이자 작가 헨리 M. 리틀필드Henry M. Littlefield는 〈오즈의 마법사〉가 동화가 아니라 정치성을 띤 작품이라고 해석했다. 리틀필드는 1964년 미국 학술잡지 〈아메리칸 쿼털리American Quarterly〉에 11쪽짜리 논문을 발표했다. 논문 제목은 〈오즈의 마법사: 포퓰리즘의 우화The Wizard of Oz: Parable on Populism〉였다. 포퓰리즘은 국민으로부터 인기를 얻는 데만 골몰하는 정치적 행동을 말한다.

리틀필드는 〈오즈의 마법사〉가 19세기 후반 미국 사회를 뜨겁게 달궜던 금본위제와 은본위제를 둘러싼 정치적 갈등을 은유적으로 묘사했다고 설명했다. 그에 따르면 작품에 등장하는 주인공 도로시는 미국 중산층 시민, 거대한 회오리바람은 금본위제와 은본위제를 모두 사용하는 '금 · 은복본위제Gold and Silver Bimetallism'를 둘러싼 정치적 대립, 허수아비는 농민, 양철 나무꾼은 공장 노동자, 겁 많은 사자는 1896년 미국 대선 후보였던 윌리엄 제닝스 브라이언William Jennings Bryan(1896년, 1900년, 1908년에 민주당 후보로 대통령직에 도전했지만 모두 고배를 마셨다)이다.

브라이언은 1896년 미국 대통령 선거에서 금본위제와 은본위제를 함께 사용해야 한다고 주장한 인물이다. 그는 비록 공화당의 윌리엄 매킨리William McKinley에 패배했지만 금본위제를 채택한 미국 사회에 도전장을 냈다는 측면에서 눈길을 모은 정치인이다.

또한 작품에는 마녀 네 명이 등장한다. 압사당한 '나쁜' 동쪽 마녀는 금본위제도를 지지하는 지역이다. 동쪽 마녀와 서쪽 마녀가 금본위제를 지지하고, 남쪽과 북쪽의 '착한' 마녀는 금·은복본위제를 지지한다.

오즈Oz는 금 무게를 재는 단위 온스ounce의 약자, 오즈의 마법사는 미국 대통령(윌리엄 매킨리 대통령), 노란 벽돌은 금본위제, 먼치킨족은 농민과 공장 노동자들, 은구두는 은본위제다. 도로시 일행이 겪은 험난한 여정은 금본위제로 혼란에 빠진 미국 사회, 도로시 일행이 오즈의 마법사가 사는 곳으로 믿은 에메랄드시티는 미국 수도 워싱턴 D.C.라는 얘기다. 미국 달러를 속어로 '그린 백Green Back'이라고 부르는데 달러가 녹색을 토대로 만들어졌기 때문이다.

리틀필드에 따르면 〈오즈의 마법사〉는 당시 미국이 채택한 금본위제를 배경으로 한다. 엄밀히 말하면 미국은 18세기까지만 해도 은본위제를 활용했다. 당시 은 공급량이 넘쳐났기 때문이다. 1785년 은본위제를 채택한 미국은 1792년 화폐주조법을 통해 은본위제를 확정했다.

그러나 은본위제의 역사는 오래가지 못했다. 1799년 노스캐롤라이나주를 시작으로 1850년까지 이어진 골드러시의 영향으로 시중에 막대한 금이 쏟아지자 미국은 은을 저버리고 금을 달러와 연계하는 금본위제를 도입했다. 그리고 1900년 3월 14일 윌리엄 매킨리 당시 미국 대통령이 금본위법에 서명함으로써 금본위제를 정식 채택했다.

〈오즈의 마법사〉는 금본위제를 채택한 미국이 디플레이션에 빠짐에 따라 대다수 국민이 경제적 어려움을 겪은 상황을 묘사했다고 볼 수도 있다. 그렇다면 금본위제와 디플레이션은 무슨 관계가 있을까. 금본위제는 금과 달러를 연계하므로 통화가치가 안정적이고 물가나 경제에 미치는 영향이 적다고 생각할 수도 있다. 그러나 금본위제에서는 통화 공급량이 중앙은행이 아닌 금 공급량에 따라 결정된다.

문제는 여기서 시작된다. 미국은 골드러시가 막바지로 치달으면서 경제성장률에 비해 금 채굴량이 갈수록 줄어들었다. 금본위제에서는 경제가 발전하면 통화, 즉 돈 수요가 많아지는데 금 채굴량이 이를 뒷받침하지 못하면 시중에 통화량이 늘어날 수 없다. 그러면 결국 시중 통화량이 줄어 물가가 떨어지고 경제가 침체하는 디플레이션이 나타날 수 있다.

어떻게 보면 물가가 떨어지는 현상은 소비자에게 좋을 수도 있다. 물건을 싼 가격에 살 수 있기 때문이다. 그러나 물가 하락도 정도 나름이다. 디플레이션으로 물가가 계속 떨어지면 기업은 물건을 만들지 않게 된다. 생산하는 제품의 단가가 갈수록 떨어지는데 손해를 감수하고 제품을 생산할 수 없기 때문이다. 소비자도 마찬가지다. 제품 가격이 더 떨어지기를 기다리는 치킨게임을 펼치면 결국 기업과 소비자 등 경제 주체가 타격을 입을 수밖에 없다. 디플레이션은 물건을 팔아 생계를 유지하는 이들에게는 치명

윌리엄 제닝스 브라이언

적이다. 이 소설이 등장할 당시 미국에서는 디플레이션이 심각했다. 예컨대 농부들이 주요 수입원인 목화를 시장에 내놓아도 수요가 없고 가격도 크게 떨어져 농민들의 시름은 깊어만 갔다.

그때 등장한 정치인이 '사자' 윌리엄 제닝스 브라이언이었다. 《오즈의 마법사》가 출간되기 전에 미국은 25대 대통령 선거(1896)를 치렀다. 25대 미국 대선의 최대 쟁점은 화폐제도였다. 네브래스카주 하원의원 브라이언은 민주당 소속이었지만 당시 정계에 등장한 인민당과 정치적 철학을 공유했다. 인민당은 1890년대 미국 남부와 서부 지역에 정치적 거점을 확보했다. 브라이언은 1896년 대선에 인민당 후보로 출마했고 같은 해 7월 9일 시카고

원형극장에서 선거 유세에 나섰다. 당시 36세로 정계에서 애송이 취급을 받을 수도 있었던 그는 이른바 '황금 십자가 연설'로 주목을 받았다.

> 우리는 금본위제 추종자들에게 요구한다. 노동자의 이마에 가시 면류관을 씌우지 말고 인류를 황금 십자가에 못 박지 말라.

브라이언은 금본위제도의 문제점을 지적하고, 금본위제도와 은본위제도를 함께 사용해 미국 서민들의 경제적 어려움을 해소하겠다며 다음과 같이 주장했다.

> 미국에서 쉽게 찾아볼 수 있는 귀금속 은을 화폐 기준으로 삼는 은본위제도 채택하는 금·은복본위제를 도입하면 인플레이션이 일어나 미국 경제를 되살릴 수 있다.

즉, 금보다 풍부한 은에 기초하여 화폐를 찍어내면 인플레이션이 유발돼 농산물 가격이 올라 소득이 늘고 농민의 빚이 줄어든다는 논리였다.

브라이언은 금·은복본위제를 주장해 미국 통화 체제를 바꾸려 했지만 역부족이었다. 미국 북동부 지역의 거대 자본가 계층과 월스트리트 은행들은 금본위제를 지지했고, 남서부 지역의 농민과 노동자 계층은 금·은복본위제를 외쳤다. 1896년 미국 대선에서 금본위제를 지지한 공화당 후보 윌리엄 매킨리가 이겼다. 이에 따라 금·은복본위제는 실현되지 못하고 역사 속으로 사라졌다.

리틀필드가 세 차례나 대선에서 고배를 마신 브라이언을 겁 많은 사자로 묘사한 점은 흥미롭다. 오히려 금본위제가 자리 잡은 상황에서 은본위제를 내세운 그의 용기를 감안하면 용맹한 사자가 더 어울릴지도 모른다. 당시 미국 대선은 금본위제를 내세운 공화당의 승리로 끝났지만《오즈의 마법사》의 작가 프랭크 바움은 현실이 아닌 소설 속에서 금·은복본위제를 간절히 바라는 농민들의 소원을 들어주려는 메시지를 담았다. 이처럼 논란의 중심에 섰던 금본위제도 역시 1971년 폐지되는 운명을 맞이했다.

곡물법 파동

리카도가 영국에서 활동했던 시기는 정치적 격변기였다. 개인 자유의 중요성을 일깨운 프랑스혁명에 이어 나폴레옹 1세가 유럽 여러 나라와 전쟁을 벌인 나폴레옹 전쟁이 일어났다. 특히 영국으로서는 나폴레옹 전쟁에 신경을 곤두세울 수밖에 없었다. 영국과 프랑스는 1337년부터 1453년까지 무려 116년간 전쟁(백년전쟁)을 벌여 역사적으로 견원지간이었다. 이러한 역사적 갈등은 영국이 러시아 등과 손잡고 나폴레옹을 상대로 싸운 나폴레옹 전쟁으로 이어지면서 정점으로 치달았다.

호레이쇼 넬슨Horatio Nelson 영국 제독이 트라팔가르 해전에서 나폴레옹 함대를 물리치며 승리를 거머쥐자 나폴레옹은 1806년 영국을 상대로 대륙봉쇄령을 내렸다. 유럽 국가들이 영국과 교역하지 못하도록 압박하기 위해서였다. 대륙봉쇄령 때문에 곡물을 제대로 수입하지 못한 영국에서는 곡물 가격이 급등했다. 이 틈을 타 영국 지주들은 곡물을 비싼 가격에 팔아 거대한 이득을 얻었다. 나폴레옹 전쟁이 막을 내리자 영국은 다시 곡물을 자유롭게 수입할 수 있게 되었다.

문제는 전쟁이 끝난 후 엄청난 규모의 곡물이 유럽 전역에서 영국으로 들어왔다는 점이다. 곡물 수요와 비교해 공급량이 급증하자 곡물 가격이 급락했다. 그러자 지주들은 크게 반발했다. 지주들의 입김이 크게 작용했던 영국 의회는 1815년 곡물 가격을 높이 유지하기 위해 외국에서 들어오는 곡물에 관세를 부과하는 이른바 곡물법을 통과시켰다. 곡물법은 곡물 수입을 막아 지주의 이익을 극대화하기 위한 정치적 수단이었다. 이에 따라 곡물법은 밀 1쿼터(약 12.7킬로그램) 가격이 80실링(4파운드, 약 6,200원) 밑으로 떨어지면 외국산 밀 수입을 금지하는 조항까지 포함했다. 밀 1쿼터 가격은 나폴레옹 전쟁 이전에 46실링이었지만 전쟁이 일어나자 177실링까지 치솟았다. 전쟁이 끝난 후 밀 가격이 60실링으로 급락하자 당시 영국 의회를 쥐락펴락했던 지주들이 이러한 수입 제한 조치를 내린 것이다. 일종의 보호무역 조치였다.

곡물 수입을 제한하면 곡물을 사용하는 각종 식료품의 가격이 올라 가난한 사람들이 굶주리게 된다. 결국 곡물법은 지주 이익만 극대화하는 것이다.

리카도는 이렇게 주장하며 곡물법에 크게 반발하고 폐지를 주장했다. 1815년 리카도는 〈낮은 곡물 가격이 수익률에 미치는 영향 탐구Essay on the Influence of a Low Price of Corn on the Profits of Stock〉라는 논문에 이 내용을 담았다. 논문에서 그는 곡물법을 폐지하면 부의 분배가 원활해질 것이라고 주장했다.

곡물법은 1845~1849년까지 이어진 아일랜드 대기근으로 수많은 사람이 굶어 죽은 후 결국 폐지됐다. 감자는 아일랜드인의 주식이다. 아일랜드 대기근은 감자 품종을 개량하기 위해 유전자가 거의 동일한 감자만 재배하던 아일랜드에 감자마름병이 널리 퍼져서 나타났다. 당시 아일랜드 인구의 4분의 1인 약 200만 명이 기근으로 사망했다. 감자가 아일랜드인의 주식이 된 이유는 척박한 환경에서도 잘 자라고 영양분과 칼로리가 풍부했기 때문이다. 감자는 아일랜드 토양과도 잘 맞았다. 이에 따라 1840년대만해도 아일랜드 인구의 거의 절반이 감자로 먹고 사는 상황이었다. 아일랜드 인구는 1844년만 해도 약 840만 명이었지만 대기근 이후인 1851년에는 660만 명으로 줄었다.

비교우위에 입각한 자유무역의 중요성

곡물법 논란을 경험한 리카도는 자유무역과 비교우위에 대한 신념을 더욱 굳혔다. 앞서 설명한 것처럼 리카도는 곡물 수입을 규제하면 곡물 가격이 오르고 이후 물가와 임금이 인상되는 악순환이 이어져 경제가 더욱 어려워질 것이라고 주장했다. 이 같은 곡물 가격 인상에 따른 물가상승을 애그플레이션Agflation이라고 한다. 애그플레이션은 농업을 뜻하는 영어 애그리컬처agriculture와 물가상승을 의미하는 인플레이션의 합성어다. 리카도는 곡물을 자유롭게 수입하도록 하는 자유무역 조치를 취하면 곡물 가격이 내려가고 일반 국민도 곡물을 싼값에 살 수 있다고 강조했다.

앞서 설명했듯이 곡물법은 일반 국민이 아니라 지주와 농업 자본가들의 배만 불리는 결과를 낳았다. 이에 따라 리카도는 자유무역을 통해 곡물을 저렴하게 구입해 일반 국민이 먹거리 걱정을 하지 않도록 해야 한다고 역설한 것이다.

또한 리카도는 1817년 발간한 《정치경제학과 과세의 원칙The Principles of Political Economy and Taxation》에서 '비교우위 이론'을 선보였다. 비교우위는 상품이나 서비스를 다른 이에 비해 더 적은 비용으로 만드는 것을 뜻한다. 말 그대로 남들과 '비교'했을 때 우위, 즉 상대적 경쟁력이 있다는 의미다. 비교우위를 설명하며 리카도가 제시한 예는 영국과 포르투갈이다. 직물 한 개 만드는 데 필요한 시간이 영국은 100시간, 포르투갈은 90시간이 소요된다고 가정해

보자. 또 포도주 한 병을 만드는 데는 영국이 120시간, 포르투갈은 80시간이 든다고 가정해보자.

포르투갈은 영국과 비교해 직물과 포도주를 모두 적은 시간 내에 생산할 수 있는 체계를 갖췄다. 포르투갈이 직물이나 포도주 생산에 모두 우위를 보이는 가운데 영국과 교역할 필요가 있을까? 리카도는 두 나라가 교역을 하는 것이 하지 않은 것보다 좋다고 주장했다. 그는 영국이 포르투갈과 교역하지 않으면 직물(100시간)과 포도주(120시간)를 만드는 데 드는 시간이 220시간이라고 설명했다. 이에 비해 포르투갈은 영국과 교역을 하지 않으면 직물(90시간)과 포도주(80시간) 등에 170시간이 소요된다. 영국으로서는 포도주(120시간)를 만드는 것보다 직물(100시간)을 만드는 쪽이 제조 시간을 더 줄일 수 있어 효율적이다. 포르투갈은 직물(90시간)이 아닌 포도주(80시간)를 중점적으로 생산하는 것이 더 효과적이다. 만일 양국이 교역하지 않는다면 포르투갈은 직물과 포도주를 만드는 데 170시간이 걸리지만 직물을 만들지 않고 포도주를 한 개 더 생산할 경우 160시간(80시간×2)이 소요된다. 포르투갈은 또 직물(90시간)이 아닌 포도주(80시간) 생산에만 집중한 후 영국과 교역하면 근무 시간 10시간을 절약할 수 있다. 남은 10시간은 포도주 생산(80시간)에 더 투입할 수 있다. 10시간을 80시간 생산 시간에 투입하면(10/80) 0.125만큼 포도주를 더 얻을 수 있다. 결국 2.125개(병)의 포도주를 만들 수 있다는 얘기다.

영국도 마찬가지다. 영국이 포르투갈과 교역 관계를 맺지 않는다면 직물과 포도주를 만드는 시간이 220시간이다. 그러나 포도주를 생산하지 않고 직물에만 특화해 한 개 더 만든다면 200시간이 소요되므로 포도주를 만들 때보다 20시간을 절약할 수 있다. 영국으로서는 남은 20시간을 직물 생산(100시간)에 투입하면 직물을 0.2만큼 더 생산할 수 있다. 이에 따라 모두 2.2개를 만들 수 있다. 영국과 포르투갈의 예를 보면 영국은 직물에, 포르투갈은 포도주에 비교우위를 누리고 있는 셈이다.

리카도는 한 국가가 상대적으로 더 적은 기회비용(A를 선택하면서 포기한 B에서 얻을 수 있는 최대 가치)으로 제품을 생산할 때 비교우위에 있다고 설명했다. 이에 따라 그는 비교우위가 있는 제품은 특화해 수출하고, 비교적 열세인 상품은 수입하는 교역 방식을 강조했다. 비교우위론은 이후 세계 여러 나라가 경제의 질서를 세우는 데 크게 기여했다.

대표적인 예가 영국과 프랑스가 체결한 이든 조약이다. 1786년 9월 26일 영국과 프랑스의 대표가 한자리에 모였다. 영국 측 협상 대표 윌리엄 이든William Eden과 프랑스 대표 제라르 드 레네발Gérard de Rayneval은 수입 제품에 대한 관세율을 대폭 인하하는 등의 자유무역을 선언했다. 이후 세계는 1947년 스위스 제네바에서 관세 및 무역에 관한 일반협정GATT, General Agreement on Tariffs and Trade을 체결한 데 이어 1995년 GATT에서 더욱 진화한 세계무역기구WTO, World Trade Organization를 탄생시키는 등 자유무역 시대를 활짝 열었다.

곡물법 논란을 통해 차액지대론을 내놓다

리카도가 곡물법에 관해 지주와 대립각을 세우게 된 근본 배경에는 이른바 차액지대론이 있다. 지대地代는 토지를 사용하는 이가 토지 소유자에게 대가로 지급하는 돈이다. 말하자면 임차료(남의 물건을 빌려 쓰는 대가로 내는 돈)인 셈이다. 일반적으로 토지는 땅이 기름지면 땅 주인이 일하지 않고도 돈을 벌 수 있는 특성이 있다. 땅이 비옥하면 척박한 땅만큼 생산비나 노동을 투입하지 않고도 더 많은 농산물을 생산할 수 있기 때문이다. 그런데 인구가 증가하면 농산물 수요가 늘기 때문에 비옥하지 않은 땅에서도 경작이 이루어질 수밖에 없다. 이에 따라 임차료가 같은데 이익이 더 나는 토지가 있으면 그 땅을 임차받기 위해 사람들이 몰려들기 마련이다. 임차 경쟁이 발생하면 비옥한 땅의 지대(땅 주인 입장에서는 임대료)가 더욱 비싸진다. 이처럼 토지 임차료에 차이가 생기는 것을 차액지대론이라고 한다.

리카도는 나폴레옹의 대륙봉쇄령으로 영국 곡물 가격이 폭등하면서 반사이익을 톡톡히 누린 지주들을 강력하게 비난했다. 그의 관점에서는 지주들이 얻은 이익이 오늘날의 불로소득인 셈이었다. 대륙봉쇄령으로 영국 곡물 가격이 크게 올랐지만 지주들은 어떤 노력도 하지 않고 농산물 가격 폭등이라는 혜택을 누렸기 때문이다. 리카도는 그러므로 지주들이 누리는 불로소득(차액지대)을 없애기 위해 곡물 수입을 허용해야 한다고 주장했다.

또한 곡물법이 지정한 관세 없이 싼 가격으로 농산물을 수입하면 수입 농산물이 급증하므로 비옥한 땅에 대한 수요가 줄어 임차료가 오르지 않는다고 주장했다. 수입 농산물이 국산 농산물보다 저렴하기 때문에 굳이 땅을 빌려 농사를 지으려는 수요가 줄어들고 지주가 값비싼 농산물 가격으로 누려왔던 횡포도 사라지게 된다는 주장이 차액지대론이다.

시대가 바뀌면서 차액지대론도 조금씩 변모하고 있다. 땅 임차료의 경우 리카도가 살았던 시대에 땅에서 중요한 요소는 비옥하여 많은 농산물을 수확할 수 있느냐였다. 그러나 요즘은 땅의 가치가 비옥도가 아니라 지하철역 등이 있는 이른바 역세권이 상징하는 교통 편리성과 도심과의 접근성 등 좋은 위치에 있다. 즉, 비옥함이 아니라 위치가 땅 가격을 좌우하는 시대가 되었다.

5

공리주의
존 스튜어트 밀

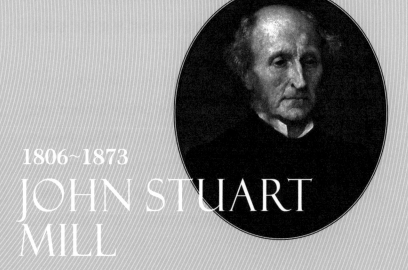

1806~1873

JOHN STUART
MILL

존 스튜어트 밀John Stuart Mill(1806~1873)은 영국 런던 인근 미들섹스주 펜턴빌에서 9남매 중 장남으로 태어났다. 그의 아버지는 스코틀랜드 출신 유명 철학자이자 사학자이며 경제학자인 제임스 밀James Mill이다. 제임스 밀은 아들에 대한 기대감이 높았던 탓인지 어린 아들을 스파르타식으로 혹독하게 교육했다.

어린 시절의 스파르타식 교육

밀은 67세 때인 1873년에 출간한 자서전에서 어린 시절을 이렇게 떠올렸다.

나는 세 살의 나이에 아버지로부터 그리스어를 배웠고, 여덟 살 때에는 《이솝 우화》, 크세노폰의 《아나바시스Anabasis(원정기)》, 그리고 《헤로도토스 일대기》 등을 독파했다. 이뿐만이 아니었다. 여덟 살에 라틴어와 영국 역사, 기하학·미적분 등 수학, 물리학, 천문학 등을 배웠다. 어린 나이에 방대한 학문을 접한 덕분에 나는 열 살 때 고대 그리스 철학자 플라톤과 고대 그리스 정치가 데모스레네스Demosthenes의 작품을 쉽게 읽을 수 있었다.

아버지의 기대감은 여기서 끝나지 않았다. 아버지는 내게 시를 배우라고 독려했으며, 여유로운 시간에는 소설 《돈키호테 Don Quixote》 《로빈슨 크루소Robinson Crusoe》와 자연과학 서적도 읽으라고 말씀하셨다.

매일 아침 6시부터 10시까지 전날 배운 것을 복습하는 학습 습관 덕분에 나는 열두 살이 됐을 때 웬만한 대학생에 버금가는 지식을 습득할 수 있었다. 나는 또 하루에 3시간씩 어린 동생들에게 공부를 가르치는 가정교사 노릇도 했다. 이처럼 혹독한 교육에 힘입어 나는 열일곱 살 정도에 또래 친구들보다 지식이 약 25년 앞선 사람이 되었다. 또한 당시 영국 지식층과 폭넓게 교류하셨던 아버지의 친구들과 격조 높은 대화를 나눌 수 있는 지식을 어린 나이에 터득했다.

인생에는 얻는 게 있으면 잃는 게 있기 마련이다. 한참 뛰어놀 어린 나이에 스파르타식 영재교육을 받은 밀은 기억에 남을 만한 어린 시절이 없었다. 그는 친구도 하나 없었다. 그나마 어린 시절에 위안이 됐던 것은 산책과 음악, 《로빈슨 크루소》 정도가 전부였다. 밀은 20대 초에 심각한 우울증을 앓았고 한때 자살 충동까지 느꼈다. 그는 자서전에서 어린 나이에 강도 높은 교육을 받아

정서적으로 제대로 발달하지 못했다고 술회했다. 그가 우울함과 정서적 미성숙을 극복하는 데는 영국 시인 윌리엄 워즈워스William Wordsworth의 작품이 큰 도움이 되었다고 한다.

파리에서 정치·경제적 지평을 넓히다

밀은 열네 살 무렵 새뮤얼 벤담Samuel Bentham 가족과 함께 프랑스에서 1년을 보냈다. 새뮤얼 벤담은 공리주의 창시자 제러미 벤담Jeremy Bentham의 동생이다. 공리주의는 최대 다수의 최대 행복을 설파한 철학이다. 밀이 벤담 경의 집에 머물 수 있었던 이유는 아버지 제임스 밀과 제러미 벤담이 죽마고우로 불릴 정도로 친분이 두터웠기 때문이다. 밀은 벤담 가족과 프랑스에서 1년간 머물면서 정상적인 가정생활을 만끽할 수 있었다.

프랑스에 체류하는 동안 밀은 몽펠리에 대학교에서 화학, 동물학, 논리학, 고등수학을 배우는 등 배움의 길을 넓혀나갔다. 또한 아버지 친구인 유명 경제학자 장 바티스트 세Jean Baptiste Say 집에 며칠간 머물며 프랑스 자유당 지도자들과 만나는 등 정치·경제계의 주요 인사와 폭넓게 교류하기 시작했다. '세의 법칙'으로 유명한 장 바티스트 세는 '공급은 스스로 수요를 창출한다'며 자유무역과 기업 규제 완화를 주장하고 기업의 중요성을 일깨운 인물이다.

클로드 앙리 드 루브루아 드 생시몽

또한 밀은 프랑스 철학자이자 경제학자 클로드 앙리 드 루브루아 드 생시몽Claude Henri de Rouvroy de Saint-Simon을 만나 향후 경제관을 형성하는 데 큰 영향을 받았다. 생시몽은 생산과 관련된 근로자와 기술자를 산업계급 혹은 노동계급이라고 불렀으며, 이들 산업계급이 제대로 된 평가를 받지 못하고 있다고 일갈했다. 그는 또 산업계급의 최대 위협이 되는 이들은 유한계급이며, 이들은 남들이 일할 때 일하지 않고 온갖 혜택을 누리는 기생충 같은 존재라고 비판했다. 이처럼 생시몽은 계급론과 계급 갈등을 부추기고 기업가의 역할을 폄훼해 사회주의자라는 낙인이 찍혔다.

밀은 제러미 벤담과 친하게 지낸 아버지의 영향을 받아 공리주의를 수용했다. 그러나 공리주의 철학은 수용했지만 벤담의 사상과는 궤를 달리했다. 벤담이 양적 공리주의를 주장한 반면 밀은 질적 공리주의를 강조했다. 벤담의 양적 공리주의는 행복을 극대화하는 철학을 뜻한다. 쾌락의 총량이 고통의 총량보다 많아야 하며, 쾌락의 총량을 극대화하는 노력이 도덕적으로 옳다는 얘기다. 밀은 삶의 궁극적 목표가 행복이라는 점에서 벤담과 철학을 같이했다. 그러나 감각적 쾌락이 아닌 정신적 쾌락이 더 고결하고 수준이 높다고 밀은 주장했다. 그가 강조한 질적 공리주의는 자유주의 성격이 강했다. 그는 개인의 자유를 극대화하려는 노력만이 질적 공리주의를 실천하는 길이라고 역설했다. 이러한 질적 공리주의를 토대로 밀이 외친 아래 명언은 시대를 초월해 아직도 깊은 울림을 준다.

만족하는 돼지보다 불만족스러운 인간이 되는 것이 낫다. 또한 만족한 바보보다 불만투성이 소크라테스가 되는 것이 더 좋다.

격변기에 내세운 개혁의 기치

밀은 영국에서 이른바 두 왕조가 겹치는 시대에 활동했다. 두 왕조는 조지 왕조 시대(1714~1837)와 빅토리아 여왕이 다스렸

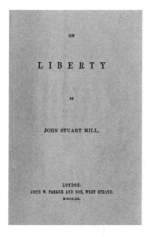 

존 스튜어트 밀의《자유론》   존 스튜어트 밀의《공리주의》

던 빅토리아 시대(1837~1901)를 가리킨다. 밀은 이 격변기에 사회와 정치·경제 개혁을 주장하는 저서를 연이어 내놔 눈길을 끌었다. 대표적 작품으로는 《시대정신The Spirit of the Age》(1831)을 비롯해 《벤담에 관한 에세이Essay on Bentham》(1838), 《정치경제학 원론The Principles of Political Economy: with some of their applications to social philosophy》(1848), 《자유론On Liberty》(1859), 《공리주의Utilitarianism》(1863)를 꼽을 수 있다.

조지 왕조 시대에 영국에서 입헌군주제와 의원내각제가 자리를 잡았고 산업혁명이 세계 최초로 시작됐다. 영국의 산업혁명은 1760년대에 시작해 1830년대에 끝났다. 산업혁명은 조지 왕조 시대에 절정으로 치달았는데, 이 혁명이 초래한 계층 갈등이 무시할 수 없는 사회·경제적 문제로 등장했다. 1837년 조지 3세가 세

빅토리아 여왕

상을 떠나 조지 왕조가 막을 내리자 당시 18세였던 알렉산드리나 빅토리아 하노버가 뒤를 이어 여왕으로 즉위했다. 빅토리아 여왕은 20세기에 접어든 1901년 82세 나이에 세상을 떠나기 전까지 팍스 브리태니카라는 황금기를 만들었다. 당시 영국은 '해가 지지 않는 대영제국'의 위용을 뽐내며 세계 곳곳에서 세력을 떨쳤다.

정치, 경제, 사회에 걸친 개혁을 외친 밀이 특히 주목한 분야는 세제 부문이었다. 그는 저서 《정치경제학 원론》에서 세제와 관련해 현실과 이상의 절묘한 조화를 꿈꿨다. 그의 경제이론은 크게 두 가지로 나뉜다.

첫 번째는 규범경제학이다. 규범은 인간이 사회생활을 하며 지켜야 하는 상식과 기본적인 도덕률, 관습 등을 뜻한다. 규범은 윤리적 측면과 밀접한데 경제이론인 경제학과 어울릴 수 있을까. 규범경제학은 경제를 보는 개인적 시각이 담겨 있는 이론이다. 즉, '경제적인 현상이 ~이어야 한다' 또는 '~가 바람직하다'는 주관적 입장을 담은 것이다. 규범경제학은 경제학 관점에서 특정 상황을 맞으면 어떠어떠한 방향으로 진행될 것으로 전망한다는 의미다. 그러므로 규범경제학적 접근 방법은 맞을 수도 있지만 때로는 사실이 아닐 수도 있다.

결국 규범경제학에는 '경제학에 윤리성과 공정성을 더해 경제나 정부 정책이 올바른 방향으로 나아갈 수 있도록 해야 한다'는 생각이 반영되어 있다. 경제이론과 윤리철학이 섞인 셈이다. 예를 들면 다음과 같다.

> **예** 우유 가격이 1갤런(약 4리터)당 6달러가 되어야 낙농업자의 생활수준이 나아지고 가족농도 살아갈 수 있다.

이 예문은 말하는 이의 주관적 판단을 담은 논리다. 우유 가격이 반드시 1갤런당 6달러가 될 필요는 없다. 가격이 7달러 이상이 될 수도 있고 5달러 이하가 될 수도 있다. 다만 특정 시점에 특정 이슈를 통해 자신의 생각을 제시한 것이다.

밀의 두 번째 경제이론은 실증경제학이다. 실증경제학은 경제 현상을 묘사하고 설명하는 데 방점을 둔다. 이에 따라 사실과 인과관계에 토대하여 경제이론을 발전시키고 점검하는 데 중점을 둔다. 즉, 사회의 도덕률이나 윤리관과 관계없이 경제이론 자체를 분석한다. 예를 들면 다음과 같다.

예 1 프랑스 실업률은 미국 실업률보다 높다.(실증경제학)
→ (특정 시점에) 프랑스 실업률이 미국 실업률보다 높은 것은 사실이다.

예 2 미국 근로자 임금은 시간당 5달러다.(실증경제학)
→ (특정 시점에) 미국 근로자 시급이 1시간에 5달러인 점 역시 사실이다.

위의 실증경제학적 예문을, 보는 사람 혹은 말하는 사람의 주관적 관점을 반영한 규범경제학적 논리로 바꾸면 어떻게 될까. [예 1]을 다시 보자.

예 1-1 프랑스 실업률은 미국 실업률보다 높다.(실증경제학)
예 1-2 정부 지출은 실업률을 내리는 데 도움을 줄 수 있다.(실증경제학)

이 두 가지 논리를 규범경제학 논리로 바꿔보자.

예 프랑스는 미국보다 높은 실업률을 줄이기 위해 정부가 나라 곳간을 열어 돈을 써야 한다.(규범경제학)

이번에는 [예 2]를 보자.

예 2-1 미국 근로자 임금은 시간당 5달러다.(실증경제학)
예 2-2 미국 근로자 임금 상승률이 물가상승률보다 낮다.(실증경제학)

이 두 가지 논리를 규범경제학 논리로 바꿔보자.

예 미국 기업은 물가상승률보다 낮은 임금 상승률을 높여야 한다. 이를 위해 시간당 임금을 10달러까지 높여야 한다.(규범경제학)

사실을 그대로 분석하는 실증경제학만이 경제학의 전부인 것은 아니다. 가치판단이 개입되는 규범경제학도 존재하기 때문이다. 하지만 규범경제학의 가치판단은 어디까지나 실증경제학을 바탕으로 해야 한다. 밀은 규범경제학과 실증경제학 관점을 세제 이론에 적극 반영했다. 그리고 산업혁명이 낳은 빈부 격차와 계층 간 갈등을 해결하기 위해 세금을 개혁해야 한다고 주장했다. 공리주의라는 이상만 추구한 나머지 엄연한 현실을 도외시하지는 않겠다는 그의 경제적 관점이 작용한 결과다.

밀이 주장한 대표적인 세제는 비례세와 누진세다. 비례세율은 개인소득수준과 관계없이 일정한 비율로 세금을 내는 것이다. 비례세의 사례로 우리나라의 부가가치세를 꼽을 수 있다. 부가가치세는 경제활동 중 재화(돈)나 용역(서비스)에서 생기는 부가가치(마진, 이윤)에 부과하는 세금으로 일종의 간접세다.

현재 우리나라의 부가가치세율은 10퍼센트다. 물건을 살 때 가격의 10퍼센트를 세금으로 내는 것이다. 10만 원짜리 제품을 구입한 경우 원래 제품 가격은 9만 원대이며 여기에 10퍼센트를 세금으로 내서 10만 원이 된다. 이에 반해 누진세는 소득수준이 높을수록 세율이 증가하는 것을 말한다. 누진세의 대표적인 예가 소득세다. 누진세는 대표적인 직접세다.

그렇다면 직접세와 간접세는 어떻게 다를까. 직접세는 납세 의무자와 조세 부담자가 일치하는 세금이다. 즉, 세금을 내는 대상자와 직접 세금을 내는 사람이 같다. 예를 들면 소득세, 법인세, 상속세, 증여세, 재산세 등이다. 이에 비해 간접세는 납세 의무가 있는 사람과 세금을 직접 내는 사람이 일치하지 않는다. 간접세의 대표적인 예가 술을 살 때 내는 주세다. 원칙대로 따지면 주세는 술을 만드는 주조업자가 내야 하는데 실제로 내는 사람은 소비자다. 즉, 주조업자가 내야 하는 주세가 주류 가격에 포함돼 세금이 소비자에게 넘어간 것이다. 간접세에는 주세 외에 부가가치세, 개별소비세, 증권거래세 등이 있다.

다시 밀의 경제관을 짚어보자. 밀은 비례세(간접세)는 찬성했지만 누진세 (직접세)는 반대했다. 누진세는 저소득층에는 낮은 세금을, 고소득층에는 높은 세금을 물리는 것으로 일종의 '부자세'이기 때문이다. 밀은 누진세가 자칫 부자나 기업가의 근로 의욕을 떨어뜨릴 수 있다는 점을 감안해 현실적인 결정을 내린 것이다.

존 스튜어트 밀의
《정치경제학 원론》

밀이 부자의 입장만을 옹호한 것은 아니다. 그는 《정치경제학 원론》에서 빈부 격차를 줄이기 위해 세 가지 세제 정책을 추진해야 한다고 주장했다.

첫 번째, 일종의 종합소득세
두 번째, 상속세
세 번째, 사치성 소비를 억제하는 정책

사치성 소비 억제 정책의 예를 들면 우리나라에서 사치성 물품 소비를 억제하고 재정수입을 확대하기 위해 부과하는 세금인 개별소비세가 있다.

밀의 세제 이론에서 눈에 띄는 대목은 두 번째인 상속세에 찬성한 것이다. 부자세로 불리는 누진세에 반대한 그가 어째서 상속세를 적극 지지했을까. 그가 저서에서 누누이 강조한 기회의 균등과 맥락을 같이한다. 그는 부모로부터 막대한 유산을 물려받은 이들은 그렇지 못한 이들에 비해 불공평하게 유리한 위치에 있다고 지적했다. 유산을 받은 이들이 사회를 위해 더 많은 부를 창출하기보다는 부모가 준 유산을 지키는 데 안주할 것이라고 여겼다. 따라서 불로소득을 물려받은 부자들이 세금을 제대로 낼 수 있도록 상속세를 늘려야 한다고 그는 강조했다.

밀은 또한 지나친 소비와 유흥에도 세금을 많이 부과해야 한다고 주장했다. 이러한 세수를 통해 빈민을 구제하고 노동자 권익을 보호하며 유치산업을 육성하는 데 정부가 적극 나서야 한다고 강조했다. 유치산업은 성장 잠재력은 있지만 아직 제대로 발전하지 못한 산업이다.

공리주의와 꿀벌의 우화

삶의 궁극적 목표가 행복이라고 주장한 밀은 모든 이들이 혜택을 보는 공리주의를 주장했다. 공리주의가 경제 발전을 이끄는 엔진이라고 할 수는 없다. 밀의 공리주의는 최대 다수의 최대 행복을 추구해 사회복지와 전체의 행복을 이끌려는 사상이기 때문이다. 반대로, 경제를 발전시키는 원동력은 전체의 선이 아닌 개인의 이기심과 이익 추구 행위라는 지적이 많이 제기되었다. 네덜란드 출신 영국 정신과 의사 겸 철학자 버나드 맨더빌Bernard Mandeville은 1714년에 쓴《꿀벌의 우화The Fable of the Bees》에서 관련 내용을 잘 묘사했다. 네덜란드 로테르담에서 태어나 삶의 대부분을 영국에서 보낸 맨더빌은 금욕과 남을 배려하는 이타심이 시대적 화두였던 1700년대에《꿀벌의 우화》를 선보여 영국은 물론 유럽 사회에 큰 충격을 안겨줬다. 이 책의 내용을 간단히 살펴보자.

《꿀벌의 우화》

사치와 탐욕과 이기심이 가득한 꿀벌 왕국에는 늘 일자리가 넘쳐났다. 그런데 어느 날 자신들이 절제하지 못하고 남을 배려하지 못했다는 잘못을 깨달은 꿀벌들이 사치와 탐욕을 포기하고 검소하고 절제된 생활을 하기 시작했다. 그러자 일자리가 줄어 실업자가 넘쳐나 결국 꿀벌 왕국은 망했다.

재미있는 점은《꿀벌의 우화》의 부제 '개인의 악덕, 사회의 이익Private vices, public benefits'이다. 부제의 '악덕'은 개인의 이기심과 욕망을 뜻한다. 이 책에서 맨더빌은 당시 유럽 사회를 휩쓴 금욕과 이타심은 사실 한낱 위선에 불과하고, 개인의 소소한 악덕과 욕심이 동기를 부여하며 이러한 마음 자세가 경제를 발전시키는 원동력이라고 주장했다.

맨더빌은 사치도 생산을 늘리고 일자리를 창출한다고 강조했다. 사실 이기심과 탐욕은 당시 유럽 사회의 정신적 토대였던 기독교 도덕관념이 강조하는 금욕과 절제에 정면으로 배치되는 개념이다.

이기심이 나쁘다고만 볼 수는 없다. '경제학의 아버지' 애덤 스미스도 이기심이 경제에 보탬을 준다고 주장했다. 같은 맥락에서 애덤 스미스는 《국부론》에서 개인의 이기심이 사회 전체의 이익을 창출한다고 강조했다. 엄밀하게 따지면 근대 서구 사회를 관통한 시대정신인 합리주의, 개인주의, 물질주의도 사실 이기심과 욕망의 결과물이다. 물론 개인의 이기심과 탐욕은 보이지 않는 손이라는 시장 시스템과 투명하고 공정한 룰을 통해 더욱 건전하게 발전해야 한다.

6

최대 다수의 최대 행복
제러미 벤담

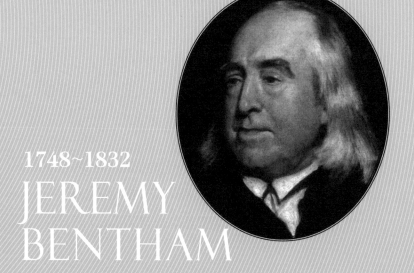

1748~1832
JEREMY
BENTHAM

제러미 벤담Jeremy Bentham(1748~1832)은 1748년 영국 런던 인근 하운즈디치에서 태어났다. 부유했던 그의 집안은 보수당의 전신인 토리당을 지지하고 있었다.

벤담은 세 살 때 아버지의 책상에 앉아 영국 역사에 관한 전집을 읽고 라틴어를 금세 익혀서 신동으로 알려졌다. 또한 일곱 살 때는 바이올린을 배워 저녁 식사 자리에서 작곡가 게오르크 프리드리히 헨델의 바이올린 소나타를 연주했다고 한다. 웨스트민스터 스쿨을 졸업한 벤담은 열두 살에 퀸스 칼리지에 입학했다. 열다섯 살 때인 1763년 퀸스 칼리지를 졸업하고 3년 뒤인 1766년 석사 학위를 받았다.

영국을 위한 정치와 사회 개혁

대학원을 졸업한 벤담은 변호사가 되는 과정을 밟았지만 변호사 사무실을 개업하지 않고 법정변호사로 일했다. 변호사로 근무하면서 무척 복잡한 영국법에 좌절한 그는 영국법을 '시케인의 악

윌리엄 블랙스톤

마Demon of Chicane'라고 비난했다. 시케인은 '궤변, 언쟁, 시비, 분규'
라는 뜻이다. 영국법이 악마처럼 궤변으로 가득 찼고 분규를 일으
킨다는 의미였다.

벤담은 열여덟 살 때인 1766년 첫 번째 저서《정부 단상A Fragment
on Government》을 썼다. 이 책은 영국 법학자 윌리엄 블랙스톤William
Blackstone이 1756년에 쓴《영국법 분석An Analysis of the Laws of England》을
비판하는 내용을 담고 있다. 윌리엄 블랙스톤은 200쪽에 달하는

마그나카르타

《영국법 분석》에서 사회 질서를 유지하기 위해서는 영국법이 무척
중요하다고 강조했다.

벤담은 블랙스톤의 주장에 반발했다. 영국법이 영국 현실의 문
제점을 해결할 수 없는 낡은 제도라고 생각했기 때문이다. 그는
영국이 불문법이 아닌 성문법을 채택해야 한다고 주장했다. 불문
법不文法 국가에서는 문서로 쓰인 법률이 아닌 판례判例를 활용한다.
관습법이나 판례법이 대표적인 예다. 성문법成文法은 법률로 제정
돼 문서에 기록되어 있는 법규다.

영국이 불문법 국가라고 하지만 인권 보장에 관한 역사가 없지
는 않았다. 1215년 존왕의 실정에 반발한 귀족과 시민들이 절대
권력을 억제하고 시민의 자유와 권리를 보장하며 입헌주의를 정

116

착시키기 위해 작성한 대헌장Magna Carta(마그나카르타)을 비롯해 권리장전, 권리청원 등으로 이어진 오랜 역사가 자리 잡고 있었다.

또한 벤담은 당시에는 파격적인 경제적 자유, 정교분리, 표현의 자유, 남녀평등, 이혼할 수 있는 권리 등을 주장했다. 심지어 그는 동물 권리도 중요하다고 여겼다. 특히 자유와 행복을 특권층뿐 아니라 국민 모두가 누려야 한다는 사상을 담은 "최대 다수의 최대 행복"이라는 슬로건을 내세워 공리주의의 창시자가 되었다.

벤담의 공리주의는 사람에게 실질적 이익을 가져다주는 공리성을 기본으로 한다. 행복의 지름길인 쾌락을 특정 개인이 무한히 누리는 것이 아니라 모든 이가 골고루 누릴 수 있는 사회경제적 체제를 갖춰야 한다고 봤기 때문이다.

벤담은 쾌락을 계산하는 독특한 방식도 선보였다. 모든 이의 쾌락과 행복을 추구하는 공리주의는 유럽 경제에 자유주의를 불어넣는 긍정적인 역할을 했다. 그리하여 이른바 경제자유주의의 토대를 마련한 사상 중 하나가 되었다. 영국이 곡물법을 폐지하고 자유무역을 지향한 것도 벤담의 공리주의의 영향을 받은 결과물이다(〈4. 금본위제도: 데이비드 리카도〉 참고).

벤담은 또 개인의 공리보다 공공의 공리가 중요하므로 '사회적 공리'를 실천하기 위해 법이 개인의 이기적 행위를 규율해야 한다고 강조했다. 이에 따라 벤담을 비롯해 제임스 밀과 존 스튜어트 밀 부자, 사회 개혁가 프랜시스 플레이스Francis Place, 정치가 겸 역사학자 조지 그로트George Grote, 정치가 존 아서 로벅John Arthur

Roebuck, 사회 개혁가 찰스 불러Charles Buller, 소설가 에드워드 존 트렐로니Edward John Trelawny, 정치가 윌리엄 몰스워스William Molesworth 등의 '철학적 급진파'가 낙후한 영국 정치체제를 바꾸기 위해 의회 개혁 운동을 펼쳤고, 결국 1832년 영국 중산층도 투표권을 행사할 수 있도록 하는 선거제도 개정을 이끌어냈다.

행복에 관한 공식

벤담은 행복에 대한 개념을 막연하게 여기지 않고 구체적인 계산법을 적용하는 데 골몰했다. 그는 일곱 가지 변수를 통해 행복 상태를 파악하는 이른바 '행복 계산법felicific calculus'이라는 창의적인 아이디어를 내놓았다. 영어 'felicific'은 '행복을 가져오는'이라는 뜻이며 'calculus'는 미적분학, 즉 계산법이다. 벤담이 행복 계산법에 실제로 미적분학을 적용한 것은 아니고 그저 이름을 붙인 것뿐이다. 일부 학자들은 felicific calculus가 아닌 'hedonic(쾌락을 주는) calculus'로 부른다. 행복 계산법은 인간에게 행복을 주는 정도나 물량을 계량화한 것이다. 벤담이 행복을 계산하기 위해 사용한 척도는 강도, 지속성, 확실성/불확실성, 원근성, 생산성, 순수성, 범위로 모두 일곱 가지다.

　　* **강도** 쾌락이 얼마나 강력할까?

* **지속성** 쾌락이 얼마나 오랫동안 지속될까?

* **확실성/불확실성** 쾌락이 생길까 아니면 안 생길까?

* **원근성** 쾌락이 얼마나 자주 발생할까?

* **생산성** 특정 행동이 같은 종류의 느낌으로 이어질 가능성

* **순수성** 특정 행동이 이와 반대되는 느낌으로 이어지지 않을 가능성

* **범위** 얼마나 많은 사람이 영향을 받을까?

벤담은 이 기준을 토대로 점수를 매겨 행복의 정도를 측정했다. 개인의 행복을 극대화하기 위한 배려와 세심함이 돋보인다.

또 벤담은 행복은 '고통보다 우위에 있는 즐거움'이라고 정의 내리고 가장 중요한 원칙 한 가지를 내놓았다. 바로 한계효용 체감의 법칙Law of Diminishing Marginal Utility이다. 한계효용은 어떤 재화를 소비하거나 서비스를 이용할 때 얻는 추가 만족을 뜻한다. 일반적으로 재화나 서비스는 초기에는 만족감을 주지만 어느 시점이 지나면 (싫증이 나) 만족도가 떨어지기 마련이다. 만족도가 떨어지면 재화나 서비스 사용이 줄어든다. 이를 한계효용 체감의 법칙이라고 한다. 벤담은 한계효용 체감의 법칙과 행복의 함수관계를 고민했다. 그는 경제가 발전하면 부자가 많아지지만 늘어난 부와 행복에 모든 사회 구성원이 공감대를 형성한다고 여기지 않았다. 이에 따라 그는 부가 사회 구성원들에게 공정하게 분배되어야 사회 전체 행복도가 커진다고 역설했다.

벤담은 걸인을 없애기 위한 구빈원을 설립해 극빈자를 관리하자는 방안도 내놓았다. 모든 구성원에게 공평하게 부를 나눠줘야 한다는 이런 경제관은 후대 경제학자들로부터 '사회주의 성향'이라는 오해와 비난을 샀다.

벤담은 교육에도 공리주의를 적용했다. 그는 당시 대학교 등 고등교육기관을 왕실, 귀족과 자본가들이 독점하는 영국의 현실에 크게 반발하고, 일반인도 대학 교육을 받을 수 있어야 한다고 강조했다. 교육 평등에 대한 그의 집념은 결국 런던에 유니버시티 칼리지 런던이 설립되는 데 기여했다. 벤담의 공리주의에 영향을 받아 1826년 세워진 이 대학교는 공공 연구 대학교로 출발했다. 말하자면 영국에 최초로 등장한 민간 대학교다. 유니버시티 칼리지 런던은 옥스퍼드 대학교(1167)와 케임브리지 대학교(1209)에 이어 세 번째로 설립된 영국의 대학교다. 유니버시티 칼리지 런던이 개교하기 전까지 런던은 유럽에서 유일하게 대학이 없는 수도였다. 이 대학교는 계급이나 종교, 인종, 성별에 관계없이 누구나 입학하도록 함으로써 공리주의 철학을 철저하게 실행했다.

산업혁명의 결과물로 등장한 공리주의

공리주의가 등장한 배경으로 당시 영국 사회를 대변혁의 소용돌이에 몰아넣은 산업혁명을 꼽을 수 있다. 가내수공업에 안주했던 당시 영국 사회의 산업을 공장식 기계공업 체제로 바꾼 산업혁명은 경제적 번영을 가져왔다. 물질적으로 풍요로워지자 편의를 추구하고 정부의 간섭을 최소화해야 한다고 주장하는 자유방임이 힘을 얻는 사회 분위기가 무르익었다. 영국은 자유경쟁과 이윤 추구를 극대화하는 경향에 따라 개인의 이기적 쾌락과 사회 공익을 조화시켜야 하는 숙제를 떠안았다.

이 문제에 대한 해법이 벤담의 공리주의였다. 1789년 벤담은 《도덕과 입법의 원리 서설An Introduction to the Principles of Morals and Legislation》을 저술한다. 그는 개인이 모인 집합체가 사회이며 개개인의 행복이 결국 사회 전체의 행복으로 이어진다고 주장했다. 또 더 많은 사람이 행복을 누리는 것도 사회에 긍정적인 현상이라고 강조했다. "최대 다수의 최대 행복"이라는 벤담의 슬로건도 이러한 철학을 뒷받침한다. 결국 그가 외친 공리주의는 이기적인 인간이 자기중심적 관점에서 탈피해 사회적 존재로서 살아가는 길을 제시한 셈이다.

쾌락과 고통의 양을 측정할 수 있다는 벤담의 주장은 경제학의 기본 개념인 '효용'을 탄생시키는 단초를 제공했다. 이에 따라 그는 공리주의에 입각한 경제론에 힘입은 후생경제학의 시조로 평가받는다. 후생경제학은 경제 상황을 사회복지에 영향을 주는 관점에서 보고 평가하는 경제학의 한 분야다. 즉, 경제활동이 궁극적으로 사회 구성원에게 행복을 가져다줘야 한다고 주장한 학파다.

'트롤리 딜레마'에 봉착한 공리주의

벤담의 공리주의는 사회 전체 구성원의 행복을 추구한 공로를 인정받았다. 그러나 그의 이론에 대한 반론도 만만치 않다. 일곱 가지 행복 계산법이 양적으로 다루기 힘든 행복 요소를 제대로 반영하지 못했다는 비난도 크다.

벤담의 공리주의는 때로는 서로 맞지 않는 모순을 드러낸다. 그는 사회적 불평등을 완화하고 복지를 늘리고 실업자를 구제하기 위해 정부가 나서야 한다고 역설했다. 이 주장은 최대 다수의 최대 행복을 위해 무간섭주의(자유방임)를 외친 것과 어긋난다. 결국 최대 다수가 행복하기 위해서는 정부가 어쩔 수 없이 개입해야 한다는 점을 보여주는 대목이 아닐 수 없다. 또한 벤담의 공리주의는 이른바 '트롤리 딜레마'에 대한 논란을 낳았다.

트롤리는 터널 공사나 토공 현장에서 굴착한 흙을 운반하는 차다. 영국 철학자 필리파 루스 풋Philippa Ruth Foot은 1967년에 '트롤리 딜레마'를 제시해 공리주의의 현실적 한계를 지적했다. 풋이 제시한 문제는 다음과 같다.

공사 현장에 있는 거대한 트롤리가 고장 났다. 제어할 수 없는 트롤리가 레일을 달리고 있는데 앞에는 인부 다섯 명이 있고 다른 레일에는 인부 한 명이 있다. 여러분이 트롤리의 방향을 바꿀 수 있는 장치 옆에 있다면 어떤 결정을 내릴 것인

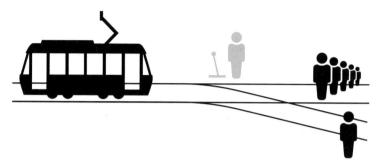

트롤리 딜레마

가? 트롤리를 그대로 방치해 인부 다섯 명이 죽도록 할 것인
가? 아니면 방향 전환 장치를 눌러 트롤리가 인부 한 명 쪽으
로 가도록 결정할 것인가?

풋의 질문에 응답자 가운데 무려 89퍼센트가 트롤리 방향을
바꿔야 한다고 응답했다. 즉, 다수(인부 다섯 명)를 위해 소수(인부
한 명)가 희생되어야 한다는 얘기였다. 벤담이 강조한 최대 다수의
최대 행복 역시 때로는 트롤리 딜레마처럼 다수를 위해 소수가 희
생되는 상황으로 이어질 수 있다고 철학자들은 지적한다.

트롤리 딜레마는 이처럼 우리로 하여금 다수의 행복과 소수의
희생을 놓고 고민하게 만든다. 미국 하버드 대학교 마이클 샌델
Michael Sandel 교수의 주장처럼 정의는 절대적 진리가 아니라 상대
적이고 가변적인 사회적 합의다. 사람을 죽이는 행위는 명실상부
한 범죄지만 전쟁 중에는 이야기가 다르기 때문이다. 최대 다수의

최대 행복이라는 공리주의 원칙만 강조하고 실타래처럼 복잡하게 얽혀 있는 현실을 무시한 채 정의로운 사회만 외치는 것은 불가능하다는 얘기다.

7

부의 재분배

토마 피케티

1971~

THOMAS PIKETTY

토마 피케티Thomas Piketty(1971~)는 1971년 5월 7일 프랑스 파리 인근 오드셴에 있는 도시 클리시에서 태어났다. 러시아 공산당 혁명을 지지하는 부모의 영향을 받은 그는 어릴 때부터 좌파 성향의 경제관을 지녔다. 그의 부모는 러시아혁명의 주역 레온 트로츠키Leon Trotsky를 신봉하는 사회주의 운동을 펼쳤다.

트로츠키는 블라디미르 레닌, 이오시프 스탈린과 함께 러시아 공산주의 혁명의 3대 핵심 인물 중 하나다. 1917년 러시아에서는 이른바 2월혁명이 일어났다. 이에 따라 당시 집권 중이던 러시아 황제 니콜라이 2세가 자리에서 물러났다. 그가 역사의 뒤안길로 사라지면서 1613년부터 1917년까지 304년간 러시아를 지배한 로마노프 왕조가 끝났다. 로마노프 왕조 붕괴 이후 러시아에 임시 정부가 수립되었지만 레닌, 스탈린, 트로츠키 등 '러시아 공산당 3인방'이 1917년 10월 볼셰비키혁명을 일으켜 소련 공산당 정권을 탄생시켰다. 다수파라는 뜻의 볼셰비키는 구체적으로 러시아 사회민주노동당을 가리킨다.

피케티는 파리고등사범학교에서 경제학을 전공한 후 파리 사회과학고등연구원과 런던 정치경제대학교에서 부의 재분배에 관한 연구로 박사 학위를 받았다. 논문의 내용이 좌파 성향이 짙은 '부의 재분배'란 점을 보면 피케티의 경제관을 쉽게 알 수 있다.

현재 프랑스 파리경제학교 경제학과 교수인 피케티는 전 세계 자본주의와 사회주의 국가들이 늘 고민하고 해법을 찾으려 하는 소득과 부의 불평등 분야의 대가로 꼽힌다. 피케티는 과거 역사와 통계를 토대로 경제적 불평등을 조사했다.

경제적 불평등은 인간이 만들어낸 구조이며, 각국의 불평등 변화 패턴은 놀라울 정도로 닮았다.

역사를 보면 인류 사회는 '사제(성직자)-전사(귀족)-제3신분(노동자와 농민)'으로 이루어진 3원元 사회(3단계 사회구조)였으며, 이러한 사회구조에서 사제는 지식인 역할을 하면서 불평등을 합리화했다.

또한 3원 사회에서 토지와 재산 소유는 사제와 전사의 몫이었고 제3신분은 아무것도 갖지 못한 채 노동을 통해 세금만 내야 했다. 이러한 신분 사회는 19세기 서유럽에서 자본가가 세력을 얻는 시대가 열릴 때까지 이어졌다.

유럽 열강이 만들어낸 제국적 식민주의는 경제적 불평등을 심화시키는 역할을 했다. 일례로 식민 지배를 끝낸 유럽 국가들은 그에 따른 배상을 피지배 노예들이 아닌 유럽의 노예 소유자에게 했다.

전 세계에 만연한 경제적 불평등을 방치하면 세계 경제는 부자들에게 벨 에포크 시대를 안겨다 주게 될 것이다.

태평성대를 뜻하는 프랑스어 벨 에포크Belle Époque는 제1차 세계대전 직전인 1880~1914년 시기를 가리킨다. 당시 유럽에서는 경제적 번영과 기술 및 과학의 발전, 문화 혁신, 낙관주의 확산이라는 긍정적인 현상이 나타났다. 그러나 열강의 식민정책이 가속화하여 어두운 그림자도 짙은 시기였다. 또한 벨 에포크 시기에 민간 자산에서 상위 10퍼센트가 보유한 자산 비율이 영국은 92퍼센트를 넘었고, 스웨덴은 88퍼센트, 프랑스는 85퍼센트를 기록하는 등 부의 초집중이 심각했다.

쿠즈네츠 곡선을 뒤엎다

유명 경제학 이론 가운데 하나로 이른바 '쿠즈네츠 곡선Kuznets curve'이 있다. 벨라루스 출신 미국 경제학자 사이먼 스미스 쿠즈네츠Simon Smith Kuznets가 내놓은 경제이론으로 소득의 불평등 정도를 나타낸다.

1인당 소득을 X축, 소득 불평등 수준을 Y축이라고 했을 때 쿠즈네츠 곡선은 알파벳 U 자를 거꾸로 한 모양을 띤다. 그래서 흔

사이먼 스미스 쿠즈네츠

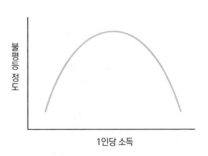

쿠즈네츠 곡선

히 역逆U 자형 곡선이라고 부른다. 쿠즈네츠 곡선이 보여주는 것은 소득 불평등이 처음에는 커지지만 결국 완화된다는 점이다. 경제개발 초기 단계에는 빈부 격차가 커지지만 소득이 일정 수준 이상으로 늘어나면 소득 불균형이 줄어든다는 뜻이다. 쿠즈네츠는 이 이론으로 1971년 노벨경제학상을 받았다.

국가가 산업화 과정을 거쳐 평균 소득이 늘어나면 산업화 초기에는 불평등이 커지지만 산업화가 일정 수준을 지나면 불평등이 감소한다.
농촌 지역 노동자들이 도시로 몰려들어 도시와 농촌의 소득 격차가 벌어질 때 이른바 불평등이 크게 늘었다.
이후 노동자의 전반적인 임금 수준이 올라가고 농촌 노동자들의 인구가 감소해 노동력의 희소성이 커졌다. 희소성은 수요가 많지만 공급이 상대적으로 부족한 데 따른 것이다.

찰스 디킨스

쿠즈네츠에 따르면 농촌 인력 수가 적어졌지만 수요가 있으므로 노동 임금이 상승한다. 이처럼 노동력의 희소성 덕분에 농촌 임금이 올라 불평등이 완화된다는 것이다.

그러나 피케티는 쿠즈네츠 곡선 이론을 반박했다. 그는 영국 소설가 찰스 존 허펌 디킨스 Charles John Huffam Dickens를 예로 들며, 자본주의가 성숙하면 부가 적절하게 배분된다는 기존의 경제이론을 뒤집었다.

수백 년에 걸친 서구 자본주의 발전 과정을 살펴보면 자본주의 초기 단계부터 나타난 불평등이 20세기에 해소되기보다는 오히려 심화했다. 찰스 디킨스가 살았던 19세기 영국 사회의 불평등 시대가 21세기에 되살아났다.

세계적 대문호 셰익스피어와 함께 영국을 대표하는 작가 찰스 디킨스는《크리스마스 캐럴Christmas carol》《올리버 트위스트Oliver Twist》《위대한 유산Great Expectations》 등의 소설로 잘 알려져 있다. 특히 그는《올리버 트위스트》에서 산업혁명 시대 영국 도시 하층계급의 처참한 삶을 적나라하게 표현했다.

찰스 디킨스가 활동한 19세기 영국에서는 산업화 과정에서 나타난 사회적 갈등과 경제적 불평등이 고조되었다. 산업혁명의 영향으로 공업과 상업이 발달해 부르주아로 불리는 중산층이 등장했다. 부르주아가 출현하여 자본주의가 급속하게 발전했지만 이에 따라 빈부 격차도 덩달아 커졌다. 찰스 디킨스 역시 사회적으로 소외된 빈곤 계층에 속했다. 어린 시절 학교에 다니지 못할 정도로 어려운 경제 환경에 놓인 그는 런던의 구두약 공장에 취직해 생계를 이어갔다. 디킨스는 공장에서 하루 10시간씩 일하면서 빈부 격차에 불만을 품고 자본주의 체제의 문제점을 파헤쳤다. 디킨스의 작품이 빈민 계층을 주로 다룬 것도 이러한 이유 때문이다. 디킨스를 예로 든 피케티는 2013년에 발간한 저서《21세기 자본 Le Capital au XXle siècle》을 통해 18세기 이후 유럽과 미국의 부와 소득 불평등을 집중 조명했다.

상위 10퍼센트의 고소득층이 전체 국민소득에서 차지하는 비중이 50퍼센트를 넘는 국가는 '매우 불평등한 나라'다.

피케티의 기준에 따르면 19세기 중후반 영국과 프랑스를 비롯해 현재 미국이 매우 불평등한 나라에 속한다. 특히 미국은 최상위 1퍼센트의 초고소득층이 전체 소득에서 차지하는 비중이 24퍼센트대에 달한다. 이에 비해 하위 90퍼센트의 소득 비중은

50퍼센트 정도다. 피케티는 이렇게 역설했다.

불평등은 우연이 아니라 자본주의의 특징이다. 자본주의의
문제점을 해결하기 위해 국가의 개입이 필요하다.

불평등 논란을 부추긴 공식

좌파 경제학자 피케티는 약 20개 국가를 대상으로 19세기부터
현재까지 300여 년 동안 경제가 발전하며 나타난 자본 축적을 연
구했다. 국민소득과 자본소득이라는 개념을 파헤치기 위해서였다.
국민소득은 말 그대로 국민, 특정 개인이 벌어들인 소득이다.
월급, 보너스 등이 여기에 속한다. 근로소득은 개인별로 차이가
있기 마련이다. 억대 연봉자, 일반 월급쟁이, 아르바이트생 등은
각자 다른 월급 체계를 통해 다른 액수를 받는다. 그러나 이들이
고용주로부터 월급을 받는 시스템은 같다.
자본소득은 거액의 돈이나 많은 땅 등을 가진 이들이 그것을
활용해 버는 돈이다. 이자나 지대가 대표적인 예다. 피케티가 관
심을 가진 부분은 자본소득이다. 그는 국민소득과 자본소득 간 격
차를 통해 도출한 이른바 'R>G' 공식을 《21세기 자본》에 소개
했다.

* R: 자본수익률Return

* G: 경제성장률Growth

G는 노동수익률이라고도 불린다. 더 자세히 설명해보자.

* G: 개인소득과 생산 등을 합한 연간 증가율
* R: 자본에서 얻은 이자, 배당금, 임대료 등 자본 총액에 대한 비율

결국 R＞G는 자본수익률이 노동수익률보다 크다는 공식이다. 일반적으로 개인소득은 경제성장률과 같은 속도로 늘어난다. 경제발전에 따른 물가상승률 등이 월급, 즉 개인소득에 반영되기 때문이다.

그런데 1700년부터 현재까지 세계 경제를 살펴보면 연 평균 경제성장률은 1.6퍼센트에도 못 미쳤다. 그 가운데 절반 정도는 인구 증가에 따른 경제성장 때문이다. 피케티는 이를 통해 300여 년간의 1인당 소득 증가율이 1퍼센트도 안 된다고 진단했다. 또한 선진국에서 지난 150여 년간 나타난 R은 연간 4~5퍼센트였지만 G는 연간 약 1~2퍼센트에 머물렀다고 분석했다. 국민소득에서 자본수익으로 돌아가는 몫이 그만큼 컸다는 얘기다. 이에 대한 피케티의 진단은 다음과 같다.

1970년대 이후 국가별 경제 발전을 살펴보면 각국 경제가 발전할수록 자본 축적도 커졌다. 한 예로 대다수 선진국은 1970년대 초 총자본 규모(자본소득 전체를 합한 금액)가 국민소득의 200~350퍼센트에 머물렀지만, 2010년 초에 400~700퍼센트까지 치솟았다. 이에 따라 국민소득 증가로 돈을 버는 일반인들의 재산 증가 속도가 대규모 자본을 가진 부자들의 자본 증가 속도를 따라갈 수 없다.

피케티는 부자들이 돈으로 돈을 버는 증가율(자본수익률)이 일반 근로자가 일해 돈을 버는 증가율(경제성장률)보다 크므로 경제적 불평등이 커질 수밖에 없다고 강조했다. 또 부의 양극화는 시장 실패나 정책 실패가 아닌 자본주의 시장에 깊숙이 파고든 자본수익률의 속성 때문이라고 설파했다. 그러므로 'R>G' 현상이 앞으로도 이어지고 소득 불평등은 더욱 깊어질 것이라고 내다봤다.

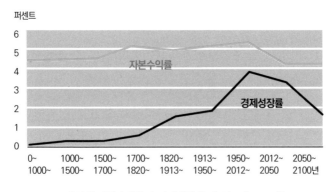

글로벌 자본수익률과 경제성장률 비교(고대~2100년)

세계적 논란을 불러일으킨 불평등 해법

불평등이 세계적 화두가 된 가운데 피케티가 내놓은 해법은 무엇일까. 앞서 찰스 디킨스의 예를 들며 언급한 것처럼 그는 불평등을 해소하기 위한 '국가의 개입'을 주장했다. 여기서 말하는 국가의 개입은 결국 과세다. 즉, 세제 개혁을 뜻한다. 피케티는 불평등을 해결하는 방법으로 누진세를 인상하고 글로벌자본세를 도입하자고 주장했다. 누진세는 소득이 커질수록 세율(세금을 내는 비율)도 함께 커지는 세금이다. 누진세를 부과하는 이유는 경제적 격차에 따른 소득 불평등을 최소화하기 위해 고소득자에게는 높은 세금을, 저소득자에게는 낮은 세금을 거두기 위해서다.

세계 여러 나라는 제2차 세계대전 이후 불거진 경제·소득 불평등을 해소하기 위해 소득 재분배income redistribution를 고민해왔고 이에 대한 해법으로 누진세를 도입했다. 따라서 대다수 국가들이 누진세를 적용하고 있다. 피케티는 현재 누진세율이 불평등을 해소하기에는 충분하지 않다고 주장한다. 국가마다 차이가 있지만 누진세는 평균 30퍼센트 정도인데, 미국의 경우 연간 소득이 50만~100만 달러(약 5억 6,000만~11억 3,000만 원) 이상인 상위 1퍼센트 안팎 고소득층에게는 누진세를 80퍼센트까지 부과해야 한다는 주장이다.

또 글로벌자본세를 서둘러 도입해야 한다고 피케티는 강조했다. 글로벌자본세의 내용은 말 그대로 전 세계에 있는 자본에 해마다 누진세를 부과하자는 것이다. 피케티에 따르면 글로벌자본세 세율이 일반 소득세 최고세율처럼 자본 축적의 동력을 유지할 수 있는 수준까지 증가해야 한다. 곧 자본 축적의 성장이 훼손되지 않는 범위까지 올려야 한다는 얘기다. 글로벌 자본의 순 자산이 100만~500만 유로(약 13억 4,000만~67억 원)면 글로벌자본세 세율을 1퍼센트, 순 자산이 500만 유로 이상이면 2퍼센트로 해야 한다.

물론 피케티의 글로벌자본세는 쉽지 않은 일이다. 전 세계가 수용할 수 있는 세율표를 만들어야 하고, 또한 거둬들인 세수를 분배하는 방법에도 전 세계적 합의가 필요하기 때문이다. 피케티는 이렇게 단언한다.

전 세계에 저성장의 어두운 그림자가 짙게 드리워져 있고 각국이 보호주의 정책과 자본 통제를 하는 상황에서 세계 경제가 그나마 돌아갈 수 있는 해법은 글로벌자본세다.

불평등은 피할 수 없는가

피케티의 원대한 이상향적 제안은 한편으로 전 세계의 수많은 지식인들로부터 비판받고 있다. 미국 스탠퍼드 대학교 발터 샤이델Walter Scheidel 교수도 그 지식인들 중 하나다. 오스트리아 출신 역

발터 샤이델

사가 샤이델은 2017년《위대한 평등주의자: 석기시대부터 21세기에 걸친 불평등의 폭력성과 역사The Great Leveler: Violence and the History of Inequality from the Stone Age to the Twenty-First Century》라는 저서에서 이렇게 주장했다.

> 불평등, 구체적으로 소득 불평등은 인류 역사와 함께 있어왔고 특정 지역에만 국한하지 않는 세계적 현상이다.
> 인류 역사가 불평등만으로 점철된 것은 아니다. 불평등이 최고조에 이른 이후 다시 줄어드는 사이클을 반복했다.

샤이델은 석기시대부터 21세기에 걸친 인류사에서 불평등을 없앤 '평준화' 4대 역군으로 다음을 꼽는다.

* 대규모 전쟁(세계대전 등)
* 대혁명
* 국가 실패(대공황 등 체제 붕괴)
* 치명적인 전염병 창궐(흑사병 등)

특히 14세기 유럽에서 창궐한 흑사병은 유럽 인구의 3분의 1을 죽음으로 내몰아 당시 유럽 사회를 지탱한 봉건제도가 무너지는 원인이 되었다.

샤이델은 수많은 생명이 희생되거나 국가나 사회가 붕괴하는 참사가 일어나지 않는 한 인류사에서 불평등이 없어지지 않는다는 점을 강조했다. 그렇다고 전쟁이나 혁명, 국가 붕괴 등 파괴적인 행위로, 인류 역사와 함께해온 불평등을 없애자는 얘기는 아니다. 그에 따르면 경제적 불평등은 어떻게 보면 인류의 역사에서 어쩔 수 없이 나타나는 셈이다.

부유층의 상속은 경제 발전을 위한 투자다

명저 《맨큐의 경제학》 저자인 미국 하버드 대학교 경제학과 그레고리 맨큐Nicholas Gregory Mankiw 석좌교수도 피케티의 주장에 반기를 들었다. 맨큐는 '자본수익률이 경제성장률보다 높아 빈부 격차가 커졌다'는 피케티 이론의 핵심 근거 자체가 잘못됐다고 지적했다.

그레고리 맨큐

자본수익률이 경제성장률보다 낮다면 어느 자본가들이 사업에 대한 위험 부담을 안고 투자하겠는가?

'빈부 격차를 막기 위해 정부가 개입해야 한다'는 피케티의 주장에 대해서는 이렇게 꼬집었다.

정부가 할 일은 계약이나 소유권 등 규칙 준수를 살펴보는 것이지 개인별 재산 분배에 참여하는 것은 아니다.

또 자본이 다음 세대로 이어지는 이른바 '세습자본주의'를 맹공격한 피케티의 논리에 이같이 대응했다.

상속이 차지하는 비중이 부유층에서 높아진다고 해도 상속은 문제가 되지 않고 오히려 사회에 공헌한다.

상속은 다음 세대가 새로운 사업을 시작하기 위한 투자금 또는 기존 사업을 확장할 수 있는 자본 역할을 한다는 얘기다. 또한 맨큐는 부유층 부모가 막대한 재산을 자녀에게 물려줘도 뛰어난 부모보다 능력이 부족한 자녀들이 시장경제에서 부모만큼 역량을 발휘하지 못하면 재산은 더 축적되지 않고 흩어진다고 주장했다. 그러므로 막대한 자본을 지닌 사람들이 저소득층에게 경제적 불평등만 안겨준다는 피케티의 주장은 오류라고 일갈했다.

앞의 설명에서 보듯 부의 불평등은 시대를 초월하는 최대 관심사 중 하나다. 피케티와 맨큐 두 사람 가운데 한쪽의 의견이 모두 맞다고 할 수는 없다. 중요한 것은 전 세계가 부의 양극화, 경제적 불평등 문제에 대한 해법을 끊임없이 찾고 있다는 점이다.

8

창조적 파괴
조지프 알로이스 슘페터

1883~1950

JOSEPH
ALOIS
SCHUMPETER

조지프 알로이스 슘페터Joseph Alois Schumpeter(1883~1950)는
1883년 오스트리아 합스부르크 모라바의 트리슈에서 태어났다.
트리슈는 슘페터가 태어날 당시 오스트리아-헝가리 제국의 영토
였지만 지금은 체코 동부의 땅이 되었다. 체코는 16~19세기까지
오스트리아 합스부르크 왕가의 지배를 받았다.

　　슘페터의 조부모는 체코 출신이었으며, 부모는 독일어를 구사
하는 가톨릭 신자였다. 슘페터의 아버지는 공장을 운영했는데 슘
페터가 네 살 때 사냥하던 중 사고를 당해 세상을 떠났다. 슘페터
는 열 살 때인 1893년 어머니와 함께 오스트리아 빈으로 이사 갔
다. 그의 어머니는 빈 수도사령부 소속 육군 중장 폰 켈러와 재혼
했다. 오스트리아 사립 테레지아 고등학교를 졸업한 슘페터는 오
스트리아 국립 빈 대학교에 입학하여 법학을 전공한 후 1906년
법학 박사 학위를 받았다.

　　평생 법률가로 살 수도 있었던 그는 외국 여행을 다녀온 후 인
생행로가 완전히 바뀌었다. 경제학에 흥미를 느끼고 빈 대학교로
돌아가 경제학을 공부하고 박사 학위를 취득했기 때문이다. 여담
이지만 슘페터는 결혼을 세 번 했다. 첫 번째 아내는 영국 여성 글

래디스 시버Gladys Seaver였는데 이혼했다. 두 번째 아내는 오스트리아 출신 여성 안나 라이징거Anna Reisinger였는데 1926년 출산 도중 사망했다. 세 번째 아내는 미국 여성이자 동료 경제학자 엘리자베스 부디Elizabeth Boody였다.

슘페터는 1907년 당시 아내였던 글래디스 시버와 함께 이집트로 가서 변호사로 일하며 이집트 공주의 재정 고문을 담당했다. 그는 이집트 공주의 수입을 2배로 늘리고 부동산 세금은 절반으로 줄이는 등 '재테크'와 '세테크'에 탁월한 능력을 발휘했다. 재정 고문으로 활동하던 1908년 그는 《경제이론의 본질과 정수Das Wesen und der Hauptinhalt der theoretischen Nationalökonomie》라는 저서를 출간했다. 1909년에는 지금의 우크라이나에 있는 체르니우치 대학교에서 경제학과 행정학을 강의했다. 이후 오스트리아 재무 장관, 독일 민간 은행 비더만은행 총재 등을 지냈고, 1932년부터 미국 하버드 대학교 교수로 활동했다.

슘페터가 미국에서 활동하기 시작한 1932년 7월 독일 총선에서 아돌프 히틀러가 이끄는 나치당이 제1당이 되었다. 그 이듬해인 1933년 1월 히틀러는 독일 총리가 되었다. 1938년 히틀러가 이끄는 독일 국방군이 오스트리아를 침공하고 독일과 합병했다. 당시 오스트리아 국민이 치른 국민투표에서 유권자 가운데 99.08퍼센트가 합병을 찬성했다. 이에 따라 오스트리아는 독립을 잃었고, 오스트마르크라는 이름의 주로 전락하는 신세가 되었다. 오스트마르크는 독일어로 동쪽의 땅이라는 뜻이다.

조국 오스트리아가 나치와 결탁해 나라 자주권까지 포기하는 모습을 지켜본 슘페터는 현실에 환멸을 느끼고 1939년 미국 시민권을 얻었다. 히틀러의 폭정에 대한 공포와 반발이 컸던 탓에 조국 오스트리아를 저버리고 자유의 땅 미국을 택한 것이다.

나치즘-마르크스주의-사회주의, 그리고 경기부양

어린 나이에 이집트, 영국, 미국 등 외국에서 생활해 세계에 대한 시야를 넓힌 슘페터는 나치주의, 마르크스주의 그리고 사회주의를 철저히 배격했다. 이 이념들이 국민의 자유와 민주주의에 등을 돌리고 독재로 이어질 것이라고 생각했기 때문이다. 히틀러의

프랭클린 D. 루스벨트

독재를 피해 미국으로 이민 간 그의 모습을 보면 쉽게 알 수 있다. 재미있는 대목은 슘페터가 프랭클린 D. 루스벨트Franklin D. Roosevelt 미국 대통령이 추진했던 뉴딜 정책도 반대했다는 점이다.

1929년 10월 24일 미국 뉴욕 증권거래소에서 주가가 대폭락해 시작된 대공황은 미

국을 넘어 세계로 이어졌다. 당시 미국 대통령이던 허버트 후버 Herbert Hoover는 경제를 되살리기 위해 노력했지만 물가가 폭락하고 기업 파산자가 속출해 실업자가 1,500만 명을 웃돌았다. 1933년에 집권한 루스벨트는 벼랑 끝에 몰린 미국 경제를 살리기 위해 댐, 도로 등을 짓는 대규모 사회간접자본 공사를 통해 실업자에게 일자리를 만들어줬다. 이것이 뉴딜의 대표적인 정책 중 하나다.

슘페터는 불황은 호황기의 과잉투자 등 거품을 만들어낸 잘못된 행동의 결과라고 여겼다. 이 말은 불황은 '쓰레기'를 청소하는 불가피한 구조조정이라는 뜻이다. 그는 불황이 곪은 상처를 도려내 새살이 돋게 해준다고 생각했다. 따라서 그는 정부가 불황을 해소하기 위해 인위적으로 경기부양책을 펼치면 구조조정이 제대로 되지 않아 경제 발전을 오히려 저해한다고 강조했다. 일종의 '청산 이론'과 맥을 같이한다. 청산 이론에 따르면 1929년 전 세계 경제를 뿌리째 뒤흔든 사상 최대 공황인 미국 대공황은 불행한 일이지만 경제에 축적된 과잉을 해소하는 불가피한 과정이었다.

다섯 가지 혁신-대기업의 혁신이 삶의 질을 개선한다

청산 이론에서 볼 수 있듯이 슘페터가 어떤 관점에서 냉혹한 경제관을 갖게 된 것은 어린 시절 미국 등 여러 나라에 살면서 목격한 세계관에 큰 영향을 받았기 때문이다. 미국, 영국 등 자본주의 체제가 자리 잡은 국가의 힘을 연구한 그는 다음과 같은 결론을 내렸다.

자본주의 체제를 이끄는 원동력은 혁신innovation이다.

그렇다면 혁신을 이끄는 힘은 어디에서 나올까. 슘페터는 '기업가 정신'이 그 열쇠를 쥐고 있다고 여겼다. 혁신과 기업가 정신은 무슨 뜻일까. 슘페터는 1911년 저서《경제 발전 이론Theorie der wirtschaftlichen Entwicklung》에서 혁신이라는 용어를 처음 사용했다. 슘페터는 혁신이 '경제적 변화의 임계치수'라고 규정했다. 임계치수는 변화를 이끄는 분수령이다.

경제적 변화는 혁신, 기업가 활동, 시장 지배력(제품 가격과 수량에 영향을 미치는 힘)을 중심으로 이뤄진다.
혁신에 토대한 시장 지배력은 보이지 않는 손이나 가격 경쟁보다 더 좋은 결과를 낳는다.
혁신에 토대한 기업가 정신이 경제 발전의 원동력으로 이어진다.

슘페터는《경제 발전 이론》에서 혁신은 생산수단이 새로이 결합한 결과물이며 다섯 가지 성격이 있다고 설명했다.

혁신의 다섯 가지 방식

* 신제품 소개

* 새로운 생산방식 도입

* 새로운 시장 개척

* 원자재나 반제품의 새로운 공급처 확보

* 업종에 새로운 조직을 만들어 (소비자의 사랑을) 독차지하기

슘페터는 기업이 얻는 초과이윤은 다섯 가지 혁신을 일궈낸 데 따른 정당한 대가라고 설명했다. 기업의 초과이윤이 노동자로부터 착취한 결과물이라는 마르크스의 주장을 일축한 대목이다. 그가 보기에 초과이윤은 기업 혁신의 결과물이며 기업 발전의 원동력이었다.

슘페터는 기업가 정신의 중요성을 강조했다. 기업가 정신은 기업의 존재 이유인 이윤 추구와 기업의 사회적 책임을 실천하기 위해 기업가가 갖춰야 할 마음가짐이다. 엄밀하게 말하면 슘페터는 기업가 정신을 최초로 이론화한 경제학자다. 그는 국가의 혁신과 기술 변화는 기업인과 이들이 지닌 야성적 충동에서 비롯된다고 설명했다. 한편 그는 대기업이 일반인의 삶의 기준에 부정적인 영향을 미친다는 일부 학자들의 주장을 일축했다. 오히려 혁신과 경제 발전을 이끄는 핵심 역할을 담당하는 주체가 대기업이라고 설명했다. 대기업은 새로운 제품과 서비스를 창출하는 데 필요한 연구개발에 자금을 댈 수 있으며, 이를 통해 소비자에게 값싼 제품

을 제공해 삶의 질을 높일 수 있기 때문이다.

슘페터는 또 기업가 정신은 특정 계층이나 사회적 지위에 의존하지 않는 특징이 있다고 설명했다. 기업가 정신은 자립적이며, 위험을 즐기고, 독립적인 가치가 있으며, 자기 의견을 밀고 나가는 특성이 있다는 얘기다. 이를 통해 슘페터는 혁신에 대한 열망이 기업가의 핵심적인 자질이라고 강조했다.

창조적 파괴란 무엇인가

슘페터가 주장한 또 다른 화두는 1942년 저서 《자본주의, 사회주의 그리고 민주주의》에서 역설한 '창조적 파괴'다. 창조적 파괴라는 용어는 어떻게 보면 모순이다. 창조와 파괴의 의미는 서로 반대되기 때문이다. 슘페터는 창조적 파괴가 제조 과정에서 생산성을 높일 수 있는 혁신이라고 설명했다.

> 창조적 파괴는 개선된 생산방식에 길을 터주기 위해 기존 과정을 의도적으로 해체하는 작업이다.

그렇다면 슘페터가 주장하는 창조적 파괴가 적용되는 분야는 무엇일까. 그는 먼저 철도 사업을 꼽았다. 일리노이 센트럴 철도가 추진한 미국 중서부 지역 철도화 사업이 대표적인 사례라고 설명했다. 미국 일리노이주는 중서부에서 가장 큰 철도회사 일리노이 센트럴 철도가 자리 잡았던 곳이다.

일리노이 센트럴이 처음 설립됐을 때 주변에 신도시가 등장하고 토지가 개간되는 등 매우 좋은 영향을 미쳤다. 그러나 이는 미 서부 지역의 오래된 농업에 사형선고를 내린 것과 마찬가지였다.

슘페터의 평대로 일리노이주의 철도 사업은 도시화와 운송 등 물류 분야가 발전하도록 이끌었지만 토지가 건설과 유통 분야에 활용돼 기존 농업이 설 자리를 잃었다. 이처럼 새 사업이 기존 영역을 파괴하고 대체한다는 뜻에서 창조적 파괴라는 말이 자리를 잡았다.

21세기의 창조적 파괴

창조적 파괴의 사례 중 하나는 미국 자동차 회사 포드를 설립한 '자동차 왕' 헨리 포드Henry Ford에게서 찾아볼 수 있다. 포드는 자동차 생산을 혁신하기 위해 1913년 10월 7일 미국 미시간주 디트로이트 외곽 하일랜드 파크에 있는 '모델 T' 조립공장에 어셈블리 라인assembly line(자동 조립 라인)을 도입했다. 어셈블리 라인은

헨리 포드

자동차 부품을 컨베이어에서 조립하는 공정이다. 모델 T는 포드가 세계 최초로 대량생산한 자동차였다. 이에 따라 1920년대 미국 도로는 포드 모델 T로 채워졌다고 해도 과언이 아니었다. 어셈블리 라인이 가동되기 전에는 모델 T 한 대를 조립하는 데 약 13시간이 걸렸다. 그러나 자동 조립 라인이 도입된 후 자동차 한 대를 만드는 데 걸리는 시간이 90분 정도로 짧아져 생산 시간이 8.6배 빨라졌다. 포드는 모델 T 생산량을 하루 100대에서 1,000대로 늘렸고, 1912년에 8만 2,388대였던 생산량은 1916년에 58만 5,388대로 폭증했다. 포드가 어셈블리 라인을 도입하여 자동차 생산량을 크게 늘리고 생산성을 대폭 개선하면서 미국 자동차 산업이 발전했다. 그러나 신기술인 어셈블리 라인은 기존의 오래된 자동차 생산방식을 갈아치웠다. 자동차를 생산하는 데 많은 근로자가 필요하지 않게 되었기 때문이다. 결국 어셈블리 라인으로 많은 근로자의 일자리가 사라지는 부정적인 결과도 나타났다.

음악 산업도 예외는 아니다. 이탈리아 발명가 굴리엘모 마르코니Guglielmo Marconi가 1895년 6월 7일 세계 최초로 무선통신을 개발한 후 사람들은 음악을 듣기 위해 콘서트홀에 가거나 밴드의 실황 연주에 의존할 필요가 없게 되었다. 라디오가 폭발적인 인기를 모은 지 얼마 되지 않아 레코드판이 등장해 음악 산업이 다양해졌다. 그러나 그것도 잠시뿐이었다. 레코드판보다 작아서 보관하기 편리한 카세트테이프가 등장했고, 얼마 후에는 콤팩트디스크CD가 나타나 카세트테이프를 대체했다. 그 후 MP3 플레이어가 CD의 자리를 차지했고, 지금은 많은 사람이 인터넷으로 음악을 듣는 스트리밍 시대가 활짝 열렸다. 음악 산업에 신기술이 등장하면서 오래된 기술이 자리를 내주는 창조적 파괴가 본격화한 셈이다.

인터넷도 창조적 파괴의 사례다. 인터넷 기술 덕분에 스마트폰으로 은행 업무를 볼 수 있고 인공지능AI, Artificial Intelligence 기술과 접목한 'AI 비서'를 활용할 수도 있으며 여행상품도 살 수 있다. 그러나 인터넷 기술은 은행원, 기업체 비서, 여행사 직원 등 이른바 오프라인 일자리를 빼앗았다.

슘페터는 창조적 파괴가 가져온 결과가 고통스러울 수 있지만

창조적 파괴 • 조지프 알로이스 슘페터

어쩔 수 없는 일이라고 설명했다.

> 창조적 파괴는 '(기술) 개선과 혁신에 상을 주고 자원 관리를
> 비효율적으로 한 결과에 벌을 주는 진화 과정'이다. 창조적
> 파괴가 결국 지향하는 것은 '진보, 성장, 삶의 질 개선'이다.

슘페터는 새로운 기술과 상품이 창조되면서 낡고 더 이상 효능
이 없는 기존의 것이 파괴되는 과정이 창조적 파괴의 본질이라고
강조했다. 앞의 예에서 볼 수 있듯이 새로운 생산방법 등 '첨단기
술'과 새로운 운송 등 '유통과 물류 혁신', 첨단기술 도입에 따른
새로운 시장의 창조 등이 시장을 키우고 더욱 발전시키는 원동력
이라고 역설했다.

'콘드라티예프 파동'도 기술혁신이 좌우한다

슘페터가 기술혁신의 중요성을 강조하며 자주 언급한 학자가
있다. 옛 소련 경제학자 니콜라이 콘드라티예프Nikolai Kondratiev가 그
주인공이다. 콘드라티예프는 1925년 저서 《주요 경제 순환The
Major Economic Cycles》을 통해 자본주의가 특정 시점을 계기로 경기순
환 곡선을 그린다는 점을 언급했다. 이른바 콘드라티예프 파동 이
론이 탄생하는 순간이었다.

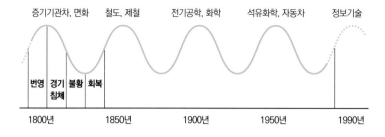

증기기관차, 면화　철도, 제철　　　전기공학, 화학　　　석유화학, 자동차　　　정보기술

번영 | 경기 | 불황 | 회복
침체

1800년　　　　　1850년　　　　1900년　　　　1950년　　　　1990년

콘드라티예프 파동 이론

　콘드라티예프는 인류사를 보면 40~60년 주기로 고도성장과 저성장이 번갈아 일어나 세계 경제에 큰 획을 긋는 대발명이나 대전환이 나타났다고 주장했다. 구체적인 예를 살펴보자.

　　　* **1771년** 산업혁명
　　　* **1829년** 증기기관차와 철도의 시대
　　　* **1875년** 철도와 중공업의 시대
　　　* **1908년** 석유, 전기, 자동차, 대량생산의 시대
　　　* **1971년** 정보통신의 시대

　이 모든 사례가 콘드라티예프의 주장처럼 40~60년을 주기로 정확하게 나타나지는 않았지만 기술혁신이 특정 시점을 주기로 계속 이어졌다는 점은 주목할 만하다. 이 주장에 고무된 슘페터는 콘드라티예프 파동을 지배하는 국가가 세계 경제를 쥐락펴락하는 강대국이 될 것이며 이를 좌우하는 관건은 결국 기술혁신이라고

주장했다.

　재미있는 일화가 있다. 콘드라티예프가 자본주의는 40~60년을 주기로 경기순환 곡선을 그리며 발전할 것이라고 주장하자 당시 소련 공산당 서기장 스탈린이 발끈했다고 한다. 자본주의가 반드시 망할 것이라고 주장해온 스탈린은 자본주의가 특정 시점을 통해 퇴보하지 않고 계속 발전할 것이라는 콘드라티예프 이론이 기쁠 리가 없었다. 콘드라티예프는 결국 감옥에 갇혀 총살되는 신세가 되었지만 그의 이론은 역사가 입증하고 있다.

　슘페터가 사회주의 국가인 소련의 경제학자 콘드라티예프의 이론을 강조한 이유는 창조적 파괴와 기업가 정신을 중시했기 때문이다. 그는 자본주의가 현실에 안주하지 않고 계속 발전하는 역동성을 지니고 있으므로 기업인이 기업가 정신을 통해 역동성을 현실로 일궈내야 한다고 주장했다. 40~60년을 주기로 새로운 기술이 등장하는 콘드라티예프 파동처럼 기업이 정부의 개입 없이 지속적으로 발전하려면 결국 기술혁신이 뒷받침되어야 한다는 것이다. 슘페터가 지금 살아 있다면 인공지능, 빅데이터, 사물인터넷IoT, Internet of Things, 로봇, 드론drone 등 이른바 4차 산업혁명의 총아들이 등장한 시대에 맞서 싸울 수 있는 또 다른 기술혁신을 서둘러야 한다고 역설할 것이다.

9

사회 후생
아서 세실 피구

1877~1959
ARTHUR
CECIL
PIGOU

아서 세실 피구Arthur Cecil Pigou(1877~1959)는 1877년 영국의 섬 가운데 규모가 가장 크고 인구가 두 번째 많은 와이트의 라이드에서 태어났다. 와이트는 우리나라로 치면 제주도 같은 곳이다. 군인 집안에서 태어난 피구는 윈스턴 처칠이 다녔던 사립학교 해로 스쿨을 수석 졸업한 후 1896년 케임브리지 대학교에 입학했다.

피구가 처음부터 경제학을 공부한 것은 아니다. 케임브리지 대학교에 입학할 때 선택한 전공은 역사학이었다. 그는 케임브리지 대학교 역사학 교수 오스카 브라우닝Oscar Browning 밑에서 공부했다. 눈에 띄는 대목은 당시 케임브리지 대학교에 사회과학 졸업시험Moral Sciences Tripos 제도가 있었다는 것이다. 'Tripos'는 케임브리지 대학교 우등 졸업시험을 말한다. 케임브리지 대학교는 학생들이 전공에 관계없이 심리학, 철학, 정치경제학을 모두 공부하는 학풍을 조성했다. 학생들이 지식의 지평을 전공 분야에만 국한하지 않고 다양한 학문 세계를 접하도록 해 미래 영국의 지도자로 발돋움할 수 있도록 학문적 토양을 제공하기 위해서였다. 피구로서는 역사학에 머물지 않고 사회학과 경제학을 접하게 된 좋은 기회였다.

'차가운 머리와 따뜻한 가슴'의 세계관

역사학을 통해 철학과 윤리학을 배운 피구는 앨프리드 마셜Alfred Marshall 교수 밑에서 경제학을 공부하는 기회를 잡았다. 경제학자 앨프리드 마셜은 흔히 '케임브리지학파Cambridge School'혹은 '신고전경제학파의 창시자'로 불린다. 마셜이 형성한 케임브리지학파는 산업혁명의 영향으로 19세기 말~20세기 영국 사회에 불거진 자본주의 체제의 한계와 모순을 경제학 이론으로 설명하고 해결하려 노력했다. 케임브리지학파가 맞닥뜨린 당시 영국의 최대 화두는 경제적 불평등, 실업, 독점 등이었다.

앨프리드 마셜

마셜이 1908년 케임브리지 대학교 정치경제학 교수직에서 물러난 후 그의 수제자였던 피구가 뒤를 이어 교단에 섰다. 피구는 케임브리지 대학교에서 1943년까지 35년간 교수로 활약했다. 그는 마셜의 경제사상을 전파하며 케임브리지학파의 영향력을 키워나갔다. 특히 그를 사로잡은 경제사상은 후생경제학이었다. '후생'은 '삶을 풍요롭고 윤택하게 만드는 일'을 뜻한다. 즉, 후생경제학은 사회 전체 구성원의 행복과 풍요를 연구한다. 국민이 잘 먹고 잘 사는 경제정책이 무엇인지를 연구하는 경제학인 셈이다. 피구가 후생경제학에 눈을 돌리게 된 데는 평소 '차가운 머리와 따뜻한 가슴'을 지녀야 한다고 역설한 마셜의 영향을 받은 탓도 있었다. 마셜은 이렇게 주장했다.

> 강자는 차가운 머리와 따뜻한 가슴을 지녀야 한다. 강자들이 사회적으로 약자들이 겪는 고통에 눈을 돌리고 이를 해결하기 위해 노력하는 것이 중요하다.

피구는 1920년 저서 《후생경제학The Economics of Welfare》을 저술해 후생경제학 이론을 정립했다. 복지를 증진하기 위해 주로 고용과 조세 등을 연구한 그는 이렇게 강조했다.

> 경제학자 애덤 스미스가 설파한 자유방임은 한계가 있으므로 국가가 정책을 직접 마련해 사회복지 제도를 개선하는 데 앞장서야 한다.

영향력이 감소한 영국에 대한 고뇌

피구가 후생경제학의 중요성을 목청 높여 외친 이유는 무엇일까. 영국은 제1차 세계대전 이전까지만 해도 전 세계에 식민지를 거느리며 한때 '해가 지지 않는 나라'로 불렸다. 18세기 말에 산업혁명을 일으켜 강대국으로 우뚝 선 덕분이었다. 19세기 빅토리아 여왕 시대에 영국은 아메리카, 아프리카, 아시아(인도) 등에 많은 식민지를 둔 최강국으로 등장했다. 또한 산업혁명에 따른 기계화로 면화 제품을 대량생산할 수 있는 체제를 갖추고 세계 시장에 판매하는 최대 무역국으로 군림했다.

제1차 세계대전은 이처럼 세계 최강이었던 영국의 영향력을 바꾼 역사적인 사건이다. 1914년 6월 28일 오스트리아–헝가리 제국의 황태자 프란츠 페르디난트와 부인 조피가 보스니아 수도 사라예보를 방문했다. 이때 잠복했던 세르비아 암살단이 황태자 부부를 사살했다. 이 사건에 크게 반발한 오스트리아는 1914년 7월 28일 세르비아에 선전포고했다. 이 선전포고로 시작된 제1차 세계대전은 4년간 지속되었고, 전쟁이 끝난 후에는 영국이 아닌 미국이 세계에서 영향력이 가장 큰 국가로 부상했다.

인류 역사를 살펴보면 영원한 1등은 없다. 한때 세계 경제의 중심축에 섰던 영국은 세계대전 참전에 따른 경제적 손실과 산업화에 따른 극심한 소득 불평등 등 심각한 사회적 문제에 시달렸다. 영국 경제는 경제적 불평등이 심한 데다 성장의 발판도 보이지 않는 단계에 진입했다. 피구의 《후생경제학》은 성장이 거의 멈춘 영국 경제를 되살리기 위한 해법 중 하나였다. 소득 불평등, 노사 대립, 환경오염 등 심각한 위기에 처한 영국을 되살리려면 후생경제학을 통한 치유가 시급하다고 그는 판단했다.

사회 후생 • 아서 세실 피구

사회적 가치를 보완하는 경제

피구는 갈수록 커지는 소득 불평등을 해결하는 방법을 고민했다. 후생경제학을 통해 사회 구성원의 행복을 일궈내는 경제정책이 중요하다고 믿은 그는 국가의 책무는 '행복의 합계'를 크게 만드는 것이라고 여겼다.

> 소득 분배가 공정하고 국민소득이 높을수록 경제·사회적 후생이 증가할 것이다.
> 시장경제 체제는 불공정하고 불안정한 속성을 지니고 있어 국민 후생과는 거리가 멀다.

시장 실패를 강조한 대목이다. 시장 실패는 헝가리계 미국 경제학자 프랜시스 미셸 베이터Francis Michel Bator가 처음 사용한 용어다. 그는 시장 실패의 주요인은 정보의 비대칭성, 독과점과 이에 따른 불완전 경쟁, 외부효과라고 주장했다. 정보의 비대칭성은 기업, 소비자 등 경제 주체가 가진 정보가 서로 다르다는 전제에서 출발한다.

보험 가입자와 보험회사의 관계나 자동차 수리업체와 소비자의 관계가 대표적인 예다. 보험회사는 여러 경로를 통해 보험 가입자의 건강 상태를 확인하지만 가입자 정보를 모두 알기는 쉽지 않다. 자동차 수리 역시 마찬가지다. 브레이크에 문제가 생겨 자동차 수리점에 방문했을 때 브레이크뿐만 아니라 다른 부품도 새것으로 교체하라는 (그래서 한몫 챙기려는) 수리공의 얘기를 100퍼센트 믿지 못하는 것도 이러한 이유 때문이다. 또한 시장에 경쟁자가 전혀 없는 독점과 경쟁자가 셋 이하 회사에 불과해 시장점유율을 75퍼센트가량 차지하는 과점 상태도 공정한 경쟁 시스템을 저해한다.

THE ECONOMICS
OF WELFARE

BY
A. C. PIGOU, M.A.
PROFESSOR OF POLITICAL ECONOMY IN THE UNIVERSITY OF CAMBRIDGE

FOURTH EDITION

MACMILLAN AND CO., LIMITED
ST. MARTIN'S STREET, LONDON
1932

아서 세실 피구의 《후생경제학》

경제 주체의 행위가 다른 경제 주체에게 예상치 못한 혜택이나 손해를 끼치는 외부효과도 마찬가지다. 혜택을 주는 긍정적인 외부효과는 박수를 칠 만하지만 부정적인 외부효과는 시장이 효율적으로 돌아가는 데 지장을 준다.

피구는 《후생경제학》에서 사회 후생이 경제학의 핵심이라고 강조하고 시장 실패를 막기 위해서는 정부(개입)의 역할이 중요하다고 역설했다. 그는 정부가 개입하지 않아도 경제가 보이지 않는 손에 의해 돌아갈 것이라는 기존 학설을 정면 부인했다. 또한 시장 실패에 따른 문제를 해결하기 위해서는 정부가 소득 분배와 자원 배분 등에서 공정성과 일관성을 유지해야 한다고 강조했다.

경제적 후생과 국민소득이 긴밀하게 연결되어야 한다. 정부는 국민소득 극대화와 균등한 분배를 위해 노력해야 한다.

국민소득이 증가하면 국가 후생도 증가한다. 소득 분배 증대도 이를 위한 해법 중 하나다.

피구는 이른바 스필오버효과Spillover effect(전이효과)의 중요성도 역설했다. 이 효과는 어떤 정책의 영향 및 혜택이 다른 영역이나 지역으로 퍼져나가는 현상이다. 피구는 기업이 제공하지 못하는 사회적 가치를 보완하는 경제는 결국 번영할 수밖에 없다고 설명했다. 또 사회적 가치에 역점을 두는 프로젝트는 일반인의 생활 영역으로 깊숙이 침투하는 스필오버효과를 나타낸다고 덧붙였다. 스필오버효과는 결국 기업이 해결하지 못하는 후생을 국가가 제공하면 국민 개개인에게 혜택이 돌아간다는 얘기다.

외부효과

피구의 경제이론 가운데 두드러진 대목이 이른바 외부효과다 (〈1. 국부론: 애덤 스미스〉 참고). 그가 처음 주장한 외부효과는 외부성이라고도 부른다.《후생경제학》에서 그는 이렇게 설명했다.

외부효과는 비용이나 혜택이 발생하는 것에 동의하지 않은 제3자에게 한 명의 당사자 혹은 여러 당사자가 부과하는 비용이나 혜택이다.

즉, 외부효과는 개인이나 기업 등 경제 주체의 행위가 다른 이에게 예상치 못한 혜택이나 손해를 끼치는 효과다. 이때 경제 주체의 행위가 제3자에게 혜택이나 손해를 끼치지만 이에 대한 보상을 지급하거나 받지 않는다. 일반적으로 경제적 행위는 시장에서 가격을 매개로 거래하는 것을 말한다. 그러나 대가나 보상이 지급되지 않는 경제적 행위가 시장 내부가 아닌 외부에서 이뤄지기 때문에 외부효과 혹은 외부성이라고 부른다. 외부효과는 크게 긍정적 외부효과와 부정적 외부효과 두 가지로 나뉜다.

> * **긍정적 외부효과** 사회나 소비자에게 좋은 결과를 초래(외부혜택, 외부경제, 유익한 외부효과)
> * **부정적 외부효과** 사회나 소비자에게 나쁜 결과를 초래(외부비용, 외부불경제)

불경제는 '비경제적' 혹은 '경제나 효율성에 기여하지 않고 오히려 비용을 늘리는 현상'을 뜻한다. 그렇다면 부정적 외부효과에는 어떤 사례가 있을까. 대표적으로 공장에서 방류하는 각종 폐수와 대기 중에 뿜어내는 공해물질을 꼽을 수 있다. 공장이라는 특정 경제 주체가 방출하는 오염물질이 소비자 등 다른 주체에게 의도하지 않은 손해를 끼치기 때문이다. 눈여겨볼 대목은 부정적 외부효과는 대부분 환경 훼손 등과 관련 있다는 점이다. 피구는 부정적 외부효과를 '부정적인 생산 외부효과'와 '부정적인 소비 외부효과'로 구분했다.

부정적인 생산 외부효과

* 석유 등 화석연료를 사용한 결과 나타나는 환경오염

* 온실가스 방출에 따른 대기오염

* 기업에서 방류한 오염물질 때문에 나타나는 수질 오염

* 기업에서 발생하는 소음 공해

* 동물 사육에 사용되는 과다한 항생제

* 어류 남획에 따른 어류 고갈

부정적인 소비 외부효과

* 담배 피우기(소비)에 따른 간접흡연 피해

* 버스나 자동차 등 교통수단(소비)에 따른 도로 정체 심화

이와 반대로 긍정적인 외부효과의 대표적인 예는 양봉농가와 과수농가의 윈윈 관계를 들 수 있다. 과수농가는 꽃가루를 옮겨주는 양봉농가의 벌들로부터 혜택을 받고, 양봉농가는 벌들에게 꿀을 제공하는 과수농가의 꽃으로부터 혜택을 받는다. 과수농가와 양봉농가가 '기대하지 않았던' 혜택을 주고받는 긍정 효과가 발생한 셈이다. 피구는 긍정적 외부효과를 '긍정적인 생산 외부효과'와 '긍정적인 소비 외부효과'로 구분했다.

긍정적인 생산 외부효과

* 기업 업무용 무료 소프트웨어 개발: 기업 생산성을 향상하고 고용 안정을 달성하는 효과
* 역사적 건축물 복원: 관광객이 증가하며, 과거의 의미와 미래 문화유산을 보존할 필요성 부각
* 첨단기술 기업 유치: 다른 기업이 첨단기술을 활용함으로써 나타나는 생산성 향상 효과 증대

긍정적인 소비 외부효과

* 주택 유지보수 극대화로 주변 부동산 시세 상승
* 전염병 예방 백신 접종으로 자신은 물론 주변 전염병 감염률 낮추기
* 교육열을 고취해 실업률 하락, 더 좋은 집으로 이사, 정치 참여 증가
* 네트워크 외부성 혹은 네트워크 효과 증가

네트워크 외부성은 특정 제품을 쓰는 소비자가 많아질수록 그 제품의 가치가 커지는 현상을 뜻한다. 네트워크 효과는 특정 상품에 대한 소비자의 수요가 다른 소비자들의 수요에 영향을 주는 현상을 말한다. 스마트폰이 대표적인 예다. 첨단기술을 담은 스마트폰을 특정 소비자가 사용하면 주변 소비자들이 관심을 보이거나 따라서 구입하기도 한다. 이 현상은 스마트폰 관련 첨단기술이 발

전하도록 이끄는 효과도 발휘한다. 따라서 이른바 선순환 구조가 만들어진다. 선순환 구조는 시장 수요가 공급으로 이어지고 다시 수요가 공급을 창출하는 순환 구조를 말한다.

시장 실패에 대응하는 피구세

그렇다면 앞에서 예를 든 부정적인 외부효과를 해결할 방법이 있을까. 피구는 《후생경제학》에서 외부효과를 해결할 해법으로 '피구세Pigovian tax, Pigouvian tax'를 제시했다. 피구세는 경제 주체가 경제활동을 하는 과정에 발생하는 외부효과(부정적인 외부효과)에 부과하는 세금이다.

피구세는 시장 실패에 대한 대책이다. 시장의 보이지 않은 손이 제대로 작동하지 않아 자원이 효율적으로 배분되지 않으면 정부가 개입해야 한다는 피구의 경제철학을 반영한 세제다. 시장경제에서 기업 등 경제 주체의 행위를 효율적으로 개선할 수 있는 '경제적 유인'을 활용하자는 얘기다. 경제적 유인은 경제적으로 이득이 되도록 유인한다는 뜻이다. 대표적인 예가 세금이다.

피구세의 종류로는 어떤 것이 있을까. 유류세가 대표적인 예다. 유류세는 휘발유, 경유 등 각종 기름에 세금을 부과해 유류 소비를 억제하고 환경오염을 줄이자는 취지에 따라 도입되었다. 정부로서는 환경오염을 억제해야 하지만 현실적으로 개인의 자유를 억압하며 자동차 사용을 규제할 수는 없다. 정부는 이와 같은 시장 실패에 맞서 세금을 부과하여 대기오염이라는 부정적인 외부효과를 최소화하려 한다.

교통혼잡세도 피구세의 일종이다. 교통정체 지역을 통과하는 차량에 통행료를 부과하는 이 세금 역시 대기오염을 막기 위한 정책적 의도를 담고 있다. 교통혼잡세는 서울을 포함해 영국 런던, 스웨덴 스톡홀름 등 세계 주요 도시에서 실시하고 있다.

'탄소배출권 거래제ETS, Emission Trading Scheme'도 대표적인 피구세다. 기업이 이른바 '6대 온실가스'인 이산화탄소CO_2, 메탄CH_4, 아산화질소N_2O, 과불화탄소PFCs, 수소불화탄소HFC, 불화유황SF_6 등을 대기중에 배출할 수 있는 권리를 사고팔 수 있는 제도다. 6대 온실가스 가운데 이산화탄소의 배출량이 가장 많기 때문에 탄소배출권 거래제란 이름이 붙었다.

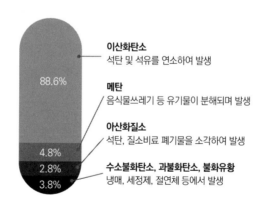

6대 온실가스

국가는 기업별로 탄소 배출량을 미리 알려주고 할당량보다 배출량이 많으면 탄소배출권 거래소에서 배출권을 사도록 규정한다. 만약 기업의 탄소 배출량이 할당량보다 적으면 거래소에서 남은 할당량을 팔 수 있다. 한국도 탄소배출권 거래제를 도입해 시행하고 있다.

탄소배출권 거래제는 오존층을 파괴하는 온실가스의 배출 총량을 정해 기업이 배출량을 억제하도록 유도하여 대기오염을 최소화하자는 취지를 담고 있다. 대기오염이라는 부정적인 외부효과를 억제하려는 피구세인 셈이다.

우리 일상생활 속의 쓰레기종량제 역시 피구세의 일종이다. 담뱃세와 비만세도 피구세의 일종이다. 흡연과 비만 때문에 병이 나면 국민건강보험기금에서 나가는 돈이 늘어나는 부정적인 외부효과가 일어나기 때문이다.

10

희소재에 대한 욕망

라이어널 로빈스

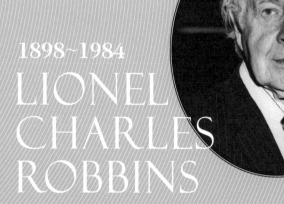

1898~1984

LIONEL
CHARLES
ROBBINS

라이어널 찰스 로빈스Lionel Charles Robbins(1898~1984)는 1898년 런던 서부 십슨에서 태어났다. 그의 아버지 롤런드 리처드 로빈스 Rowland Richard Robbins는 농장주로 영국 전국농민연합회의 미들섹스 카운티 위원이었다.

1915년 런던 대학교에 입학한 라이어널 로빈스는 제1차 세계 대전에 참전했지만 부상을 입었다. 부상 때문에 전역한 후 전쟁에 대해 회의한 그는 사회 개혁에 눈을 떠 '길드사회주의Guild Socialism' 에 동참했다. 길드Guild는 중세 유럽의 상공업자 동업자조합이다. 길드사회주의는 대규모 공장 생산 체제를 반대하고 수공업 생산 을 옹호하는 사회주의 사상이다. 잠시 사회주의에 빠진 그는 사회 주의의 편협성과 비현실성에 환멸을 느끼고 길드사회주의 활동에 서 발을 뗐다. 1920년 런던 정치경제대학교로 학교를 옮긴 그는 이후 경제학자의 길을 걸었다.

하르먼스 판레인 렘브란트의 〈직물 길드 이사회〉

욕망과 희소성 사이

로빈스는 경제학을 이렇게 규정했다.

경제학은 다른 사용 용도가 있는 목적과 희소성 있는 수단 사
이에서 나타나는 인간 행동을 연구하는 과학이다.

경제학은 제한된 자원을 사람들이 어떻게 사용하는지를 연구
하는 학문이라는 얘기다. '제한된 자원'은 다른 사용 용도가 있다
는 점을 전제로 한다. 결국 경제학은 다른 방식으로 사용할 수도
있는 제한된 자원을 사용 목적에 최대한 부합하게 활용하는 행위

를 연구한다고 볼 수 있다.

여기에서 주목할 대목은 제한된 자원, 즉 희소성이다. 희소성은 욕구를 충족하는 상품이나 수단을 얻으려 하지만 제한이 있는 상태다. 인간의 욕망은 무한하지만 모두 충족하기란 현실적으로 불가능하다. 자원이 제한되거나 부족하기 때문이다. 로빈스는 이렇게 강조했다.

경제학은 희소성에서 비롯되는 문제들에 관심이 있다.

희소성을 해결하려면 희생이 필요하다. 원하는 자원을 얻으려면 다른 사람의 것과 교환하거나 때로는 얻고자 하는 것을 포기해야 한다. 자신이 가진 재화와 서비스를 다른 사람의 것과 바꾸는 교환은 시간과 비용을 줄이고 자원의 희소성도 어느 정도 완화할 수 있는 장점이 있다. 로빈스는 또 가격 시스템, 구체적으로 시장가격이 희소성 있는 자원을 효율적으로 배분할 수 있는 방법이라고 설명했다. 시장가격은 시장에서 수요과 공급이 균형을 잡는 지점에서 결정되는 가격이다. 로빈스는 시장은 다른 이의 욕구를 충족시켜주는(희소성이 있는) 물건이 거래되는 곳이며, 희소성이 있기 때문에 제품 가치가 있고 가격도 형성된다고 설명했다.

자유재 vs. 희소재

그렇지만 모든 물품이 시장에서 거래되는 것은 아니다. 희소성이 없는 재화는 우리가 살아가는 데 매우 중요하지만 시장에서 거래할 만한 가치가 없는 특성이 있다. 예컨대 우리가 매순간 숨 쉬는 데 필요한 공기나 바다, 햇볕을 꼽을 수 있다. 공급량이 넘치지만 군이 돈을 내는 대가를 치르지 않고 얻을 수 있는 재화를 흔히 자유재라고 부른다. 대표적인 자유재는 공기, 바다 등이다. 이들 자유재는 희소성이 없으므로 경제학자의 관심을 끌지 못한다. 로빈스는 희소성을 이처럼 규정했다.

> 희소성이 없는 재화는 생존에 없어서는 안 되지만 공급량이
> 많아 욕망이나 선택의 대상이 되지 못한다.

이에 반해 희소성이 있기 때문에 돈을 지불해야 얻을 수 있는 재화가 있다. 흔히 희소재 혹은 경제재라고 부른다. 경제재는 희소성이 있으므로 돈 등의 재화를 지불해야 한다. 그렇다면 우리 일상생활에 필수적인 물은 자유재일까 희소재일까. 정답은 둘 다이다. 물은 군이 돈을 내지 않고도 얻을 수 있는 자유재다. 그러나 환경오염과 인구 증가 때문에 깨끗한 물을 얻기가 갈수록 힘들어지고 있다. 결국 깨끗한 물을 얻기 위해 돈을 내야 하는 상황이 벌어지면서 어느덧 물이 자유재에서 희소재로 바뀌었다. 대표적인

예가 슈퍼마켓이나 대형 마트에서 판매하는 생수다.

로빈스는 자유재와 희소재를 구분하는 척도는 특정 재화 물량이 많고 적음이 아니라 특정 재화에 대한 인간의 욕망과 선택이 결정한다고 역설했다. 물은 우리 주변에서 엄청나게 많이 공급되어 왔다. 그래서 과거에는 자유재였지만 환경오염 등 외부불경제가 작용하여 희소재로 탈바꿈하고 있다. 외부불경제는 경제 주체의 행위가 환경 등에 나쁜 영향을 주는 것을 말한다. 환경오염처럼 외부불경제가 발생하면 자원이 최적으로 배분되지 못한다. 환경오염이 심해지면 제품 희소성이 극대화되고 결국 경제체제에 자원이 효율적으로 배분되는 것을 막는 부작용을 일으키기 때문이다.

기회비용과 희소성

로빈스가 자신의 경제이론에서 강조한 대목 가운데 하나는 기회비용(대체비용)이다. 기회비용은 '특정 대안을 선택했을 때 다른 대안이 갖고 있던 잠재적 이득의 손실'이다. 즉, 포기하지 않았다면 누릴 수 있었던 혜택의 손실을 말한다. 결국 기회비용은 두 가지 방안 가운데 한 가지를 선택했을 때 선택하지 않은 다른 방안에서 누릴 수 있는 혜택이 사라진다는 얘기다.

예를 들어보자. A 씨는 화창한 날 친구와 산책을 한다. A 씨가 산책할 때는 어떤 금융비용도 들지 않는다. A 씨는 친구와 산책하는 길에 맛집을 방문해 돈을 내고 즐겁게 점심을 먹을 수 있다. 산책 자체를 할 때는 돈을 벌거나 남에게 돈을 지출하지 않는다. A 씨는 산책하지 않고 그 시간에 아르바이트로 돈을 벌었을 수도 있다. 이처럼 아르바이트를 하면 얻을 수도 있었던 수입 증대가 A 씨에게는 기회비용이다. 또 다른 예를 들어보자.

> 광화문의 특급호텔 일본식당에서 보조주방장으로 일하는 B 씨는 한 달에 월급으로 300만 원을 받는다. B 씨는 돈을 더 벌고 싶어서 일본식당 근무를 그만두고 종로에 오사카라는 일본식당을 개업했다. B 씨가 개업 후 첫 1년간 벌어들인 돈은 2억 원이다. 그런데 총 매출액 가운데 직원에게 주는 인건비, 임대료, 음식 재룟값 등을 계산해보니 1억 8,000만 원이 들었다. 이 경우 회계 장부상 영업이익은 2,000만 원(2억 원-1억 8,000만 원)이다. 그렇다면 B 씨는 창업한 후 정말 2,000만 원에 달하는 이익을 본 것일까.

정답은 '아니다'다. B 씨는 돈을 벌지 못하고 1,600만 원의 손실을 봤다. 왜 그럴까. B 씨가 광화문 식당에서 보조주방장으로 계속 일했다면 1년에 3,600만 원(월급 300만 원×12개월)을 벌었을 것이다. 그러나 보조주방장(연봉 3,600만 원) 일을 포기하고 개업하여 2,000만 원을 벌었으니 3,600만 원-2,000만 원=1,600만

원의 손해를 본 셈이다. 결국 B 씨의 창업에 따른 기회비용은 1,600만 원인 셈이다.

이처럼 경제활동에서 여러 선택지 가운데 하나를 선택하며 포기한 나머지 것의 가치가 기회비용이다. 희소성과 기회비용은 동전의 양면과 같다. 경제활동은 희소성과 밀접한 관계가 있는데, 우리는 경제활동을 하는 과정에서 희소성 때문에 선택을 해야 하기 때문이다. 그러므로 선택에 따른 기회비용은 언제든지 발생할 수밖에 없다.

등가교환의 법칙-희소성 이론이 남긴 과제

희소성은 인류 역사와 줄곧 함께했다. 인류의 삶에서 희소성이 없었던 적은 한 번도 없었기 때문이다. 인간은 시장 메커니즘, 교환, 분업 등을 통해 '선택'함으로써 희소성을 많이 줄일 수 있었다. 그러나 선택과 희소성은 '희생'을 유발한다. 무언가를 갖고 싶으면 그것을 가진 만큼 다른 무엇을 희생해야 하기 때문이다. 등가교환의 법칙이 작용하는 셈이다. 등가교환의 법칙은 무엇을 얻으면 그것에 상응하는(그와 같은) 대가代價를 치러야 한다는 얘기다.

로빈스가 강조한 희소성은 경제학계에 큰 영향을 끼쳤지만 향후 해결해야 할 논란의 여지도 남겼다. 로빈스는 경제적 문제가 희소성에 따라 나타난다고 강조했지만 인플레이션, 실업 등은 희

1930년대 미국의 실업자들이 무료 급식을 받기 위해 줄 서 있다.

소성이 아닌 자원의 (공급)과잉 때문에 발생한다. 한 예로 실업 문제의 주요인은 노동력 부족이 아니라 노동력 공급과잉이다. 그러므로 경제적 문제가 오로지 희소성 때문에 발생한다고 단언할 수는 없다.

이뿐만이 아니다. 1929년 미국에서 시작된 대공황은 희소성 때문에 발생한 것이 아니다. 오히려 막대한 재화와 서비스가 미국 경제를 불균형 상태로 몰아갔기 때문에 발생했다. 대공황이 일어나기 전인 1920년대 미국 경제는 표면적으로는 호황을 누렸지만 그 이면에서는 농업 경제가 침체에 빠지고 실업자가 급증하는 양

대공황의 경과

제1차 세계대전 이후	1920년대 미국에서 경기 호황이 이어지고 해외 자본이 대규모 유입 1923~1929년 부동산 관련 대출 49퍼센트 증가하는 등 투기성 대출 급증 1928년 이후 주가 급등세
1929년	경기과열 우려한 미국 중앙은행 연방준비제도Fed가 이자율을 급격히 인상하여 주가 폭락
1929년 10월	주가 대폭락으로 미국 은행들 무더기 도산
1929~1933년	미국 은행 총 9,755곳 도산
1931년 5월	유럽 은행들 도산

상이 나타났다. 미국 경제가 어려움을 겪고 있는 가운데 1929년 많은 주식 투자자들이 뉴욕 증권거래소로 몰려들어 보유 중이던 주식을 투매하면서 대공황이 시작되었다. 이처럼 시장의 수요와 공급이 불균형을 이루는 상황에서는 경제적 위기 또는 위기를 느끼게 만드는 공포감이 커지기 마련이다.

로빈스가 강조한 '목적'과 '수단' 역시 논란의 대상이다. 그는 목적과 수단이 쉽게 분리될 수 있는 개념이라고 밝혔지만 두 개념이 칼로 무 자르듯 명쾌하게 나뉘지 않는 경우도 있다.

예를 들어보자. 직장인 C 씨는 경제학 박사 학위를 받기 위해 열심히 공부하고 있다. C 씨에게 박사 학위는 목적이다. 그러나 C 씨는 박사 학위를 받은 후 이를 취업에 큰 도움이 되는 수단으로 사용할 수 있다. 이처럼 목적과 수단이 불가분의 관계일 때도 많다.

11

수요와 공급

앨프리드 마셜

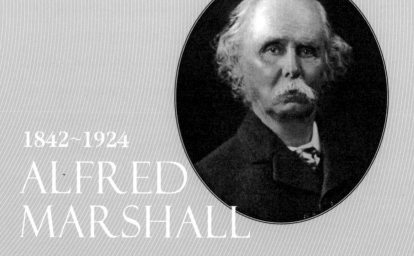

1842~1924

ALFRED
MARSHALL

앨프리드 마셜Alfred Marshall(1842~1924)은 1842년 영국 런던에서 태어났다. 런던 남부의 대표적인 빈민촌 클래펌에서 자란 그는 어릴 때부터 수학을 좋아했다. 은행 회계원이었던 그의 아버지는 독실한 복음주의교회 신도였다. 아버지는 마셜이 신학자가 되기를 원했다. 마셜은 어릴 때부터 밤늦게까지 신학과 라틴어, 히브리어를 배웠다. 결국 그는 기독교 계열 머천트 테일러스 스쿨을 졸업한 후 케임브리지 대학교의 기독교 계열 학교 세인트존스 칼리지에 입학했다.

그러나 마셜은 아버지의 기대에 부응하여 종교를 공부하지 않고 수학을 전공했다. 그는 케임브리지 대학교에서 수학 전공 3학년 학생을 대상으로 실시하는 수학 경시대회에서 2등을 차지할 정도로 탁월한 실력을 보였다. 그는 학문적 관심을 수학에 국한하지 않고 형이상학, 철학, 윤리학으로 넓혔다. 수학에서 인문학까지 학문적 지평을 넓힌 그는 잠재력을 마음껏 펼칠 수 있는 분야로 발을 내딛었다. 바로 경제학이었다. 경제학이 노동자계급의 삶을 개선할 수 있는 전제조건을 제공하는 핵심 역할을 한다고 믿었기 때문이다. 마셜은 경제학은 물질적 조건을 개선해야 하는 의무가 있으며 사회적 · 정치적 힘이 함께해야 그 목적을 이룰 수 있다고 여겼다. 이 같은 경제 관념은 그만의 경제학 이론을 마련하는데 초석이 되었다.

경제학을 독립적 학문으로 만들다

1868년 세인트존스 칼리지 윤리학 강사가 된 마셜은 1885년에는 정치경제학 교수가 되었다. 이후 1908년 대학교에서 은퇴할 때까지 많은 학자와 교류했다. 대표적인 인물은 공리주의를 옹호한 영국 철학자이자 윤리학자이자 사회철학자 헨리 시지윅Henry Sidgwick을 비롯해 고대 철학자 플라톤 전문가 벤저민 조우이트Benjamin Jowett, 경제학자 윌리엄 스탠리 제번스William Stanley Jevons, 경제학자이자 통계학자 프랜시스 에지워스Francis Edgeworth 등이다. 주목할 만한 대목은 20세기 거시경제학의 태두인 존 메이너드 케인스가 마셜의 제자라는 점이다. 거시경제학은 국민총생산, 국민소득, 고용, 투자, 저축, 소비 등 국민경제에 영향을 미치는 경제 현상을 연구한다.

또 마셜은 정치경제학에서 경제학을 분리해 오늘날 우리가 부르는 경제학을 탄생시키는 산파 역할을 했다. 정치와 경제는 학문적으로 밀접하게 연결돼 있어 분리하기가 쉽지 않았다. 두 학문은 서로 의존하는 관계였기 때문에 정치경제학이라는 용어가 오랫동안 쓰였다. 두 학문의 동거를 분리한 주인공이 마셜이다.

1890년 9월 《경제학 원리Principles of Economics》를 출간한 마셜은 서문에서 '경제학'을 '경제과학'이라고 칭하고 다음과 같이 설명했다.

경제학은 정치학에서 분리된 학문 영역이다.

마셜이 두 학문을 분리한 논리적 배경은 다음과 같다. 그는 기존 정치경제학이 경제 현상을 연구하는 데 그치지 않고 경제 현상이 초래하는 각종 정치·사회 문제를 해결하는 데 초점을 두고 있다고 여겼다. 이에 따라 그는 정치·사회적인 영향이 아닌 소비자, 가계, 생산자, 기업, 정부 등 개별 경제 주체의 경제행위를 집중 분석하는 경제학이 필요하다고 역설했다. 그리고 당시 영국 경제·사회학자들과 교류하며 이른바 케임브리지학파를 형성했다. 케임브리지학파는 존 스튜어트 밀이 제기한 노동자 문제를 토대로 출발해 마셜, 아서 세실 피구 등이 계승하여 발전시킨 학파다. 케인스도 케임브리지학파에 속했다. 케임브리지학파라고 불리는 이유는 이들 대부분이 케임브리지 대학교에서 교

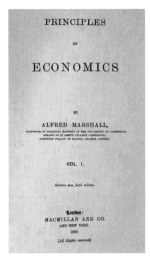

앨프리드 마셜의 《경제학 원리》

케임브리지학파

주요 경제학자	존 스튜어트 밀, 앨프리드 마셜, 아서 세실 피구, 존 메이너드 케인스
주요 관심 분야	자본주의 체제를 옹호했지만 소외 계층과 자본주의 체제의 문제점을 집중 분석
정책 방향	경제성장과 소득 분배라는 복지 '두 마리 토끼' 잡기

수로 활동하며 경제이론을 연구했기 때문이다.

케임브리지학파는 노동자 계층의 소외 현상에 큰 관심을 기울였다. 이들은 19세기 말 자본주의 체제에서 불거진 각종 문제점을 해결하기 위해 경제학 이론을 적극 활용했다. 결국 케임브리지학파는 자본주의 체제를 옹호했지만, 자본주의가 근본적으로 안고 있는 문제를 찾아 해법을 찾는 데 주력했다. 마셜 역시 빈곤 계층에 관심과 애정이 많았다. 그가 당시 런던 빈민가를 자주 방문한 점만 봐도 쉽게 알 수 있다. 그의 경제정책을 보면 사회 빈곤층에 대한 애정이 드러난다.

경제정책은 '냉철한 이성과 따뜻한 가슴'으로 만들어야 한다.

현실을 냉철하게 판단하지만 사회 소외 계층에 대한 배려를 잊어서는 안 된다는 얘기다. 빈곤 문제에 대한 그의 고민을 읽을 수 있다. 그가 밝힌 '냉철한 이성'은 국가 경제의 성장을 뜻한다. '따뜻한 가슴'은 소득 분배, 다시 말하면 복지 정책을 말한다. 성장의 중요성을 강조하면서도 소외된 계층에 대한 분배와 복지 정책이 필요하다고 역설한 대목이다. 경제성장과 소득 분배란 두 마리 토끼를 잡자는 얘기다. 언뜻 보기에는 경제성장과 소득 분배가 상반된 개념 같을 수도 있지만, 성장과 복지 정책은 경제정책을 세밀하게 마련해 추진하면 이룰 수 있는 목표다.

가위의 쌍날-수요과 공급 곡선

마셜이 경제학에 기여한 큰 공로 가운데 하나는 이른바 '수요와 공급 곡선'을 만든 것이다. 그는 수요와 공급 곡선을 처음 제시함으로써 현대 경제학의 기초를 다졌다. 수요와 공급은 무슨 뜻일까. 수요는 재화나 서비스를 사려는 인간의 욕구다. 그러므로 수요량은 소비자들이 특정 가격에 구입하려는 재화나 서비스의 양을 말한다. 일반적으로 수요 곡선을 결정하는 요인은 재화나 서비스의 가격과 소비자 소득수준, 선호도, 인구수, 금리 등이다. 공급은 재화나 서비스를 원하는 이들에게 판매하기 위해 생산 능력을 갖추려는 인간의 욕구다. 공급량은 공급자들이 특정 가격에 판매하려는 재화나 서비스의 수량이다. 공급 곡선은 여러 가격 수준에 대응하는 공급량을 표시한 곡선이다.

정리하면 수요와 공급 곡선은 상품 가격과 수요·공급량의 관계를 보여주는 곡선이다. 일반적으로 제품 가격이 오르면 수요량은 줄어들고 공급량은 증가한다. 이에 비해 가격이 내려가면 수요

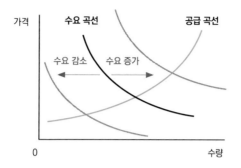

수요와 공급 곡선

량은 늘어나고 공급량은 감소한다. 간단하게 정리한 것이 '수요와 공급 곡선'이다.

이 그래프를 수요 관점에서 보면 다음과 같다.

 * 가격 상승 → 수요량 감소
 * 가격 하락 → 수요량 증가

이 그래프를 공급 관점에서 보면 다음과 같다.

 * 가격 상승 → 공급량 증가
 * 가격 하락 → 공급량 감소

그렇다면 가격이 어떻게 수요와 공급 곡선을 통해 결정될까? 가격과 수요·공급량을 각각 수직, 수평으로 하는 그래프에 표시

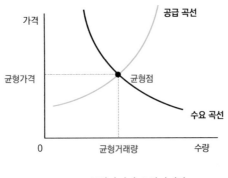

균형가격과 균형거래량

하면 가격은 수요 곡선과 공급 곡선이 만나는 지점에서 결정된다. 이때 가격을 균형가격이라고 부른다. 일반적으로 시장에서 공급량이 수요보다 많으면 가격이 떨어지고, 제품 수요가 많으면 가격이 오르기 마련이다.

* 공급량 > 수요량: 공급 초과 → 가격 하락
* 공급량 < 수요량: 수요 초과 → 가격 상승

반면 균형가격은 초과 공급량도 없고 초과 수요량도 없는 상태를 뜻한다. 균형가격이라고 부르는 이유는 공급량과 수요량이 같아 가격이 오르거나 내리지 않는 균형 상태를 유지하기 때문이다.

* 균형가격: 수요량 = 공급량

이처럼 수요와 공급의 곡선이 가위처럼 생겼기 때문에 마셜은 《경제학 원리》에서 가위 날이라고 표현했다. 그는 다음과 같이 주장했다.

> 종이를 자르는 쪽이 가위 윗날인지 아랫날인지 논란의 여지가 있듯이 (제품의) 가치가 효용 혹은 생산비용에 좌우되는지 여부도 분명하지 않다. 가위 한쪽 날을 움직이지 않고 나머지 날을 사용해 종이를 자르면 종이가 나머지 날에 잘렸다고 성급하게 말할 수도 있다. 그러나 엄밀하게 말하면 정확하지 않다. 실제 일어난 일에 대한 과학적 설명이 아닌 통속적인 설명에 불과할 수 있기 때문이다.

마셜이 '가위의 쌍날'을 통해 말하려 한 점은, 가위가 한쪽 날만으로는 종이를 자를 수 없는 것처럼 수요나 공급에서 어느 한 가지만으로 제품 가치와 가격을 결정할 수는 없기 때문에 수요, 공급을 모두 고려해야 한다는 것이다. 요점은, 상품 가격을 결정하는 요인이 (제품의) 효용인지 아니면 생산비용인지를 논의하는 것은 의미가 없다는 것이다. 즉, 제품 가격은 앞에서 설명한 수요와 공급의 균형으로 형성된다.

그렇다면 시장균형은 무슨 뜻일까. 수요와 공급이 일치하는 상태다. 그러므로 일반적으로 시장이 균형을 이루면 가격이 바뀔 조짐이 보이지 않는다. 수요와 공급이 일치하기 때문이다.

한계를 드러낸 '세테리스 파리부스'

마셜이 제시한 수요와 공급의 곡선은 이른바 '세테리스 파리부스Ceteris paribus'라는 법칙을 토대로 한다. 세테리스 파리부스는 라틴어로 '다른 것'을 의미하는 케테루스cēterus와 '같음'을 뜻하는 파리부스pāribus가 합쳐진 용어다. 즉, '다른 것들이 같다면'이라는 뜻이다. 마셜은 이 용어를 토대로 장기와 단기 등의 경제적 시간 개념, 수요와 공급, 한계효용 등의 경제학 기본 개념을 정리했다.

마셜에 따르면 X축과 Y축을 통해 수요과 공급을 예측할 때 이 기준에 적용되는 것만 선택하고 나머지 사항들은 모두 같다고 여겨 따로 고려하지 않는다. 수요와 공급 외 다른 변수들은 '울타리에 가둬뒀기' 때문이다. 제품 가격과 관련해 수요와 공급에 집중하고 제품의 품질이나 인지도 등은 고려하지 않는다는 것이다. 수요와 공급 이외의 품질 등 다른 변수들은 모두 같은 것으로 여기기 때문이다.

하지만 '세테리스 파리부스'는 현실에 존재하지 않는다. 수요와 공급에 영향을 미치는 변수는 현실에서 차고 넘친다. 그러므로 '모든 조건이 같다'는 경제학적 접근은 성립할 수 없다. 소비자가 제품을 구입할 때 수요와 공급이 아니라 제품 인지도나 품질에 좌우될 수도 있기 때문이다. 그러므로 수요와 공급, 가격 형성을 고려하면 '세테리스 파리부스'는 현실과 거리가 있다고 볼 수 있다.

마셜이 현실적으로 고려해야 하는 사항을 제외하고 수요과 공급만 고집하는 '세테리스 파리부스'를 외친 이유는 무엇일까. 경제 현상을 분석할 때 경제학자들이 고민하는 대목은 현실 세계의 양상이 복잡하다는 점이다. 현상을 완벽하게 분석하려면 복잡하고 수많은 변수를 모두 반영해야 하는 어려움이 있다. 이에 따라 경제학자들은 경제 현상에 직·간접적으로 영향을 끼치는 여러 요인 가운데 가장 중요하고 상관관계가 있는 원인만을 찾아내 분석하는 기법을 활용했다. 수요와 공급 등을 제외한 요인은 모두 같다고 전제한 후 핵심 요인을 분석해 법칙을 찾아내면 되기 때문이다.

따라서 세테리스 파리부스는 현실의 수많은 변수를 반영할 수 없으므로 다른 조건들이 변하지 않는 짧은 기간 동안의 경제 현상을 분석할 때 효력을 발휘한다. 한편으로는 경제학 분석의 한계를 보여주는 대목이다. 결국 마셜이 설명한 수요와 공급의 법칙은 세테리스 파리부스라는 현실적 한계에 부딪혀 시시각각 벌어지는 경제 현상을 모두 설명하기에는 역부족이라고 할 수 있다.

한계효용-뷔페 식당이 쉽게 망하지 않는 이유

마셜이 제시하여 현대 경제학에 기여한 또 다른 주요 이론은 이른바 '한계효용'이다. 효용의 뜻을 파악해보자. 경제학에서 효용은 소비자가 제품을 소비하며 얻는 만족도나 혜택을 뜻한다. 그렇다면 한계효용은 무슨 의미일까. 소비자가 재화나 서비스를 한 개

한계효용 체감의 법칙

이상 추가해(더 사용해) 얻는 추가적인 만족이다. 여기서 '한계'는 '추가적인'이라는 의미를 담고 있다. 요약하면 한계효용은 재화나 서비스를 더 많이 소비할 때 추가로 얻게 되는 만족도다.

엄밀하게 말하면 마셜이 한계효용 개념을 처음 제시한 것은 아니다. 이 개념은 오스트리아 경제학자 프리드리히 폰 비저Friedrich von Wieser가 창시했다. 당시 비저는 'Grenznutzen(한계효용)'이라는 독일어를 사용해 이 이론을 소개했다. Grenznutzen을 영어로 표기하면 'border-use', 즉 '한계효용marginal utility'이 된다. 소비자가 재화나 서비스를 하나 이상 사용해 얻는 추가적인 만족이라는 뜻은 여러 가능성을 내포한다. 소비자가 자신이 좋아하는 음식을 처음 먹거나 꼭 사고 싶었던 제품을 구입하는 순간에는 마치 세상을 다 가진 듯한 기쁨과 만족도를 느낀다. 그러나 같은 음식을 계속 먹거나 제품을 오래 사용하면 만족도가 떨어지는 것이 일반적인 현상이다. 이에 따라 한계효용은 크게 세 가지로 나뉜다.

첫째, 한계효용값이 양(+)

한계효용의 값이 양(+)이면 재화나 서비스를 한 단위 더 소비할 때 얻는 효용이 커진다. 예를 들어보자. 김철수는 피자를 좋아한다. 김철수가 피자 한 판을 먹었지만 여전히 배가 고파 피자 한 판을 더 먹어 행복감을 느꼈다. 이때 김철수의 한계효용은 양(+)이다.

둘째, 한계효용값이 0

한계효용의 값이 0이면 재화나 서비스를 한 단위 더 소비해도 효용을 얻을 수 없다. 예를 들어 김철수는 피자 두 판을 먹어치워 지금 포만감을 느끼고 있다. 그런데 김철수가 피자를 한 판 더 주문해 세 판까지 먹어 즐거움을 느끼지 못했다. 이때 김철수의 한계효용은 0이 된다.

셋째, 한계효용값이 음(-)

한계효용의 값이 음(-)이면 재화나 서비스를 추가로 소비해도 이에 따른 효용이 오히려 해가 된다. 김철수가 피자 세 판에 이어 네 판째 먹은 후 배탈이 나서 병원에 갔다. 이 경우 김철수는 소비 증가에 따른 손해를 본 것이다. 그러므로 김철수의 한계효용은

수요와 공급 · 앨프리드 마셜

음(-)이 된다. 한계효용을 체감하더라도 0보다 크면 효용은 여전히 있다고 할 수 있다. 그러나 한계효용이 음(-)이 되면 효용이 감소해 손해를 본다.

뷔페 식당을 예로 들어보자. 김철수가 뷔페 식당에 있는 음식을 모두 먹어치워 식당 문을 닫게 만들겠다고 생각하며 식당 안으로 힘차게 들어갔다. 여러 접시를 야심 차게 가져와 음식을 먹어치운 김철수는 어느 순간부터 밀려오는 포만감을 느꼈다. 김철수는 뷔페 식당에 있는 맛있는 음식이 더 이상 눈에 들어오지 않았다. 음식에 대한 만족도가 크게 떨어졌기 때문이다. 김철수 같은 이들의 만용에도 불구하고 실제 섭취할 수 있는 음식량에는 한계가 있으므로 뷔페 식당으로서는 크게 손해를 보지 않는지도 모른다. 그래서 우리 주변에 뷔페 식당이 계속 등장하는 것 아닐까. 뷔페 식당처럼 소비량이 증가하면서 필요도가 오히려 작아져 한계효용이 줄어드는 현상을 경제학에서는 '한계효용 체감의 법칙'이라고 부른다. 체감遞減은 조금씩 줄어든다는 얘기다.

정리하면 소비가 (한 단위씩) 늘어날 때마다 만족도가 커지지 않고 오히려 감소하는 현상을 한계효용 체감의 법칙이라고 한다. 허기를 이기지 못해 처음 먹는 음식은 맛있고 만족도가 크지만 많이 먹으면 처음 느꼈던 만족도를 얻을 수 없다. 한계효용 체감의 법칙이 우리에게 던져주는 교훈은 개인이나 기업 등 경제 주체가 한계효용의 원리를 잘 파악해 합리적으로 소비하거나 의사결정을 하라는 것이다. 한계효용이 낮은 소비를 중단하고 한계효용이 높은 소비를 한다면 수량이 같은 소비재에서 얻는 효용이 커질 수밖에 없기 때문이다.

물이 다이아몬드보다 저렴한 이유

경제학자들은 한계효용이 감소(한계효용 체감의 법칙)하는 특성을 이용해 시장에서 상품 가격이 형성되는 원리를 설명한다. 대표적인 사례가 바로 '다이아몬드의 역설'이다. 다이아몬드의 역설을 다르게 표현하면 '물과 다이아몬드의 역설', '스미스의 역설' 혹은 '가치의 역설'이라고 한다.

현대 경제학의 아버지 애덤 스미스의 이름을 따 스미스의 역설로 불리는 이유는 애덤 스미스가 《국부론》에서 가격의 형성에 대한 의문을 제기했기 때문이다. 스미스는 물이 인간 생활에 없으면 안 되는 매우 중요한 것(그는 물을 재화로 표현했다)이지만 가격이 매우 싼 점에 의문을 품었다. 이에 비해 다이아몬드는 없어도 삶을 영위하는 데 지장이 없지만 매우 비싼 점을 궁금해했다. 이렇게 물과 보석처럼 상품 가격이 수요와 관계없이 형성되는 것을 '스미스의 역설'이라고 한다.

스미스의 궁금증은 1870년대 들어 오스트리아학파(한계효용학파)가 해결해줬다. 오스트리아학파는 19세기 말부터 20세기 초 카를 멩거Carl Menger, 오이겐 폰 뵘바베르크Eugen von Böhm-Bawerk, 프리드리히 폰 비저Friedrich von Wieser 등 오스트리아 경제학자들이 형성한 경제학파다. 이들 모두가 빈 대학교에서 교수로 일했기 때문에 오스트리아학파로 불린다.

오스트리아학파는 물과 다이아몬드의 가치를 따지면 물이 생명과 직결되는 필수적 요소이므로 다이아몬드보다 더 중요하다는 데 한목소리를 냈다. 그러나 물은 어디서든 쉽게 구할 수 있지만 다이아몬드는 주변에서 쉽게 접할 수 없다고 설명했다. 물이 저렴한 현상은 물에서 얻는 추가 만족(한계효용)이 매우 적다는 뜻이다. 0에 가깝다고 해도 틀린 말은 아니다. 반면 매장량이 적은 다이아몬드는 추가 만족이 매우 크므로 가격도 비싸다. 이른바 희소성이 물과 다이아몬드의 가치를 갈랐다. 희소성은 말 그대로 '인간의 수요에 비해 공급이 턱없이 부족한 상황'이다. 결국 제품 가격을 결정하는 요인은 희소성이라는 얘기다.

일반적으로 특정 물건의 희소성이 크다는 말은 그 물건을 찾는 사람들이 많지만 양이 매우 적다는 뜻이다. 다이아몬드의 예가 대표적이다. 반면 물은 모든 사람이 찾는 재화지만 사람들이 필요로 하는 이상으로 존재한다. 그래서 희소성이 매우 적다. 가격도 싸다. 다이아몬드는 한계효용을 체감하는 것이 아니라 오히려 체증(점점 늘어남)하는 속성을 안고 있는 셈이다.

탄력성과 민감도

마셜은 이른바 '탄력성' 개념도 정립하여 경제학에 기여했다. 그는 탄력성은 '한 경제 변수의 변화에 따라 다른 변수가 변화한 정도를 측정한 것'이라고 설명했다. 탄력성은 물체나 재료가 늘어나거나 압축된 후 원래 모양으로 돌아가는 능력이다. 경제학 관점에서 탄력성은 수요나 공급이 가격 혹은 소득 변화에 민감한 정도를 말한다. 즉, 제품 가격이나 소득 변화에 따라 개인이나 소비자, 혹은 생산자의 수요나 공급이 변화하는 것을 뜻한다. 탄력성은 두 가지로 나뉜다.

* 수요의 가격 탄력성
* 공급의 가격 탄력성

먼저 수요의 가격 탄력성을 살펴보자.

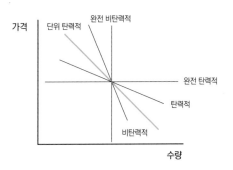

수요의 가격 탄력성

제품 가운데는 가격이 조금 올라도 수요량이 크게 줄어들지 않는 것이 있으며, 가격이 크게 내려도 수요량이 증가하지 않는 것도 있다. 수요의 가격 탄력성은 제품 가격이 오르거나 내리는 정도에 따라 수요량이 어떻게 바뀌는지를 보여주는 지표다. 즉, 수요의 가격 탄력성은 가격 변화에 따라 나타나는 수요량의 변화다. 수요의 가격 탄력성은 수요량 변화율을 가격 변화율로 나눠 구한다.

수요량 변화율 ÷ 가격 변화율

일반적으로 수요의 가격 탄력성(수요량 변화율÷가격 변화율)은 1이거나, 1보다 작거나, 1보다 큰 경우 세 가지다.

첫째, 수요의 가격 탄력성 < 1

가격 탄력성이 1보다 작으면 '비탄력적'이라고 한다. 수요가 가격 변화에 둔감하게 반응한다는 뜻이다. 즉, 가격이 오르거나 내려도 수요는 이에 관계없이 꾸준하다는 얘기다. 대표적인 예가 쌀, 소금 등과 같은 생활필수품이다.

둘째, 수요의 가격 탄력성 = 1

경제학에서는 이를 '단위 탄력적'이라고 한다. 단위 탄력적은 가격 변화에 따른 수요가 똑같다는 뜻이다. 즉, 가격이 2퍼센트 내리면 수요도 2퍼센트 낮아진다. 이는 가격 변동에 따른 제품 판매 수입이 변하지 않는다는 의미다. 현실에서 단위 탄력적인 사례는 거의 없다.

셋째, 수요의 가격 탄력성 > 1

가격 탄력성이 1보다 크면 '탄력적'이다. 수요가 가격 변화에 민감하게 반응하는 현상이다. 즉, 제품 가격이 크게 오르더라도 일상생활에 지장이 없으면 수요가 크게 줄어든다. 사치품 등에서 이런 현상을 찾아볼 수 있다.

이번에는 공급의 가격 탄력성을 살펴보자. 공급의 가격 탄력성은 가격 변화에 따라 공급량이 얼마나 바뀌는지를 보여준다. 공급의 가격 탄력성은 공급량 변화율을 가격 변화율로 나눠 구한다.

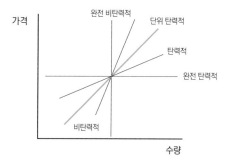

공급의 가격 탄력성

공급량 변화율 ÷ 가격변화율

공급의 가격 탄력성(공급량 변화율÷가격 변화율)은 0이거나, 1보다 작거나, 1이거나, 1보다 크거나, 무한대(∞)인 경우 다섯 가지로 이뤄진다.

첫째, 공급의 가격 탄력성 = 0

공급의 가격 탄력성이 0이면 가격이 아무리 변해도 공급량은 변하지 않는다. 경제학에서는 이를 '완전 비탄력적'이라고 한다. 대표적인 예가 땅(토지), 골동품 등이다. 가격이 올라간다고 해서 공산품처럼 토지를 만들 수 없고, 옛날 만들어진 유명 작품에 대한 수요가 늘어나도 희소성 있는 골동품을 추가 생산할 수 없기 때문이다.

둘째, 공급의 가격 탄력성 < 1

공급의 가격 탄력성이 1보다 작으면 '비탄력적'이라고 부른다. 비탄력적이라는 말은 상품 가격이 오르더라도 단기에 추가 공급할 여지가 거의 없는 경우를 말한다. 대표적인 예가 농산물이다. 계절에 따라 수확 시기가 다른 농산물은 제철이 아니면 가격이 상승해도 공급량을 늘리기 어렵다.

셋째, 공급의 가격 탄력성 = 1

경제학에서는 이를 '단위 탄력적'이라고 한다. 가격 변화에 따른 공급이 똑같다는 뜻이다.

넷째, 공급의 가격 탄력성 > 1

공급의 가격 탄력성이 1보다 크면 '탄력적'이다. 컴퓨터나 자동차 등 공산품은 가격이 오르면 이에 대응해 공급량을 더 늘릴 수 있으므로 탄력적이다.

다섯째, 공급의 가격 탄력성 = ∞

공급의 가격 탄력성이 무한대라는 것은 가격이 조금만 변해도 공급량이 무한대로 커진다는 논리다. 현실과는 조금 동떨어진 이론이다.

앨프리드 마셜은 이처럼 수요와 공급을 통해 경제 현상을 설명했다. 마셜 경제이론의 사상적 토대인 '냉철한 이성과 따뜻한 가슴'은 그가 세상을 떠난 지 오랜 시간이 지났지만 여전히 큰 울림을 준다.

2008년 글로벌 금융위기와 이에 따른 장기 침체, 고용 없는 성장에 이어 지구촌을 뒤덮은 신종 코로나바이러스 감염증(코로나

19)에 따른 국제경제 둔화 등으로 인해 세계는 과거에 경험하지 못한 새로운 경제 질서인 이른바 '뉴 노멀New Normal'에 휩싸였다.

　마셜이 오랜 잠에서 깨어나 관을 열고 나온다면 작금의 현실을 위해 어떤 경제이론을 내놓을지 궁금해진다.

12

제한적인 합리성

게리 베커

1930~2014
GARY
STANLEY
BECKER

게리 스탠리 베커Gary Stanley Becker(1930~2014)는 1930년 미국 펜실베이니아주 동부의 포츠빌에서 태어났다. 포츠빌은 1806년 이곳으로 이사해 철공소를 운영하며 마을을 구획, 정리한 존 폿 John Pott의 이름을 딴 도시다. 포츠빌은 1790년 인근 지역에서 석탄이 채굴됨에 따라 성장세를 누렸지만 20세기 들어 석탄 산업이 사양길로 접어들면서 플라스틱 등의 제조업 중심 도시로 탈바꿈했다.

　　유대인 집안에서 태어난 게리 베커는 1951년 프린스턴 대학교를 졸업한 후 1955년 시카고 대학교에서 경제학 박사 학위를 받았다. 그는 시카고 대학원에서 박사 학위 과정을 밟을 때 자유방임주의와 시장 제도의 중요성을 강조한 경제학자 밀턴 프리드먼으로부터 교육받았다. 참고로 프리드먼은 1976년 노벨경제학상을 받았다.

행동주의 경제학

　프리드먼의 영향을 받은 베커는 경제 주체인 가계, 기업, 정부의 역할 못지않게 일반 소비자들이 경제 현상에 어떻게 반응하는지에 촉각을 곤두세웠다. 이에 따라 소비자가 지닌 정보와 합리주의가 개인 혹은 집단의 행동을 결정짓는 요인이 되는지 여부에 관심을 두었다. 이처럼 소비자 행동을 토대로 경제 현상을 해석하는 분야를 행동경제학이라고 한다.

　일반적으로 대다수 경제학자들은 인간이 일관성 있게 합리적이고, 주관적으로 정한 목표를 최적 상태에서 추구하는 성향이 있다고 본다. 반대로 인간은 합리적이지 않으며 올바른 결정을 할 수 없다고 여기는 경제학자들도 있다. 그렇다고 이들이 인간을 합리성과 동떨어진 존재로 폄훼한 것은 아니다. 이들은 인간이 합리적이지만 때로는 비합리적 성향을 지닌 야누스적인 양면성을 드러낸다고 여긴다. 또한 인간이 이성보다는 감정에 휩싸이는 특성이 강하다고 주장한다. 이러한 현상을 흔히 '제한된 합리성'이라고 한다.

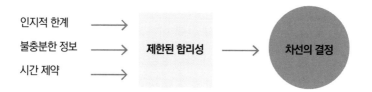

제한된 합리성(출처: Boycewire.com)

제한된 합리성은 개인이 특정 사안을 결정할 때 최선의 대안을 선택하는 것은 아니라는 전제를 깔고 있다. 대부분은 주어진 시간과 정보, 여건 등이 제한된 상황에서 제품 구매 등을 결정하기 때문이다. 제한된 합리성 이론은 1978년 노벨경제학상을 받은 허버트 알렉산더 사이먼Herbert Alexander Simon이 선보였다.

베커가 경제학에 기여한 대목은 주류 경제학자들이 관심을 두지 않은 인간 행동을 경제학의 주류로 편입시키려 한 점이다. 이같은 베커의 경제적 관점을 흔히 '합리적 선택 이론'이라고 부른다. 합리적 선택 이론은 개인이 충동이나 감정이 아닌 이성에 토대를 두고 결정한다는 뜻이다. 이 가정은 모든 이들이 모든 가능한 선택을 합리적으로 분석해 자기 이익을 실현하기 위해 행동한다는 가설에 근거한다. 베커는 이렇게 주장했다.

'합리적 선택 이론'의 기본 전제는 총체적 사회 행동은 각자 독립된 결정을 내리는 개별 행위자의 행동에서 비롯된다는 것이다.

베커는 개인의 선택이 모든 것을 결정한다는 이른바 '방법론적 개인주의'에 주목하여 합리적 선택 이론을 제시했다. 합리적 선택 이론은 경제 모델과 분석에서 합리성을 개인 행동의 기본 전제로 여긴다. 이 이론에 따라 사회의 총체적 현상도 개인 행위를 토대로 분석할 수 있다고 베커는 주장했다.

중요한 대목은 경제는 물론 정치 영역에서도 개인의 합리적 선택을 중요하게 여기는 사회적 추세에 힘입어 행동경제학이 여러 사회과학 분야에서 사회와 경제 현상을 분석하는 주요 도구가 되고 있다는 점이다.

민물경제학파와 짠물경제학파

베커가 박사 학위를 받은 시카고 대학교는 이른바 신자유주의의 본고장이다. 신자유주의는 시장이 제대로 작동할 수 있도록 국가가 시장에 개입하지 않고 민간의 자유로운 활동을 중시해야 한다는 이론이다. 신자유주의자들은 대표적으로 민영화, 정부 규제 완화, 글로벌화, 자유무역 등을 강조하며 경제적 자유를 최대한 보장해야 한다고 주장한다.

시카고 대학교의 학풍은 자유시장 원칙과 글로벌화의 중요성을 강조한다. 미국 경제학자 프랭크 하이너먼 나이트Frank Hyneman Knight가 1929년 시카고 대학교 경제학과 교수로 부임하며 태동한 시카고학파는 자유시장이 때로는 비효율적일 수 있지만 정부 개입(정부 정책)은 더 비효율적인 면을 드러낸다고 지적했다. 그래서 철저한 시장주의와 개인과 기업의 자유 보장, 정부 개입 축소 등을 주장했다.

경제 현상에 수학적으로 접근하여 해석하는 기존 경제학과 거

민물경제학파 vs. 짠물경제학파

	민물경제학파	짠물경제학파
학교	시카고 대학교, 카네기 멜런 대학교, 노스웨스턴 대학교, 코넬 대학교, 미네소타 대학교, 로체스터 대학교	UC 버클리, UCLA, 브라운 대학교, 듀크 대학교, 하버드 대학교, 펜실베이니아 대학교, 프린스턴 대학교, 컬럼비아 대학교, 예일 대학교
학파의 이념	강력한 시장경제 옹호, 정부 개입 반대, 시장의 자율 통제 메커니즘 강조	경기 침체를 막기 위한 정부 개입 강조

리를 두는 시카고학파는 이른바 '민물경제학파'의 핵심이다. 미국 경제학계는 정부의 개입에서 벗어나는 탈규제를 지지하는 성향과 규제를 지지하는 성향에 따라 '민물경제학파'와 '짠물경제학파'로 크게 나뉜다.

민물경제학파는 미국과 캐나다 접경지역인 오대호(슈피리어호, 미시간호, 휴런호, 이리호, 온타리오호) 인근에 있는 학교들을 뜻한다. 베커가 속한 시카고 대학교를 비롯해 카네기 멜런 대학교, 노스웨스턴 대학교, 코넬 대학교, 미네소타 대학교, 로체스터 대학교 등이 물에서 짠맛이 나지 않고 담백한 오대호에 인접해 있다.

짠물경제학파는 미국 서부 캘리포니아와 동부 해안 인근 지역에 있는 대학교를 뜻한다. 서부 UC 버클리와 UCLA를 비롯해 동부 브라운 대학교, 듀크 대학교, 하버드 대학교, 펜실베이니아 대학교, 프린스턴 대학교, 컬럼비아 대학교, 예일 대학교 등이 여기에 속한다. 이 대학교들은 바다 근처에 자리 잡고 있다. 이들의 학풍은 경기 침체를 막기 위해 시장에 적극 개입하는 정부의 역할을 지지한 존 메이너드 케인스의 경제학과 맥을 같이한다.

　민물경제학파와 짠물경제학파라는 용어는 미국 스탠퍼드 대학교 교수 로버트 어니스트 밥 홀Robert Ernest Bob Hall이 1976년 처음 선보였다. 앞에서 설명한 것처럼 베커가 속한 민물경제학파는 시장경제를 철저히 옹호하며 정부 개입을 반대하고 시장의 자율 통제 메커니즘을 중요시함으로써 자본주의 근본정신을 강조한다.

인적자본 개념을 소개하다

　　개인의 교육과 훈련에 대한 투자는 기계나 공장 등 기업의 설비 투자와 유사하다.

　베커는 1964년 출간한 저서 《인적자본Human Capital》에서 이렇게 주장하여 눈길을 끌었다. 자본은 일반적으로 개인이나 기업 등이 보유한 돈이나 부동산 등 재산을 뜻한다. 이 같은 자본 개념을 인간에 적용한 인적자본은 파격적인 발상이 아닐 수 없다. 그동안 자본 개념으로 여겨지지 않은 인간의 소중함을 자본의 일부로 보는 베커의 경제관은 논란을 불러일으켰다. 일각에서는 사람을 자본 개념으로 여길 바에는 차라리 '인간 떼거리'로 부르라고 비아냥거렸다.

　베커는 비판을 일축하고 오히려 이렇게 강조했다.

인적자본은 근로자의 경륜, 기술, 지식, 그리고 능력 등을 통해 산출되는 경제적 가치이며 무형자산 성격을 지니므로 (재정 상태를 알 수 있는) 회사 대차대조표에 실리는 것이 아니다. 또한 인적자본은 (업무)교육, 훈련, 지능, 기술, 건강, 회사에 대한 충성도, (근로시간) 엄수 등을 말한다.

베커의 인적자본은 인간을 돈 등의 일반 자본과 '천박하게' 비교한 것이 아니라 개인 능력을 최대한 향상하는 능력 개발의 중요성을 강조한 개념이다. 베커에 따르면 특히 기업이 혁신 정신을 실천하며 인적자본을 극대화하기 위해서는 종업원들이 목표를 설정하고 달성할 수 있도록 세부 방안을 내놓고 재교육할 필요가 있다.

《인적자본》으로 노벨경제학상을 거머쥔 베커는 이렇게 강조했다.

국가의 부를 얘기할 때 외환보유액이나 금 보유고, 사회간접자본을 언급할 수 있지만 국부의 75퍼센트는 사람, 즉 인재다.

베커는 소득과 자녀 수의 함수관계도 연구해 눈길을 끌었다. 그는 일반적으로 소득이 증가하면 자녀에 대한 교육 투자가 늘어나 교육 수요도 덩달아 증가한다고 설명했다. 만일 공교육과 같은 교육 인프라가 열악하면 사교육에 대한 필요성이 커지므로 이에 따른 투자가 늘어날 수밖에 없다. 그러면 사교육에 대한 부담 때문에 자녀를 많이 낳기 어렵다. 이에 비해 교육 인프라가 잘 갖춰져 있으면 사교육에 대한 필요성은 크지 않다. 그는 사교육에 대한 투자가 줄어들고 교육비 부담도 줄면 사람들이 자녀를 더 낳게 된다고 주장했다. 사교육 부담이 갈수록 커지는 우리나라에 유효한 메시지가 아닐 수 없다.

가계생산에 관한 이론

경제학 이론에 따르면 경제 주체는 가계, 기업 그리고 정부다. 가계는 생산활동에 참여한 대가로 소득을 얻고 소비활동을 한다. 결국 가계가 소비의 핵심 축인 셈이다. 그렇다면 '가계생산'이라는 용어는 어떻게 해석해야 할까. 가계생산 이론을 제안한 베커는 가정이 생산활동을 하는 일종의 기업이라고 설명했다. 가정에서 나오는 생산품인 빨래, 청소 같은 집안일을 비롯해 자녀 양육과 같은 돌봄노동이 생산활동에 포함되기 때문이다.

가계생산 이론은 아직까지는 그저 경제이론일 뿐이라고 여겨지고 있다. 경제학 관점에서 생산품은 시장에서 거래되어야 하는데 가사노동은 생산활동으로 인정되지 않기 때문이다. 이에 대해 가사노동이 가정의 후생을 높이는 결과를 가져오기 때문에 생산활동으로 인정해야 한다는 주장이 나오고 있다.

몇 년 전 우리나라 통계청이 재미있는 조사를 했다. 2018년에 이른바 '가계생산 위성계정'을 개발한 것이다. 위성계정衛星計定은 국민계정에 통합하기 어려운 특정 분야를 집중적으로 분석하기 위해 작성한 것이다. 국민계정이 한 나라의 경제활동을 측정하기 위해 만들어진 기술적 방식이라면 위성계정은 국내총생산GDP에서 다루지 않는 부분을 측정한다. 즉, 그동안 다루지 않은 분야를 연구하기 위해 설정한 것이다. 통계청이 무급 가사노동의 가치를 평가하기 위해 조사한 자료를 살펴보자.

> 2014년 기준 가계 총산출은 494조 1,000억 원으로 5년 전보다 32.6퍼센트 증가했다. 이 가운데 가계생산은 378조 원이며 이 가운데 360조 7,000억 원이 무급 가사노동의 가치였다.

조사에 따르면, 임금을 받지 않는 주부들 '집안일'의 경제적 가치가 360조 원이 넘었다. 2014년 우리나라의 명목 국내총생산 1,486조 790억 원의 24.3퍼센트에 해당하는 규모다. 우리가 무심결에 지나치는 가계생산이 이 정도로 거대하다.

최근 우리나라 여성의 경제활동이 늘면서 가사도우미를 고용하는 등 집안일을 아웃소싱(외부에서 도움을 찾는 방법)하는 사례가 많아지고 있다. 가사도우미 일은 시장에서 거래되기 때문에 생산으로 인정받을 수 있다. 가계생산을 설명하기 위해 예를 들어보자.

> 요리를 잘하는 빵파더 씨는 집에서 빵을 만들기로 했다. 빵파

더 씨는 재료로 밀가루, 계란, 설탕 등을 구입해 빵 만드는 레시피를 토대로 시간과 정성을 쏟아 빵을 만들었다. 사실 빵파더 씨가 처음부터 밀가루, 설탕, 계란을 원한 것은 아니었다. 그러나 빵을 만들기 위해서는 이 재료들을 어쩔 수 없이 구입해야 했다. 물론 이러한 불편함을 거치지 않으려면 빵집에서 빵을 사 먹으면 된다.

소비자는 자신이 처음부터 원하는 상품을 구입하지 않고 빵파더 씨처럼 밀가루, 설탕 등 식자재를 구입해 빵이라는 결과물을 만들어내는 경우가 있다. 이러한 경제활동을 '가계생산'이라고 한다. 여기에는 식자재 외에 빵을 만드는 데 필요한 노동력과 시간 등의 요소가 투입된다.

베커가 제안한 가계생산 이론에 따르면 빵파더 씨의 예처럼 제품을 만드는 데 들어가는 시간이 노동력 못지않게 중요하다. 우리는 흔히 노동이란 개념이 시장에만 존재한다고 여긴다. 그러나 베커의 가계생산 이론에 따르면 가계생산에도 노동이 중요한 요소로 자리 잡고 있다. 이처럼 베커는 가계 부문이 시장이 아닌 분야에서 생산활동에 어느 정도 기여하고 있는지를 규명하는 데 주력했다. 그리고 경제적 관점에서도 가계활동이 명백한 생산활동이며, 가계 내 시간과 노동력도 중요하다는 점을 역설했다.

13

관세동맹과 보호무역

게오르크 프리드리히 리스트

1789~1846

GEORG
FRIEDRICH
LIST

게오르크 프리드리히 리스트Georg Friedrich List(1789~1846)는 1789년 독일 남서부 뷔르템베르크주의 도시 로이틀링겐에서 태어났다. 부유한 무두장이(짐승 가죽을 부드럽게 만드는 일을 하는 사람)였던 리스트의 아버지는 아들이 가업을 잇기를 원했다. 그러나 리스트는 기대를 저버리고 공무원이 되어 회계사로 일했다. 1817년 그는 바덴뷔르템베르크주 주도 슈투트가르트에 있는 튀빙겐 대학교 정치행정학과 교수로 임명되었다. 참고로 뷔르템베르크와 바덴뷔르템베르크는 옛날에는 서로 다른 곳이었으나, 지금은 뷔르템베르크가 바덴뷔르템베르크주의 일부가 되었다.

대학교수로 활동하던 리스트는 1819년 지방의회와 알력이 생겼다. 뷔르템베르크 지방의회 임원이기도 했던 그는 뷔르템베르크 행정 개혁에 앞장섰지만 성공하지 못했다. 결국 그는 지방의회의 미움을 사 의회 임원직에서 쫓겨난 후 10개월 중노동 징역형까지 선고받았다. 바덴뷔르템베르크주의 도시 아스페르크에 있는 형무소에 수감되었으나 탈옥하여 독일과 인접한 프랑스 지역 알자스로 도망갔다. 프랑스와 영국에 한동안 머무른 그는 1824년 독일로 돌아와 남은 형기를 채웠다. 10개월간의 수감 생활을 끝낸 그는 미국으로 이민을 갔다. 이 때문에 경제학계에서는 리스트를 독일계 미국 경제학자로 여긴다.

1825년 망명 성격을 띤 이민 길에 나선 리스트는 미국에서 개방적이고 역동적인 삶을 만끽했다. 펜실베이니아주 주도 해리스버그에 정착한 후 농장을 사들였고, 인근 타마콰에 있는 무연탄 광산도 매입했다. 뿐만 아니라 1829년 리틀 스쿨킬 내비게이션 레일로드 앤드 콜 컴퍼니라는 철도광산기업에 투자해 돈도 벌었다.

리스트는 미국 정치에도 남다른 관심을 보였다. 그는 미국 초대 재무 장관 알렉산더 해밀턴Alexander Hamilton이 1791년 미국 의회에 제출한 〈제조업 보고서〉를 공부하며 후발 산업국가가 밟아야 할 산업화 과정을 연구했다. 또 앤드루 잭슨Andrew Jackson의 대통령 선거운동을 도왔고, 잭슨 대통령은 답례로 1830년 리스트를 독일 바덴, 작센주, 뷔르템베르크 소재 미국 영사로 임명했다. 미국으로 망명 성격을 띤 이민을 왔지만 조국 독일을 잊지 못한 리스트를 정치적으로 배려한 조치였다.

미국으로 이민을 떠난 지 5년 만에 독일로 돌아간 그는 이번에도 독일 기득권층으로부터 미움을 샀다. 미국 영사로 독일에 온 후에도 학문적 열정이 사라지지 않았던 리스트가 당시 애덤 스미스의 자유무역론을 신봉하던 독일 주류 경제학자들을 비웃기라도 하듯 보호무역주의의 중요성을 역설했기 때문이다. 그는 독일 경제학자들이 주장하는 자유무역은 영국의 경제적 이익을 대변하는 행태라고 꼬집었다.

자유무역 정책에 맞서 관세동맹을 옹호하다

리스트는 수입 관세의 중요성을 당시 누구보다도 강조했다. 수입품에 대한 관세가 독일의 경제 발전을 촉진할 것이라며 관세를 철저히 옹호한 그는 관세동맹을 시행해야 한다고 주장했다.

관세동맹은 무엇일까. 정치·경제적으로 좋은 관계를 맺은 나라끼리 관세협정을 체결해 경제 협력체를 만든 후 자유롭게 교역하는 제도다. 관세동맹을 맺으면 협정 서명국 간에는 관세를 없애거나 세율을 크게 줄이지만 서명국이 아닌 나라와 교역할 때는 관세를 매긴다. 이 관세를 '역외공통관세'라고 한다. 역외공통관세는 자유무역연합처럼 경제동맹을 맺은 국가들이 회원국 외의 국가로부터 들어오는 수입 제품에 부과한다.

세계 역사상 관세동맹이 가장 막강했던 나라는 독일이다. 옛 독일제국의 중심축이었던 프로이센공국은 1834년 '졸페라인 Zollverein'이라 불린 독일 관세동맹을 만들었다. 졸페라인은 독일에서 가장 크고 오래된 탄광이 있는 지역 이름이다. 졸페라인은 독일 여러 주를 중심으로 관세와 경제정책 협의체를 구성하기 위해 만들어진 동맹 체제였다. 졸페라인은 다른 나라에서 쉽게 보기 힘든 막강한 동맹 체제를 구축했다. 주 간 관세를 없애고 화폐, 교통 체제 등도 통일했다.

졸페라인은 경제적 이유 못지않게 중요했던 정치적 요인 때문에 등장했다. 1800년대 독일은 35개에 달하는 군주국과 4개 자

오토 폰 비스마르크

유도시로 나뉘어 있었다. 군주국은 국가 주권이 국민이 아닌 군주, 즉 왕에게 있다. 35개 군주국과 4개 자유도시가 난립하자 당시 독일에서는 프로이센을 중심으로 통일 운동이 일어났다. 프로이센은 관세동맹을 체결해 독일을 경제적으로 통일하려 했다.

　당시 프로이센에서는 '철혈재상'으로 잘 알려진 오토 폰 비스마르크Otto Eduard Leopold von Bismarck가 총리로 등장했다. 독일에서는 두 가지 통일 방안이 거론되고 있었다. 하나는 프로이센을 중심으로 통일하는 방안이었고, 다른 하나는 오스트리아를 포함해 통일하자는 의견이었다.

비스마르크는 통일 방안을 중재하기 위해 독일연방 북부를 프로이센이, 남부를 오스트리아가 장악하는 방안을 제안했지만 오스트리아 측이 거부했다. 이에 따라 비스마르크는 프로이센과 대립각을 보인 오스트리아를 제외하고 프로이센 중심의 통일 운동을 추진했다. 그는 또한 프로이센이 주도하는 통일에 반발한 오스트리아와 전쟁을 벌여 승리했다. 프로이센과의 전쟁에서 패한 오스트리아는 결국 독일연방에서 탈퇴했다.

프로이센이 오스트리아를 통일 파트너로 여기지 않은 데는 역사적인 이유가 있다. 프로이센과 오스트리아는 엄밀하게 말하면 같은 게르만족 국가다. 그러나 당시 오스트리아에는 게르만족인 오스트리아인 외에 슬라브족인 폴란드인, 체코인, 슬로바키아인, 그리고 우랄족 헝가리인이 뒤섞여 살고 있었다. 위대한 게르만 민족국가의 재탄생을 염원한 프로이센은 '다민족 국가' 오스트리아가 게르만족 재통일의 핵심 세력이 될 수 없다고 여겼다.

프로이센이 전쟁에서 오스트리아를 꺾는 상황이 벌어지자 독일의 숙적 프랑스는 불쾌한 심정을 감출 수 없었다. 독일 역시 프랑스에 적대감을 보이면서 양쪽의 긴장이 커졌다. 결국 비스마르크는 프랑스 대사가 빌헬름 1세(프로이센 국왕)를 모욕했다며 프랑스와 전쟁을 벌였다. 비스마르크는 탁월한 전술로 프랑스 군을 무찔렀으며 결국 나폴레옹 3세를 포로로 붙잡는 성과를 거뒀다. 프랑스와의 전쟁에서 승리한 프로이센은 빌헬름 1세를 황제로 추대하며 독일 통일을 완성했다.

이러한 역사적 관점에서 볼 때 프로이센의 관세동맹은 세 가지 중요한 점을 시사한다.

첫째, 프로이센은 관세동맹을 통해 독일연방에서 오스트리아를 제거하려는 정치적 야심을 드러냈다.

프로이센과 비스마르크에게는 '이민족이 대거 섞인 오스트리아를 제거하고 게르만족 중심의 경제통합체를 만들겠다'는 목표가 있었다. 이에 따라 관세동맹은 오스트리아의 영향력을 소멸시키는 중요한 역할을 했다.

둘째, 독일 경제를 개선하기 위한 조치였다.

졸페라인은 독일산 농산품과 수제품 거래를 활성화했다. 이를 통해 경제적 통일을 일궈낼 수 있었다.

셋째, 관세동맹은 동맹국 간 무역과 상업의 장벽을 없애는 한편 비동맹국에 대한 장벽은 계속 유지하는 경제 카르텔을 형성했다.

카르텔은 업종이 같은 기업들이 경쟁 업체를 견제하기 위해 가격, 생산량, 판로 등을 정해 형성한 독점이다.

자유방임을 옹호한 리스트가 보호무역을 주장한 까닭

엄밀하게 말하면 리스트는 자유방임주의를 옹호했다. 그는 애덤 스미스 이론처럼 보이지 않는 손이 시장을 움직이게 한다고 여겼다. 자유방임을 지지한 그가 관세동맹 등을 통한 보호무역주의를 지지한 것은 다소 의외다.

리스트의 이러한 사상적 배경에는 마리 조제프 루이 아돌프 티에르Marie Joseph Louis Adolphe Thiers가 자리 잡고 있다. 프랑스 정치가이자 역사학자 아돌프 티에르는 프랑스가 프로이센과의 전쟁에서 패배한 직후 성립한 프랑스 제3공화국의 초대 대통령이다. 티에르는 프랑스 산업이 외국 기업과의 경쟁에서 뒤처지게 된다며 자유무역을 반대했다. 그는 수입품 관세 인하를 막기 위해 대통령직을 내놓는 정치적 도박까지 했다. 그의 사퇴안은 결국 반려됐지만 패전 이후 프랑스 경제를 되살리기 위한 그의 결단은 주목할 만했다.

리스트가 독일도 프랑스에 이어 보호무역을 해야 한다고 강조한 데에는 독일의 현실도 어느 정도 작용했다. 독일은 리스트가 활동할 때만 해도 중세 봉건국가의 비효율성에서 벗어나지 못한 전형적인 농업국가였다. 대표적인 예가 구츠헤어샤프트Gutsherrschaft다. 구츠헤어샤프트는 프로이센 시대에 체코와 독일 사이를 흐르는 엘베강 동쪽 독일에서 뿌리 내린 토지 소유형 영주 제도다. 엘베강 동쪽은 원래 독일인 귀족을 비롯해 독일 농민, 슬라브계 원주민이 살았던 지역이다.

농업국가였던 독일은 농민의 사회적 지위가 높은 편이었다. 그러나 잦은 전쟁을 통해 기사 계급의 지위가 높아졌다. 이들은 왕의 권한까지 나눠 가지며 일정 지역의 강력한 지배자가 되었다. 이들은 지주, 즉 대농장을 소유한 봉건 영주를 뜻하는 구츠헤어 Gutsherr라고 불렸다. 구츠헤어가 핵심 세력인 봉건적 대농장 경영 제도였던 구츠헤어샤프트는 농민들을 지배한 프로이센의 사회적 기초가 되었다. 구츠헤어는 나중에 융커Junker로 불리는 보수 지주·귀족층으로 탈바꿈했다. 구츠헤어는 농산물 수출을 통해 막대한 부를 얻고 정치적 영향력을 행사했다. 리스트는 1525년 독일 농민전쟁 등을 통해 프로이센의 정치·경제적 변혁을 요구하는 움직임이 나타났지만 융커 계급은 크게 영향을 받지 않았다는 점에 주목했다. 그러나 융커 계급은 제2차 세계대전에서 독일이 패전하면서 역사에서 사라졌다.

리스트는 농업 중심 국가인 독일의 현실과 시대에 뒤떨어진 융커라는 낡은 지배계급의 등장, 이에 따른 융커-농민 간의 갈등 양상이 뒤섞인 당시 상황을 깊이 고민했다. 프로이센이 관세동맹 등 보호무역 정책을 고집하지 않으면 공업화의 길로 접어든 다른 경쟁국이 독일 경제를 주무를 수 있다는 점도 알고 있었다.

공평한 경쟁의 장을 만들자-유치산업 보호론

영어 표현 중 하나로 '평평한 운동장을 만들자level the playing field'
란 말이 있다. 축구장 같은 곳의 한쪽이 기울어져 있으면 상대편
은 기울어진 운동장을 달려 올라가야 하므로 불리해진다. 경제적
관점에서 보면 '평평한 운동장을 만들자'는 공평하게 경쟁할 수
있는 분위기를 조성한다는 의미를 담고 있다. 리스트는 공평하게
경쟁하는 조건을 만들기 위해 '유치산업 보호론'을 주장했다. 경
제학에서 유치산업은 '초기 발전 단계에 있어 기존 외국 업체들과
경쟁하기 어려운 신산업'을 뜻한다.

유치산업은 국제 경쟁력을 갖추지 못한 경우가 대부분이다. 리
스트는 정부가 보조금 지급이나 관세 정책을 통해 유치산업이 제
대로 성장할 수 있도록 해야 한다고 역설했다. 그가 유치산업 육
성을 강조한 배경에는 당시 막강한 공업 국가로 부상한 영국을 견
제하려는 의도도 있었다. 영국은 중상주의 정책을 통해 농업이 아
닌 공업을 육성하는 데 주력했다. 특히 영국은 양모와 모직물을

유치산업 이론(출처: WallStreetMojo)

생산하고 수출해 막대한 경제적 수익을 거머쥐었다. 리스트는 당시 영국에 관해 이렇게 말했다.

> 영국은 양모 산업을 발전시킬 때 경쟁자가 없는 사실상 보호무역 상태에서 시작했다. 교역 상대국의 시장 잠식이 불을 보듯 뻔한 상태에서 (영국이) 교역 국가에 자유무역을 강요하는 것은 부당하다.

엄밀하게 말하면 유치산업 논란의 출발점은 리스트가 아니었다. 미국 초대 재무 장관 알렉산더 해밀턴은 당시 미국이 제조업 후진국이므로 영국 등 교역 국가들과 경쟁할 능력을 갖추기 위해서는 보조금 지급과 관세 정책을 시행해야 한다고 주장했다. 해밀턴의 '유치산업 육성'에 관한 주장을 리스트가 경제학적 이론으로 체계화했다. 유치산업 보호론은 자유무역협정이 난무하는 현실에서 각국의 열악한 경제 환경을 외면한 채 자국 경제 이익만을 추구하는 선진국의 이중 잣대를 떠올리게 하는 대목이다.

> 국가는 수렵사회에서 농업사회로, 이후 농업-공업 병존사회에서 농업-공업-상업 병존사회로 발전한다.

리스트는 저서 《정치경제의 국가적 체계Das Nationale System der Politischen Ökonomie》(1841)와 《농지 제도론Die Ackerverfassung, die

Zwergwirtschaft und die Auswanderung》(1842)

을 통해 농업 중심 국가인 독일은 공업 등 제조업을 강화해야 한다고 역설했다. 많은 독일 기득권 인사들이 보기에 리스트는 반체제 경제학자였다. 그러나 독일 경제의 후진성을 개탄하며 독일 경제가 발전할 수 있는 길을 모색한 그가 '진정한 애국자'라는 분석도 만만치 않았다. 그의 경제 철학에 따르면 당시 독일의 열악한 경제 환경을 외면하고 자유무역을

게오르크 프리드리히 리스트의
《정치경제의 국가적 체계》

강조하는 목소리만 높여 결국 자국의 경제력을 퇴보시키는 것은 바람직하지 않았다.

14

시장과 정부의 균형

폴 앤서니 새뮤얼슨

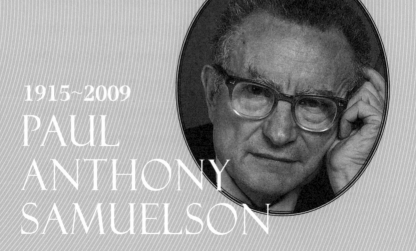

1915~2009
PAUL
ANTHONY
SAMUELSON

폴 앤서니 새뮤얼슨Paul Anthony Samuelson(1915~2009)은 1915년 미국 인디애나주 게리의 폴란드계 유대인 가문에서 태어났다. 그의 아버지 프랭크 새뮤얼슨은 약사였으며 제1차 세계대전 당시 폴란드에서 부유한 생활을 했다. 이들 가족이 폴란드를 떠나 미국 인디애나주 게리로 이민 온 배경에는 프랭크 새뮤얼슨이 게리를 방문한 일이 있었다. 1906년 형성된 철강도시 게리는 당시 인구가 12만 명이 안 되는 조그만 도시였다. 그러나 유대인 지역사회가 잘 갖춰져 있었기 때문에 폴 앤서니 새뮤얼슨의 부모는 이곳으로 이민 오면 쉽게 적응할 수 있을 거라고 여겼다.

새뮤얼슨은 1923년 시카고로 이사한 후 하이드 파크 고등학교를 졸업했다. 그 후 열일곱 살의 나이였던 1932년 시카고 대학교에 입학해 1935년 졸업했다. 경제학의 묘미에 푹 빠진 그는 자신의 운명은 경제학자가 되는 것이라고 여겼다. 경제학에 매료된 그는 모교 시카고 대학교 교수들의 만류를 뿌리치고 하버드 대학교로 발길을 돌려 그곳에서 석사와 박사 학위를 받았다. 스물다섯의 젊은 나이에 매사추세츠 공과대학교MIT에서 경제학과 조교수로 활동했으며 서른두 살에는 정교수가 되는 명예를 안았다. 1948년에는 저서《경제학Economics》을 출간해 단숨에 세계적 경제학자 반열에 올랐다.《경제학》은 지금까지 41개 언어로 번역되고 400만 부 이상 팔린 베스트셀러다.

새뮤얼슨은 이후 존 F. 케네디, 린든 존슨 등 미국 대통령을 돕는 '경제학 과외 선생님'으로 활동했다. 또한 미국 재무부, 미국 연방예산국, 대통령경제자문위원회에서 자문위원으로 활동했다. 시사주간지 〈뉴스위크Newsweek〉에 칼럼을 기고해 해박한 경제 지식을 독자에게 전하는 역할도 톡톡히 했다. 경제사학자 랜덜 E. 파커 Randall E. Parker는 국제적으로 인지도가 높은 새뮤얼슨을 '현대 경제학의 아버지'라고 불렀다. 유력 일간지 〈뉴욕타임스〉도 새뮤얼슨을 '20세기 최고 경제학자'라고 칭송했다.

새뮤얼슨은 경제학을 계량화하는 데 기여했다. 과거에는 경제학이 경제 현상을 여러 각도에서 심사숙고해 해법을 찾는 학문이라는 인식이 강했다. 반면 새뮤얼슨은 경제학에 수학을 적용해 수학적 분석 방법으로 경제 현상을 설명하는 데 주력했다. 그가 1941년 발표한 박사 학위 논문인 〈분석경제학의 기초Foundations of Analytical Economics〉는 경제학을 수학으로 해석한 내용을 담아 학계의 관심을 모았다. 이 논문은《경제학 분석의 기초Foundations of Economic Analysis》라는 책으로 출간돼 경제학자들이 자신의 이론을 수학적으로 분석하는 데 도움을 주는 참고서 역할을 했다. 이처럼 미국 경제학의 큰 틀이 형성되는 데 혁혁한 공로를 세운 새뮤얼슨은 미국인으로는 처음으로 1970년 노벨경제학상을 받았다.

시카고학파의 영향을 받다

새뮤얼슨이 공부한 시카고 대학교는 이른바 시카고학파의 중심이었다. 시카고학파는 미국 경제학의 양대 축 가운데 하나인 민물경제학파의 본고장이다. 이곳에서 공부하며 자유방임주의적 경제이론을 형성한 새뮤얼슨은 헨리 캘버트 사이먼스Henry Calvert Simons와 프랭크 하이너먼 나이트의 영향을 많이 받았다. 반독점이론과 금융모델을 통해 시카고학파에 영향을 준 사이먼스는 미국 경제학자 로버트 M. 헤이그Robert M. Haig와 함께 이른바 '헤이그-사이먼스 소득'을 제시했다. 헤이그-사이먼스 소득에 따르면 소득은 (1년처럼) 특정 기간 동안 나타난 개인의 소비와 자산 가치의 변화를 합친 것이다. 이를 공식으로 풀어보자.

$$I = C + \Delta NW(I: 소득, C: 소비, \Delta NW: 순 가치의 변화)$$

과세 대상을 정하는 데 주로 사용된 헤이그-사이먼스 소득은 소득 차이에 따라 세수가 줄어들 수 있는 '구멍'을 막는 데 큰 도움을 주는 이론이다. 예를 들면 주택 가격이 오르거나 주가가 오르면 순 가치가 증가한 것으로 보고 과세 대상으로 삼는다. 이러한 과세 정책은 납세에서 빠져나가는 세원의 허점을 줄이고 소득에 따라 과세하게 해주므로 과세에 따른 문제점을 해결할 수 있다. 그러나 주택 가격 인상과 주가 상승 등 당장 손에 쥐여지지 않은 소득에도 과세할 수 있으므로 이른바 이중과세가 일어날 수 있는 것이 단점이다.

나이트는 1921년 선보인《위험, 불확실성 그리고 이윤Risk, Uncertainty and Profit》이라는 저서로 유명하다. 미국 코넬 대학교에서 박사 학위를 받은 나이트가 자신의 박사 학위 논문을 토대로 출간한 이 책은 우리가 혼동하기 쉬운 '위험risk'과 '불확실성uncertainty'을 경제학 관점에서 구분해 눈길을 끌었다. 나이트는 이렇게 정의한다.

> 위험의 결과를 알 수는 없지만 처음부터 확률분포의 지배를 받는다.

위험은 결과를 예측할 수 없지만 실현 가능한 여러 확률을 통해 의사결정을 하는 행위라는 얘기다. 이러한 의사결정을 통해 최선의 결과가 나오도록 하는 것이 '기대효용'이고, 기대효용을 극대화하는 이론이 '기대효용 이론'이다. 이에 비해 불확실성은 '결과는 물론 확률도 알 수 없는 상황'이다. 나이트는 불확실성이 완전경쟁이 없애지 못한 경제적 이윤을 창출했다고 설명해 눈길을 끌었다. 불확실한 상황에서 경영 활동을 하는 기업가 정신을 높이 평가한 대목이다.

세계 경제를 집어삼킨 대공황의 그림자

새뮤얼슨은 민감한 사춘기에 대공황이라는 암흑기를 경험했다. 그가 열네 살 때인 1929년 10월 24일 뉴욕 월스트리트의 뉴욕 증권거래소에서 주가가 폭락하여 시작된 대공황은 그해 10월 29일 전 세계 증시 폭락으로 이어졌다. 이날을 흔히 '검은 화요일 Black Tuesday'이라고 부른다. 증시 폭락으로 1929~1932년 전 세계 국내총생산은 15퍼센트 감소했다. 2008~2009년 글로벌 금융위기 때문에 전 세계 국내총생산이 1퍼센트 줄어든 것과 비교하면 엄청난 규모다. 대공황은 공급과잉과 빈부 격차 심화, 이에 따른 유효수요(물건 살 돈을 갖고 물건을 구매하려는 욕구) 위축 등이 복합적으로 작용해 일어났다.

대공황이 일어나기 전 미국은 경제적으로 부유한 국가처럼 보였지만 속으로는 공급과잉과 실업률 증가 등이 불거지기 시작했

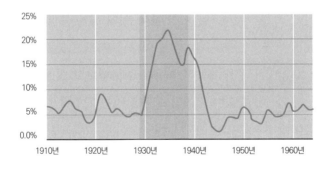

대공황(1929~1939) 기간을 포함한 1910~1960년의 미국 실업률 추이(단위: 퍼센트)

230

다. 미국은 제1차 세계대전 당시 전쟁물자 수요가 급증하는 데 힘입어 군수업 등 제조업이 급성장했다. 그러나 전쟁이 끝난 후 군수업 등 제조업에 경기 침체가 불어닥쳤다. 기업들은 서로 경쟁하며 제품을 시장에 내놓았지만 유효수요가 부족했기 때문에 제품을 사는 사람이 크게 줄었다. 기업들은 다시 가격 인하 경쟁을 펼쳤고, 경쟁에서 버티지 못한 기업들은 문을 닫았다. 그러자 수많은 실업자가 쏟아져 미국 경제는 침체 국면으로 빠져들었다. 은행에 돈을 맡긴 고객들이 불안감을 이기지 못해 대규모 예금 인출 사태, 즉 뱅크런bank run에 나서면서 은행도 파산했다. 뱅크런은 경제 상황이 나빠져 금융시장에 위기감이 커지면서 예금을 찾지 못할 수도 있다는 두려움 때문에 고객들이 앞 다퉈 은행에서 돈을 찾는 상황이다.

공급과잉과 가격 인하 경쟁이 낳은 기업 도산, 대거 양산된 실업자, 경기 침체, 뱅크런 등이 복합적으로 이어져 1929년 10월 뉴욕 증권거래소 주가 대폭락과 그해 세계 증시 폭락 사태가 발생한 것이다. 1929년에 시작해 1933년 절정에 이른 대공황은 미국 경제를 벼랑 끝으로 내몰았다. 1933년 당시 미국 근로자의 약 25퍼센트에 달하는 1,500만 명 이상이 실업자로 전락했다. 당시 미국 인구(약 5,000만 명)의 약 3분의 1에 해당하는 숫자다.

미국발 대공황이 일파만파로 퍼지자 세계 경제가 휘청거렸다. 전 세계 교역량이 기존 교역량에 비해 3분의 1로 크게 줄었기 때문이다. 세계 경제는 수요 부진에 따른 생산 감소와 실업, 이에 따른 디플레이션의 늪으로 빠져들었다. 세계 경제가 침체하여 교역량이 60퍼센트 이상 감소하자 각국은 자국 경제를 먼저 챙기는 보호주의 성향을 드러냈다.

설상가상으로 배타적 민족주의와 전체주의가 고개를 들기 시작했다. 대표적인 나라가 독일이었다. 독일에서는 아돌프 히틀러가 이끈 극단적인 민족주의 세력 나치가 악마의 뿔을 드러냈다.

케인스 경제학에 눈뜨다

세계 경제 1등 국가로 발돋움하려던 미국이 대공황으로 침몰하는 모습을 바라본 새뮤얼슨은 기업보다 정부 역할을 더 중요시하는 이른바 '케인지언Keynesian'에 눈을 떴다. 케인지언은 케인스 경제학파를 줄여 부르는 용어다.

대공황과 미국 등 주요 국가의 대규모 실업을 지켜본 케인스는 당시 세계를 풍미한 고전경제학파에 의문을 제기했다. 고전경제학파는 실업자가 생기는 원인은 노동시장이 완전 기능하는 데 장애가 되는 요인이 있기 때문이며, 이러한 장애물을 없애면 경제의 자율 조절 메커니즘을 통해 실업자가 줄어들 것이라고 주장했다. 즉, 자유시장경제를 움직이는 '보이지 않는 손'의 중요성을 강조했다. 보이지 않는 손은 결국 시장의 가격 메커니즘을 뜻한다. 그러나 미국에서 공급과잉에 따른 대공황이 발생하면서 고전경제학파가 강조하는 자유방임주의 이론이 한계의 벽에 부딪혔다. 케인스는 이렇게 주장했다.

자유방임주의는 완전고용을 일궈내지 못한다. 정부가 경제에 적극 개입해 유효수요를 만들어야 한다.

미국 32대 대통령 프랭클린 D. 루스벨트가 대공황을 극복하기 위해 1932년 선포한 뉴딜 정책도 케인지언 정책 중 하나다. 1933년부터 1939년까지 이어진 뉴딜은 대규모 공공사업, 금융 개혁 등을 골자로 한다. 경제학자들은 뉴딜을 흔히 '3R'이라고 부른다. 세 가지 목표가 영문 R로 시작하기 때문이다. 우리말로 풀면 다음과 같다.

* 실업자와 빈곤층을 구제한다(relief).
* 경제를 정상 수준으로 회복한다(recovery).
* 대공황과 같은 경제공황이 되풀이되지 않도록 금융 시스템을 개혁한다(reform).

'카페테리아 케인지언'의 경제이론

앞서 설명한 것처럼 새뮤얼슨은 자유방임주의를 강조하는 민물경제학파의 전당 시카고 대학교에서 공부했다. 그가 시카고 대학교 교수들의 반대에도 불구하고 '큰 정부' 역할의 중요성을 강조하는 짠물경제학파의 한 축인 하버드 대학교로 발길을 돌린 이유는 대공황을 체험하면서 기업 역할의 한계를 목격했기 때문이라는 분석도 있다.

그렇다고 새뮤얼슨이 모든 경제 현안을 '큰 정부'가 해결할 수 있다는 케인스 경제학에 몰입한 것은 아니다. 그는 자유방임주의에 무게중심을 둔 고전경제학파에 케인스 경제이론을 접목하여 경제관을 수립했다. 즉, 기업의 자유로운 경제활동을 지지하면서 완전고용과 불황 타개를 위해 국가가 경제활동에 개입하고 돈을 더 많이 투입하는(공공지출을 확대하는) 정책을 강조했다. 고전경제학파가 강조하는 시장 기능과 정부의 개입을 결합한 '신고전경제학파(혹은 신케인스학파) 종합 이론'이었다.

> 완전고용을 일궈내려면 정부가 어느 정도 개입해야 한다(케인스학파). 그러나 완전고용 상태가 되면 수요와 공급으로 작동하는 시장 메커니즘에 맡겨 경제가 자율적으로 돌아가도록 해야 한다(고전경제학파).

일반적으로 완전고용은 일할 수 있는 능력과 일하려는 의지를 지닌 사람이 취업을 희망하면 고용될 수 있는 상태를 뜻한다. 경제학에서는 실업자 비율이 3~4퍼센트면 완전고용 상태라고 한다.

234

새뮤얼슨이 케인스 이론과 자유방임주의라는 상반된 경제이론을 묶어 자신만의 경제관을 형성한 배경에는 대공황을 뼈저리게 체험한 젊은 시절의 경험과 시카고학파의 본당인 시카고 대학교의 영향이 있다. 대공황(과 제1차 세계대전을 겪은) 트라우마 때문에 정부 개입의 필요성과 자유방임주의의 장점을 결합한 셈이다. 즉, 새뮤얼슨은 기업의 자유로운 경제활동을 인정하지만 국가도 경제활동에 개입해 완전고용을 이룩하고 불황을 타개해야 한다는 '혼합경제'를 강조했다.

이처럼 케인스 이론을 강조하면서 시장경제체제를 역설한 새뮤얼슨을 흔히 '카페테리아 케인지언'이라고 한다. 카페테리아 케인지언은 '카페테리아 가톨릭 신자'가 변형된 표현이다. 카페테리아 가톨릭 신자는 낙태, 피임, 동성애, 혼전 성관계 등을 금지하는 교리를 따르지 않는 이른바 '무늬만 가톨릭 신자'를 뜻한다. 카페테리아 케인지언은 케인스 이론을 주장하지만 동시에 시장경제도 중요하다고 목소리를 높이는 새뮤얼슨의 경제이론을 가리킨다. 그러나 그의 경제이론을 폄훼할 수는 없다. 그는 경제성장, 후생경제학, 재정 이론, 소비자 이론 등 경제학의 모든 분야에 관해 600편 이상의 논문을 쓴 '경제학의 거두'다.

'케인지언'과 보이지 않는 손의 균형

가속도 원리(출처: economicshelp.org)

새뮤얼슨은 카페테리아 케인지언이라는 별명에 걸맞게 케인스 경제정책과 시장 메커니즘이라는 양극단을 절묘하게 오가는 '승수 이론'과 '가속도원리' 등의 이론을 내놓았다.

두 이론은 새뮤얼슨과 앨빈 하비 한센Alvin Harvey Hansen 하버드 대학교 경제학과 교수가 정리해서 흔히 '한센-새뮤얼슨 경제모델'이라고 불린다. 참고로 앨빈 한센 교수는 미국에서 사회보장제도가 탄생하는 데 크게 기여한 인물로 '미국판 케인스'로 불린다. 미국 사회보장제도가 미국인들에게 제공하는 복지는 정부가 관리한다.

승수 이론이란 무엇일까. 수학에서 말하는 승수는 어떤 수에 곱하는 수를 뜻한다. 예를 들면 5×10에서 10이 승수다. 경제학 관점에서 볼 때 승수 이론은 정부가 지출을 늘리면 지출한 돈보다 더 많은 수요를 창출해 경제에 긍정적 영향을 준다는 주장이다. 정부의 시장 개입을 강조한 이 이론은 케인스 경제학이 주장하는 큰 정부 이론과 일맥상통한다. 더 쉬운 예를 들어보자.

정부는 A 기업으로부터 100억 원어치의 제품을 구입하기로 결정했다. 정부가 제품을 구입하자 A 기업은 돈을 벌어 이윤이 늘어났고, A의 사장은 신규 고용을 늘리기로 결정했다. 정부의 도움을 받은 A 기업은 100억 원을 사업에 재투자해 300억 원을 벌었다. 신이 난 A의 사장은 종업원 임금을 올려줬다. 그뿐만이 아니었다. 회사 매출이 늘고 종업원의 근로 의욕이 불타오르면서 A 기업의 주가도 크게 올라 주주들이 휘파람을 불었다. 임금이 상승한 A 기업 임직원들은 여유 자금으로 한국그룹에서 만든 각종 가전제품을 구입하기로 했다.

이 예를 정리하면 정부가 A 기업 제품을 구입함으로써 처음 지출한 금액 100억 원보다 더 많은 긍정적인 경제효과(더 많은 수요를 창출)를 얻었기 때문에 승수효과라고 부른다. 100억 원보다 더 많은 긍정적인 효과는 300억 원에 이르는 재투자와 종업원 임금 상승, 회사 매출 증가와 회사 주가 상승, 다른 기업 제품 구매 등이다.

그렇다면 가속도원리는 무엇일까. 소비재 수요가 늘어나면 증가한 수요가 다른 수요와 투자를 늘려 결국 경기가 급속히 좋아진다는 원리다. 이 이론의 골자는 개인소득이 늘어나면 소비재 수요도 늘어나고 기업들이 신규 투자를 늘리는 현상으로 이어지므로 처음 늘어난 소득보다 몇 배가 넘는 투자 증가 효과를 유발한다는 내용이다. 일반적으로 소득이 늘어 소비재에 대한 수요가 증가하면 기업은 기존 공장 설비로 수요 증가분을 만들기가 어려워진다. 이에 따라 설비(공장 시설)에 투자하거나 최신 생산 설비를 사들이는 등 신규 투자에 계속 나설 수밖에 없다. 한마디로 정리하면 개인소득이 늘어나면 투자도 증가한다는 것이다. 자동차의 엑셀러레이터를 밟으면 자동차 속도가 빨라지듯, 소비 증가는 또 다른 수요와 투자를 크게 늘린다. 가속도원리는 미국 경제학자 토머스 닉슨 카버Thomas Nixon Carver와 유대계 프랑스 경제학자 알베르 아브라 아프탈리옹Albert Abram Aftalion이 처음 제시했다.

이 밖에 새뮤얼슨의 경제이론 중 하나인 '현시선호 이론'도 주목할 필요가 있다. 현시선호 이론은 '좋아하는 것(선호)을 나타내 보이는(현시) 이론'이라는 뜻이다. 즉, 소비자의 한계효용 극대화를 말한다. 한계효용 극대화는 소비자 개개인의 선택(소비 행위)이 각자에게 최적의 효용(만족)을 제공한다는 내용이다. 행동경제학(여기에서는 소비자 행동경제학이 더 정확한 표현) 이론의 일종인 현시선호 이론에 따르면 시장에서 드러난 소비자의 행동을 토대로 소비자의 선호를 알아낼 수 있다. 현시선호 이론 옹호론자들은 '소비자의 말이 아니라 행동을 보면 무엇을 원하는지 알 수 있다'는 말을 강조한다. 즉, 소비자가 말로 드러내는 선호도가 아니라 실제 시장에서 하는 행동(제품 구매)을 조사해야 소비자가 무엇을 좋아하는지를 정확히 파악할 수 있다는 의미다.

15

통화주의와 신자유주의
밀턴 프리드먼

1912~2006

MILTON
FRIEDMAN

밀턴 프리드먼Milton Friedman(1912~2006)은 1912년 미국 북동부 뉴욕주 뉴욕시에서 태어났다. 그의 아버지 제노 사울 프리드먼 Jenő Saul Friedman과 어머니 사라 에설Sara Ethel은 유대인이다. 오스트리아-헝가리 제국 카르파티아 루테니아에 있는 베레호베에 살던 이들은 유대인이 박해받기 시작하자 미국으로 이민 왔다. 베레호베는 현재 우크라이나 서부에 위치한다.

미국에 도착한 프리드먼의 부모는 경제 사정이 넉넉하지 않아 직물제품상 등의 일을 했다. 이들은 프리드먼이 태어나자 뉴저지주 동북부 도시 로웨이로 이사 갔다. 어린 시절을 낙후한 로웨이에서 보낸 프리드먼은 로웨이 고등학교를 졸업한 후 뉴저지주에 있는 럿거스 대학교에 입학했다. 수학과 경제학을 복수전공한 그는 대학교에 다니던 시절 자신의 경제관에 가장 큰 영향을 미친 스승으로 두 명을 꼽았다. 아서 프랭크 번스Arthur Frank Burns 교수와 호머 존스Homer Jones 교수다. 프리드먼은 두 교수의 영향을 받아 경제학자의 길을 걷게 되었다고 술회했다.

특히 번스 교수는 프리드먼에게 신고전경제학과 앨프리드 마셜의 저서 《경제학 원리》를 추천했다(〈11. 수요와 공급: 앨프리드

아서 프랭크 번스

마셜〉참고). 번스 교수의 영향 때문인지 프리드먼은 마셜의 어록
을 자주 인용했다.

(경제학은) 구체적인 진실을 찾기 위한 엔진이다.

프리드먼은 경제학을 공부하는 목적은 단순히 (경제학 이론에
포함된) 수학적 게임을 하는 것이 아니라 현실이 어떻게 돌아가는
지를 이해하는 것이라고 주장했다. 번스 교수가 럿거스 대학교에
재학 중인 프리드먼에게 현대 경제학 이론이 미국 대공황에 종지

부를 찍는 데 도움이 될 것이라고 역설한 점은 주목할 만한 대목이다. 당시 경제학계를 장악한 케인스 경제학에 일침을 가한 주장이었다.

프리드먼에게는 재미있는 일화가 있다. 그는 학창 시절 보험계리사 시험에 응시했다. 보험계리사는 보험회사에서 보험수리 업무를 담당한다. 보험수리는 보험회사의 전반적인 위험 요인을 분석하고 진단하며 보험 상품 개발에 따른 인허가 업무를 진행하고 보험료 등을 산출하는 일이다. 대학교에서 수학과 경제학을 전공해 보험계리사 직종에 필요한 고도의 수학적·통계적 능력을 갖췄다고 생각한 프리드먼은 득의양양하게 시험을 봤지만 낙방했다. 낙심한 그는 경제학자가 되기로 결심하고 시카고 대학교에서 경제학 석사, 컬럼비아 대학교에서 경제학 박사 학위를 받았다. 경제학계 입장에서는 프리드먼이 보험계리사가 되지 못한 점이 오히려 고마울 따름이다. 그 덕분에 프리드먼은 현대 경제학에 혁혁하게 기여하고 1976년 노벨경제학상까지 거머쥐었기 때문이다.

케인스 경제학에 반기를 들다

1929년 10월 세계 경제를 벼랑 끝으로 내몬 대공황이 불어닥칠 때까지 세계 경제학계는 애덤 스미스가 외친 보이지 않는 손을 신봉했다. 그러나 대공황이 일어나자 사람들은 보이지 않는 손이 경제를 더 효율적으로 조정하지 못한다고 여겼다. 이 시기에 등장한 영국 경제학자 존 메이너드 케인스는 1936년 출간한 저서 《고용, 이자, 화폐 일반이론The General Theory of Employment, Interest and Money》에서 새로운 주장을 내세웠다.

> 대공황에 따른 대규모 실업을 해결하고 경제 회생을 일궈내려면 시장이 아닌 정부가 앞장서야 한다.

대공황을 극복하고 완전고용을 달성하려면 유효수요를 늘려야 하며 이를 위해 정부가 지출해야 한다는 주장이다. 유효수요는 소비와 투자를 뜻한다.

케인스는 경기가 극도로 침체한 상황에서 보이지 않는 손이 문제를 해결해줄 것이라고 믿고 정부가 필요한 조치를 하지 않는 것은 잘못된 판단이며, 정부가 지출이나 화폐 공급을 늘려 (이를 통해 인플레이션을 유도해) 경제를 되살려야 한다고 강조했다. 케인스의 의견은 설득력을 얻었고, 미국은 제32대 루스벨트 대통령 임기(1933~1945) 중인 1933~1939년 각종 인프라 사업, 금융 개혁 등을 통해 정부가 돈을 뿌리는 대규모 재정투자 정책인 뉴딜을 펼쳤다. 뉴딜은 결국 효력을 발휘했다. 뉴딜이 대성공을 거두며 케인스 경제학은 1950년대와 1960년대에 전성기를 맞았다. 정부가 시장에 개입하는 것이 정당하다는 논리가 대세로 자리 잡았다.

프리드먼은 바로 이러한 케인스의 정부 개입주의에 반기를 들었다. 그는 1960~1970년대 기승을 부린 스태그플레이션을 지적하며 케인스의 적극적인 재정 정책을 비판하기 시작했다. 스태그플레이션은 스태그네이션과 인플레이션의 합성어다. 일반적으로 경기가 침체하면 물가도 떨어지기 마련이다. 스태그플레이션은 경제가 불황인 가운데 물가가 오르는 상황을 말한다.

경기가 침체했는데 물가가 오르면 일반 서민의 경제적 어려움은 더욱 커진다. 경제학 이론에 따르면 스태그플레이션은 해법이 마땅치 않다. 물가가 오르는 것을 막기 위해 우선 생각할 수 있는 방법이 긴축적인 통화정책(시중 통화 유통량을 줄이는 방식)이다. 긴축 통화정책은 시중에 풀려 있는 돈의 유통량을 줄이기 위해 주로 금리를 올려 돈이 은행으로 가도록 유도하는 방식이다. 문제는 이 해법이 시중 통화량을 줄여 물가상승을 어느 정도 막을 수 있지만 경제성장의 발목을 잡는다는 점이다.

한편 경기를 살리기 위해(경기부양책) 재정을 풀면(시중에 돈을 더 풀면) 이미 높아질 만큼 높아진 물가가 더 오를 수 있다. 이처럼 스태그플레이션은 해결이 쉽지 않은 과제다. 케인스 경제학은 대공황 해법으로 등장한 후 한때 절대적인 신뢰를 받았지만 스태그플레이션이 역습하자 힘을 잃었다.

샤워실의 바보와 통화준칙주의

케인스 경제학의 허점을 파악한 프리드먼은 공세를 이어갔다. 미국을 엄습한 스태그플레이션의 어두운 그림자를 지적한 그는 케인스가 주장한 재정 정책도 도마 위에 올렸다. 그는 화폐 공급량의 변동률을 일정 범위 내로 억제해야 한다는 경제관을 줄곧 강조했다. 또한 1962년에 발간한 저서 《자본주의와 자유Capitalism and Freedom》에서 자본주의 체제가 지닌 시장의 불안정성 등 문제점이 대공황을 초래했다는 케인스의 주장을 반박했다. 그는 시장이 아니라 미국 금융통화정책을 좌지우지하는 중앙은행 연방준비제도 FED가 통화 긴축(금리를 올려 시중 통화량을 흡수)을 실시해 대공황이 일어났다고 주장했다.

프리드먼은 이와 관련해 '샤워실의 바보'라는 이론을 선보였다. 샤워할 때 따뜻한 물이 나오도록 수도꼭지를 온수 쪽으로 틀면 뜨거운 물이 갑자기 머리 위로 쏟아지는 경우가 있다. 깜짝 놀라 수도꼭지를 찬물 쪽으로 돌리면 이번에는 냉수가 퍼붓는다. 샤워실의 바보는 경기과열(뜨거운 물)이나 경기 침체(차가운 물)에 정부가 섣부르게 대응하면 경제 회복은커녕 오히려 부작용을 초래할 수 있다는 교훈적 이론이다.

경제정책 방향을 바꾸기 위해서는 모든 것을 한 번에 하기보다 속도를 조절해야 한다. 중앙은행이나 정부가 경기순환에 따른 침체나 경기과열에 너무 민감하게 반응해 재정 정책(돈 흐름에 따른 시장 개입)을 성급하게 시행하면 샤워실의 바보가 되는 것이나 다름없다.

프리드먼은 대표적인 통화주의자다. 통화주의는 경제에서 통화(화폐)의 중요성을 강조하고 정부의 경제 운용에서 통화정책이 가장 중요하다고 여긴다. 프리드먼은 경제가 시장이 아닌 정부 재정 정책에 좌지우지되지 않도록 통화정책과 관련해 엄격한 준칙이 있어야 한다고 강조했다. 이를 'K퍼센트 룰'이라고 부른다. K는 변수variables를 뜻한다. K퍼센트 룰은 경제성장률, 물가상승률을 감안해 일정한 기준에 따라 통화 공급량을 결정해야 한다는 이론이다. 설령 경기가 심각하게 침체해도 중앙은행은 본원통화(중앙은행이 공급하는 현금통화)를 그해 K변수(경제성장률[국내총생산 성장률과 물가상승률])에 맞춰 확대해야 한다는 뜻이다. 즉, 경기 침체 국면에서 돈을 지나치게 많이 공급하면 안 된다. 프리드먼은 또 통화

통화주의자와 케인지언의 차이점

구분	통화주의자	케인지언
정부 역할	정부 개입은 정부 실패로 이어진다.	정부 개입은 시장 실패를 예방한다.
재정 정책	재정 지출은 경제 활성화를 이끌지 않는다.	정부가 지출을 늘리면 경기회복에 도움이 된다.
통화정책	준칙에 따라 통화를 적절하게 공급한다.	통화량을 늘려도 투자 증가는 어렵다.
대공황의 원인	통화 공급량 부족	유효수요 부족

공급량 방침을 원칙으로 정해 지켜나갈 것을 주문했다. 이를 'K준칙' 혹은 '통화준칙주의'라고 칭한다.

프리드먼에 따르면 통화 공급량을 정해놓고 나머지는 기업 등 민간 부문에 맡기면 인플레이션이나 대불황과 같은 경제적 현상에 대처할 수 있다. 그의 통화준칙주의에 영향을 받은 통화주의자들은 완만한 통화량 증가를 경제 안정의 제1 덕목으로 삼고 있다.

유동성 함정과 헬리콥터 머니

통화주의자 프리드먼의 경제이론을 좀 더 살펴보자. 대공황은 시장 실패가 아니라 중앙은행의 그릇된 정책(통화 긴축) 때문에 일어났다고 주장한 그는 경기 침체를 해결하는 수단으로 중앙은행이 직접 나서는 방안을 제안해 눈길을 끌었다. 이른바 '헬리콥터 머니'다. 헬리콥터 머니는 프리드먼이 1969년 저서《최적통화량The Optimum Quantity of Money》에서 언급한 용어다. 그는 최적통화량을 다음과 같이 설명했다.

> 어느 날 헬리콥터가 한 마을 상공에서 1,000달러에 달하는 지폐를 뿌린다고 가정해보자. (이를 본) 마을 사람들이 앞다퉈 돈을 주울 것이다. (돈을 얻은) 마을 사람들은 이런 일이 다시는 되풀이되지 않는 독특한 행사라고 확신할 것이다.

프리드먼은 경기 침체가 극심해지면 헬리콥터가 하늘에서 돈을 뿌리듯이 중앙은행이 돈을 뿌려 통화량을 늘리는 방법을 동원할 수 있다고 설명했다. 이 주장은 케인스가 대공황을 해결하는 방법으로 내놓은 '정부 개입'을 정면으로 부정한 것이다. 프리드먼은 중앙은행이 시중에 돈을 대거 뿌려(통화량을 늘려) 인플레이션을 유도해 경기 침체를 해소하는 데 중점을 두었다. 그러나 헬리콥터 머니가 경기 침체를 해결하는 만병통치약은 아니다. 중앙은행이 헬리콥터 머니를 통해 발권력(돈을 찍어낼 수 있는 능력)을 남용하는 것은 그가 주장한 통화준칙주의와 어긋나기 때문이다. 또한 시중에 돈을 지나치게 뿌리면(공급하면) 오히려 인플레이션을 유발하는 역효과를 낼 수 있다는 이론적 위험성도 있다.

프리드먼이 헬리콥터 머니를 주장한 근본적인 취지는 경기 침체를 정부가 아닌 시장이 해결하도록 해야 한다는 점이다. 헬리콥터 머니를 허무맹랑한 이론이라고 치부할 수는 없다. 경제학 이론 중 '유동성 함정liquidity trap'이 있다. 이자율이 0에 가깝게 낮아져도 경제가 경기 침체에 머물러 있는 때를 뜻한다. 유동성 함정은 시중에 돈(유동성)이 돌지 않는 '돈맥경화' 현상이다. 사람 피가 몸속에서 제대로 돌지 않는 동맥경화에 빗대어 돈이 시중에 돌지 않는 현상을 돈맥경화라고 한다. 유동성 함정은 독특한 경제 현상이다.

경제학 이론에 따르면 경기가 침체 국면일 때 중앙은행이 경기를 되살리기 위해 이자율을 0퍼센트 가까이 내리면 투자 심리가 되살아나 투자가 늘어난다. 그런데 유동성 함정 상황에서는 투자

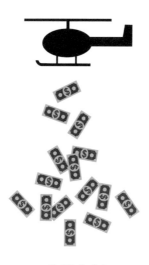

헬리콥터 머니

가 눈에 띄지 않고 오히려 현금만 선호하는 현상이 빚어진다. 중앙은행 입장에서도 난처하기 이를 데 없다. 중앙은행이 금리를 내리는 이유는 저축을 줄여 소비를 늘리고 기업도 투자 활동을 하도록 독려하기 위해서다. 그런데 돈이 돌지 않고 경제가 디플레이션(돈이 돌지 않아 물가가 하락하고 경제도 침체 국면에 처한 상황)의 늪에서 빠져나오지 못한다. 이때 꺼낼 수 있는 카드가 헬리콥터 머니다. 프리드먼도 유동성 함정에서 빠져나올 수 있는 방법으로 헬리콥터 머니 또는 현금 선물을 주장했다. 소비를 살리고 투자를 늘릴 수 있는 방법이기 때문이다.

소비함수 이론-공짜 점심은 없다

프리드먼은 역작 가운데 하나인 《소비함수 이론A Theory of the Consumption Function》으로 가계소득에 대한 케인스 경제학 이론에 역공을 펼쳤다. 소비함수는 소비와 그것을 결정하는 요인과의 관계를 말한다. 경제학에서 소비는 매우 중요한 요인이다. 소비가 인간의 기본적인 욕망을 해소하는 대표적인 경제활동임은 누구도 부인할 수 없기 때문이다. 거의 모든 국가에서 소비(소비 지출)는 국내총생산에서 가장 큰 비중을 차지한다. 한국의 경우 2018년 말 기준으로 국내총생산에서 소비가 차지하는 비중은 약 65퍼센트에 이른다.

소비 등 경제활동에 대한 프리드먼의 관점은 애덤 스미스, 토머스 맬서스, 데이비드 리카도로 이어지는 고전경제학파와 맥을 같이한다. 고전경제학파는 인간의 이기심이 경제행위의 요인이라고 규정했다. 신고전경제학파 프리드먼은 인간은 최대한의 효용(욕망을 만족시킬 수 있는 재화의 효능)을 소비활동의 목적으로 삼아 치밀하게 계산하고 행동한다고 믿었다. 이러한 경제관을 토대로 프리드먼은 케인스학파 이론에 맹공을 가했다.

케인스는 이른바 '정부 지출 승수효과'라는 이론을 내놨다. 정부가 지출을 늘리면 지출한 금액에 비해 훨씬 많은 수요가 창출된다는 내용이다. 정부가 지출을 통해 재화를 구입하면 고용 창출과 이윤이 발생하고 근로자 소득도 늘어나 소비도 커진다는 내용

경제학 변천사

고전경제학파	* 산업혁명의 영향으로 고전경제학파 탄생 * 애덤 스미스가 경제학을 체계화해 경제학의 아버지로 불림. * 시장 개입을 최소화하는 작은 정부 지지 * 시장에 맡기고 개인이 자유롭게 경제활동을 하도록 독려
케인스주의	* 대공황의 여파로 케인스학파 등장 * 시장 자유방임을 외쳐온 고전경제학파 추락 * 시장에 모든 것을 맡기지 않고 공공과 민간 부문이 손잡는 혼합경제 모델 강조 * 불황기에 정부가 지출을 늘리면 소비와 투자가 되살아나 경제가 회복된다고 주장함. * 제1차 세계대전 이후 세계적 공황을 겪은 많은 나라에 경제 회복의 이론적 기초를 제공함.
신고전경제파	* 애덤 스미스의 보이지 않는 손과 정부의 개입 모두 수용 * 시장을 자율에 맡겨 가격 메커니즘을 통해 생산과 소비가 조화 이루고 경제도 성장 * 시장 개입을 최소화하는 작은 정부 옹호 * 1980년대 석유파동에 따른 경제불황에 입지를 굳힘.
신자유주의	* 2000년대 글로벌 호황기를 맞아 힘을 얻음. * 정부의 시장 개입을 비판하고 시장 기능과 민간의 자유로운 활동 강조 * 시카고학파를 중심으로 레이거노믹스 경제이론의 주춧돌이 됨. * 자유시장과 규제 완화, 자유무역, 국제 분업 중시 * 세계화와 자유화의 이론적 토대를 제공함.

통화주의와 신자유주의 • 밀턴 프리드먼

이다. 케인스는 다음과 같이 설명했다.

$$Y(총수요) = C(소비) + I(투자) + G(정부 지출)$$

프리드먼은 가계가 소득이 늘어나면 소비도 늘린다는 케인스 이론을 반박했다. 젊은 시절 국민소득 통계에 관한 일을 한 적이 있는 그는 이른바 '영구소득가설'을 제시했다. 소득을 영구소득(항상소득)과 일시소득으로 나누고, 영구소득은 영구적으로 발생하는 소득이며 일시소득은 말 그대로 일시적으로 발생한 소득이라고 설명했다. 그는 또 가계는 영구소득을 중요하게 여기고 그 소득에 따라 소비에 나서지만 일시소득에는 별다르게 반응하지 않는다고 지적했다. 즉, 가계는 예상치 못한 일시소득이 생기면 이 돈을 당장 쓰지 않고 보유하려는 성향이 크므로 소비와 투자 활동이 이어지지 않는다는 얘기다.

'세상에 공짜 점심은 없다'고 강조한 프리드먼의 주장처럼 무엇을 얻기 위해서는 그에 따른 비용이나 대가를 치러야 한다. 시장 기능을 경시하고 정부가 시장에 개입하면 그에 따른 비용을 반드시 내게 된다는 얘기다.

16

정부의 시장 개입

존 메이너드 케인스

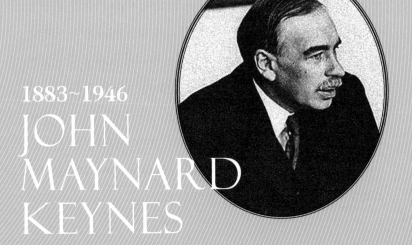

1883~1946

JOHN
MAYNARD
KEYNES

존 메이너드 케인스John Maynard Keynes(1883~1946)는 1883년 영국 잉글랜드 동부에 있는 케임브리지셔주 주도 케임브리지에서 태어났다. 중상층 집안에서 태어난 그는 어린 시절 비교적 유복하게 생활했다. 그의 아버지 존 네빌 케인스John Neville Keynes는 경제학자로 케임브리지 대학교에서 윤리학을 강의한 대학 강사였다. 존 네빌 케인스는 이후 케임브리지 대학교 소속 킹스 칼리지 학생처장으로 일했다. 어머니 플로렌스 에이다 케인스Florence Ada Keynes는 킹스 칼리지 수학과 출신의 사회 개혁가였다.

케인스는 1897년 이튼 스쿨에 장학금을 받고 입학했다. 그는 수학, 서양 고전학, 역사학에 관심이 많았다. 이튼 스쿨을 졸업한 후에는 킹스 칼리지에서 장학금을 받고 수학을 전공했다. 어머니의 대학교 후배가 된 셈이다. 당시 킹스 칼리지 교수였던 신고전 경제학파 창시자 앨프리드 마셜은 케인스의 재능을 높이 평가하고 경제학자의 길을 걷도록 권유했다. 그러나 케인스는 전공인 수학과 철학에 관심을 두고 있었다. 특히 그는 《윤리학 원리Principia Ethica》로 유명한 조지 에드워드 무어George Edward Moore 케임브리지 대학교 철학 교수의 강의에 큰 영향을 받았다.

철학과 수학에 빠진 학창 시절

케인스는 1904년 케임브리지 대학교 수학과를 1등으로 졸업할 만큼 수학에 탁월한 능력을 보였다. 재미있는 점은 그가 학창 시절 철학과 수학에 관심이 많았고 경제학 수업은 대학원 때 한 학기 수강한 것이 전부였다는 점이다. 대학원에서 경제학 수업을 한 학기만 듣고 세계 경제사에 한 획을 긋는 경제이론을 제시한 점은 아이러니한 일이다.

어릴 때부터 대인관계가 좋았던 그는 학창 시절 각종 클럽에 가입해 자유분방한 성향을 드러냈다. 특히 대학교에서 비밀스러운 단체 '케임브리지 사도회'에 가입해 특정 주제를 놓고 열띠게 토론하는 클럽 활동을 했다. 경제학자 해리 고든 존슨Harry Gordon Johnson은 그의 이러한 모습을 이렇게 진단했다.

케인스의 낙관주의적 성향은 그의 유년 시절에서 비롯됐다.

케인스는 어릴 때부터 자신이 관심을 보이는 모든 문제에 해법이 있다고 자신했다. 그는 또 공무원들이 좋은 일을 한다며 무한한 신뢰를 보냈다. 일각에서는 케인스가 공무원 조직을 신뢰한 이유는 그가 대학교 졸업 후 한때 영국 정부 산하 인도청에서 공무원으로 일했기 때문이라고 풀이한다. 당시 케인스는 인도청에서 인도를 비롯해 방글라데시, 버마(현재 미얀마), 파키스탄 등 남아시아에 관한 업무를 총괄했다.

케인스의 낙관주의는 크게 두 가지 측면으로 해석할 수 있다. 경제역사학자 겸 전기작가 로버트 스키델스키Robert Skidelsky에 따르면 케인스가 태어난 1883년은 대영제국이 전 세계에 위용을 떨치던 시절이다. '해가 지지 않고' 세계를 상대로 무역을 하며 식민지를 건설한 영국에서는 마음만 먹으면 무엇이든 할 수 있다는 자신감이 팽배했다. 특히 케인스는 대영제국의 영향력이 절정이었던 시절에 태어난 마지막 세대였다. 또한 경륜보다는 문화에 더 비중을 두는 게 당연하다고 여긴 세대이기도 하다.

스키델스키는 지식 계층이 다양한 지식을 일반인에게 제공해야 한다는 도덕적 의무감이 19세기부터 제1차 세계대전이 끝날 때까지 영국을 지배했다고 설명했다. 당시 영국 지식 계층이 서민 계층과 지식의 괴리를 메우는 역할을 적극적으로 했다는 얘기다. 케인스도 지식 계층이 하위 계층을 더 끌어안는 포용력을 지녀야 한다고 강조했다. 그 역시 계층 간 괴리를 좁혀야 한다는 인생관을 지니고 있었다.

충격적인 독일의 하이퍼인플레이션

1919년 6월 28일 프랑스 베르사유궁전에서 제1차 세계대전이 끝났다고 선언하는 베르사유조약이 체결됐다. 독일 동맹국 오스트리아가 1914년 7월 28일 세르비아에 선전포고하여 시작된 제1차 세계대전은 1918년 11월 11일 독일이 무릎을 꿇으면서 막을 내렸다. 이에 따라 독일·오스트리아 동맹국은 영국·프랑스·러시아 등의 연합국에 항복 문서를 건넸다. 이 조약으로 독일은 알자스로렌을 프랑스에 반환했다. 프랑스와 독일 사이에 자리 잡은 알자스로렌은 1871년 독일제국이 병합했다가 1918년 프랑스가 다시 차지하는 등 역사적으로 두 나라 사이에서 끊임없는 영토 분쟁을 겪은 지역이다. 베르사유조약에 따르면 독일은 제1차 세계대전을 일으킨 책임을 지고 연합국에 손해배상을 해야 했다. 연합국이 독일에 요구한 전쟁 배상금은 당시 금액으로 1,320억 골드마르크Gold Mark였다.

당시 독일은 금본위제도를 시행했다. 금본위제도는 화폐단위 가치와 금의 일정량 가치가 서로 일치하도록 하는 제도다. 순금 1트로이온스(약 31그램)=391.20달러(약 43만 437원)로 통화 가치를 금의 가치와 연결했다. 이 제도는 19세기 세계 무역을 쥐락펴락했던 영국을 중심으로 실시되었다.

그렇다면 1919년 당시 1,320억 골드마르크를 독일 마르크로 바꾸면 얼마나 될까. 유로화가 등장하기 전 환율로 계산하면 2,250억 마르크다. 원화로 계산하면 약 314조 원에 달한다.

독일은 배상 금액이 너무 많다며 2년 가까이 협상을 했다. 결국 1921년 5월 배상금이 1,320억 마르크로 최종 결정되었다. 이 액수는 약 184조 원에 이른다. 당시 독일 국내총생산의 4년 치에 해당하는 돈이었다. 독일은 정부는 물론 일반 국민까지 총동원해 소·양·염소 등 가축은 물론 시멘트·강철·벽돌·목재 등 건축자재, 심지어 가구와 각종 난방 기구까지 승전국에 바쳐야 하는 처지가 되었다.

그러나 이것만으로는 배상금 문제가 해결되지 않았다. 그러자 독일 정부는 배상금을 마련하기 위해 돈을 마구 찍어냈다. 독일 중앙은행 라이히스방크Reichsbank는 시중에 골드마르크*를 대량으로 쏟아냈다. 1921년 1달러에 60골드마르크였던 환율은 연합국의 배상금 지급 요구와 골드마르크화 대량 유통 때문에 1달러당 330골드마르크까지 올라갔다. 이후 독일과 연합국의 배상금 조정 협상이 잇따라 실패하자 환율은 1달러당 8,000골드마르크까지 치솟았다. 골드마르크화가 시중에 대거 쏟아지면서 독일 골드마르크화 가치는 땅에 떨어졌다(환율은 상승). 이에 따라 독일 물가는 천정부지로 폭등했고 결국 독일 금융당국이 손을 쓸 수 없는 지경이 되었다. 1921년 12월 독일에서는 약 4마르크(약 5,600원)면 살 수 있던 식빵 가격이 1923년 10월에 무려 17억 마르크(약 2조 3,740억 원)까지 치솟는 믿을 수 없는 일이 벌어졌다.

물가가 오르면서 독일 마르크화의 가치는 바닥 모를 심연으로 빠져들었다. 마르크화 가치가 끝없이 떨어지자 독일 어린이들이 장난감이 아닌 지폐 다발을 장난감처럼 쌓으며 놀았고, 가난한

---

* 골드마르크는 1873년부터 1914년까지 사용된 독일제국의 통화다. 제1차 세계대전이 발발하며 파피어마르크로 대체되었다.

이들이 장작을 살 수 없어서 대신 지폐를 태워 불을 지폈다는 얘기가 나돌았다. 마르크화가 가득 든 바구니를 공원에 뒀다가 다시 돌아오니 돈은 그대로 있고 바구니만 없어졌다는 일화도 전해졌다. 심지어 당시 독일에서 커피 한 잔을 사면 그 커피를 다 마실 때쯤 커피 가격이 2배가 됐다는 믿거나 말거나 한 얘기까지 쏟아졌다. 모두 마르크화가 돈의 기능을 잃었음을 보여준다.

이처럼 독일인이 마르크화를 불쏘시개로 썼던 상황을 경제학에서는 하이퍼인플레이션hyper inflation이라고 한다. '과도하거나 지나치다'는 뜻을 지닌 하이퍼hyper-와 물가상승을 뜻하는 인플레이션의 합성어 하이퍼인플레이션은 물가상승이 정부 금융당국의 통제를 벗어난 상황을 말한다. 일반적으로 경제학에서 연간 물가상승률이 3퍼센트를 넘으면 인플레이션 우려가 있다고 한다. 연간 물가상승률이 200퍼센트를 넘으면 하이퍼인플레이션에 속한다. 구체적으로 설명하면 하루 물가상승률이 1퍼센트, 매달 물가상승률이 50퍼센트를 넘으면 하이퍼인플레이션이다.

렌텐마르크로 하이퍼인플레이션을 해결한 독일

당시 독일의 물가상승률은 가히 상상할 수 없을 정도였다. 이런 상황에서는 돈에 화폐가치가 없으므로 경제가 파멸로 치달을 수밖에 없다. 독일은 제1차 세계대전 이후인 1921년 6월부터

1924년 1월 사이 물가가 무려 10억 배 폭증했다. 마르크화 가치
가 걷잡을 수 없이 떨어지자 독일 정부는 1923년 이른바 렌텐마
르크Rentenmark를 발행해 사태 수습에 나섰다. 렌텐마르크는 독일
렌텐은행이 발행한 임시 통화다. 당시 독일 정부가 하이퍼인플레
이션을 막기 위해 렌텐은행을 설립해 발행한 것이다.

　렌텐은행은 치솟는 물가를 안정시키기 위해 1924년 '1조 마르
크=1렌텐마르크'로 바꾸는 이른바 디노미네이션Denomination(화폐
단위 변경)을 단행했다. 디노미네이션은 화폐가치는 그대로 유지
하면서 화폐 액면 단위를 100분의 1 혹은 1,000분의 1로 내리는
것이다. 독일의 경우에는 화폐 액면 단위를 1조 분의 1로 일치시
킨 것이다. 렌텐마르크가 시중에 유통되자 하이퍼인플레이션이
수습되기 시작했다. 이를 경제학사에서는 '렌텐마르크의 기적'이
라고 부른다. 오늘날 마르크화는 역사 속으로 사라졌고, 독일은
통화로 유로를 쓰고 있다. '렌텐마르크의 기적'은 통화 가치 안정
과 건전 재정의 중요성을 일깨워주는 사례다. 여기서 짚고 넘어갈
대목이 있다. 독일이 포함된 유럽 국가들은 현재 이른바 유로존

렌텐마르크

Eurozone(유로를 사용하는 19개국)을 만들어 유럽 통합화폐 유로Euro 를 사용하고 있다. 유로화는 1999년 1월 1일부터 지금까지 유로 존에서 통용되고 있다.

현재 독일 중앙은행 분데스방크Bundesbank의 금융정책 1순위는 당연히 물가 안정이다. 하이퍼인플레이션이라는 트라우마를 통해 배운 덕목이다. 경제학 관점에서 보면 하이퍼인플레이션은 주로 전쟁이나 혁명 등 사회가 대혼란에 빠진 상황에서 정부가 재정을 지나치게 방만하게 운용해 통화를 대규모로 공급할 때 나타난다. 여담이지만 아프리카 사회주의 국가 짐바브웨도 극심한 하이퍼인 플레이션을 겪었다. 군부가 정권을 잡아 37년간 독재정치와 부정 부패를 일삼아 화폐가치가 끝없이 떨어지는 하이퍼인플레이션의 소용돌이에 휩싸였다. 이에 따라 짐바브웨에서는 2008년 물가가 2억 퍼센트나 폭등했다. 2015년에는 미화 1달러(약 1,000원)가 3경 5,000조 짐바브웨 달러에 거래됐다. 당시 짐바브웨에서는 달 걀 세 개 가격이 무려 100조 짐바브웨 달러까지 치솟았다.

다시 앞으로 돌아가보자. 당시 영국 재무성에 근무하며 베르사 유조약 협상 과정에 참여했던 케인스는 연합국이 제시한 배상금 액수가 너무 가혹하다며 반대했다. 그는 연합국이 배상금을 지불 하라고 독일에 계속 요구하자 결국 영국 재무성에 사표를 내고 물 러났다. 패전국 독일이 거액을 배상할 재정 능력이 없다고 생각한 그는 감당할 수 없는 배상금을 요구하면 자칫 독일과 유럽 문명이 훼손되는 부작용이 생길 것이라고 경고했다. 그의 예언대로 거액의 전쟁 배상금을 내기를 거부했던 독일은 아돌프 히틀러가 등장한 후 세계를 제2차 세계대전의 소용돌이로 몰고 갔다.

모든 인플레이션이 나쁜 것은 아니다. 일반적으로 물가가 어느 정도 올라야 경제성장에 도움이 되기 때문이다. 물가가 상승하면 기업들은 물건을 더 만들려고 공장을 돌리고 인력을 더 뽑기 위해 고용에 나선다. 결국 완만한 인플레이션은 경제 발전을 가속화한다. 물론 독일의 경우 일반적인 인플레이션이 아닌 하이퍼인플레이션이라는 점이 문제였다.

인플레이션이 과도해지면 금융당국은 수요 억제 정책을 펼친다. 정부는 재정지출을 줄이고 국민 등으로부터 세금을 걷는다. 경기과열을 막기 위해 금리를 올리면 가계는 일반적으로 소비를 줄이고 기업은 투자를 줄인다. 이유는 무엇일까. 돈 빌리는 데 비용이 더 들기 때문이다. 결국 과열된 경기는 진정되고 인플레이션도 관리할 수 있는 수준에 머물게 된다.

대공황은 시장 실패 때문-정부의 시장 개입을 옹호하다

케인스의 경제이론에 가장 큰 영향을 준 요인은 미국의 대공황이다. 미국발 대공황이 세계를 뒤엎어 세계 각국에서 실업자가 쏟아져 나왔기 때문이다. 한 예로 1929년부터 1932년까지 미국 내 기업 도산이 8만 5,000건에 달했다. 또한 미국 내에서 500여곳에 달하는 은행이 문을 닫았으며 1,500만 명에 이르는 실업자가 거리로 내몰렸다. 농가 소득도 절반 이상 줄었고 제조업 소득도 반토막으로 줄어들었다. 미국 증권거래소의 시가총액은 대공황 이전 약 870억 달러(약 96조 원)에서 190억 달러(약 21조 원)로 급감했다. 무려 680억 달러(약 75조 원)가 증발한 셈이다. 대공황은 대규모 실업, 생산 위축, 디플레이션이라는 온갖 악재를 초래했다.

이에 따라 그동안 세계 경제 교과서로 여겨졌던 애덤 스미스의 자유방임주의는 사실상 간판을 내리는 신세가 됐다. 고전경제학파 이론에 따르면 실업은 노동시장의 초과 공급이 초래한 현상이다. 따라서 '노동시장 초과 공급 → 가격 하락 → 수요 증가 → 경제 균형점 회복'으로 이어져야 했다. 그러나 대공황은 이러한 기본 경제이론마저 무너뜨렸다.

케인스는 이처럼 세계 경제가 쑥대밭이 된 상황에서 슈퍼맨처럼 등장했다. 그는 1936년 저서 《고용, 이자, 화폐 일반이론The General Theory of Employment, Interest and Money》에서 일갈했다.

자유방임주의 정책으로는 완전고용을 일궈낼 수 없다. 대공황의 원인은 시장의 실패다.

경제학에서는 실업률 3~4퍼센트대를 완전고용으로 여긴다. 마음이 따뜻한 케인스는 실업자들을 구하기 위해 국가가 모든 수단을 동원해 경제를 살리는 조치를 취해야 한다고 목소리를 높였다. 또한 대공황과 이에 따른 대규모 실업을 해결하고 경제를 되살리려면 정부가 유효수요를 늘려야 한다고 강조했다.

유효수요는 소비와 투자에 대한 수요다. 즉, 실제 물건을 살 수 있는 돈을 갖고 물건을 구입하려는 욕구를 뜻한다. 수요와 관련해 경제학에서 다루는 개념 가운데 '총수요'가 있다. 총수요는 한 나라의 모든 경제 주체가 구입하는 재화와 서비스의 합계다. 생산되는 재화나 서비스를 얻으려는 수요를 모두 합친 것으로 가계 소비, 기업의 투자, 정부의 재화나 서비스 지출 등이 포함된다.

총수요 = 투자 수요 + 소비 수요

그렇다면 물가와 총수요는 어떤 관계가 있을까. 일반적으로 총수요는 물가가 높을수록 감소하고 물가가 낮을수록 증가한다. 물론 물가 외에 개인소득, 세금, 통화 공급 등도 총수요에 영향을 미친다. 소득이 늘어나면 소비도 증가하기 마련이다. 그런데 세금이 증가하면 가처분소득(개인 소비+개인 저축), 즉 개인이 즉시 쓸 수 있는 돈이 줄어 소비도 감소한다. 이와 함께 총수요가 적정 수준을 넘으면 경기가 과열되고, 지나치게 위축되면 경기는 침체한다. 정부는 공공사업을 하거나 국·공채(정부가 발행하는 채권)를 발행해 정부 지출을 늘리거나 금리를 낮춰 시중 통화량을 늘리는 등 총수요를 관리한다.

케인스와 절약의 역설

　미국발 대공황의 정확한 원인을 세계적 경제학자들에게 물어보면 대답은 십인십색이다. 케인스는 시장 실패 때문이라고 일갈했지만, 일부 학자들은 과잉생산, 주가 폭락, 통화정책 실패, 소득 불균형, 심지어 자본주의 체제의 모순 때문이라는 분석도 내놓는다. 지나친 소비가 대공황을 유발했다는 주장도 있다. 미국인들이 1920년대에 돈을 흥청망청 썼기 때문에 대공황이 일어났다는 얘기다. 즉, 번 돈을 저축하지 않고 낭비했으며, 그 결과 물가가 급등해 경제가 나락으로 떨어졌다고 강조한다. 이들은 소비를 줄이고 저축을 많이 했다면 돈이 쌓여 적절한 시점에 투자할 수 있으니 대공황이라는 재앙을 피할 수 있었을 것이라고 역설한다. 이들의 주장은 '저축해서 부자 되세요'라는 저축은행의 구호를 떠올리게 한다. 케인스는 이러한 주장에 손사래를 쳤다.

> 근검절약하며 저축하는 것도 좋지만, 더 저축하기 위해 소비를 줄이면 총수요가 줄어든다. 총수요가 감소하면 생산활동이 위축된다. 결국 국민의 호주머니(국민소득)가 가벼워지는 상황이 발생한다.

　곧 돈이 없어 저축할 수 없게 된다는 얘기다. 이 주장을 경제학에서는 '절약의 역설'이라고 부른다. 케인스는《고용, 이자, 화폐 일반이론》에서 유효수요의 한 구성 요소인 소비가 부진하면 실업 증가로 이어진다며 소비의 중요성을 강조했다. 특히 경기 침체 때는 저축이 아닌 소비 활성화를 실천해야 한다고 역설했다. 이 주장에 관한 예를 들어보자.

> 홍길동은 퇴직 후를 대비해 매월 100만 원씩 저축하고 그동안 주말마다 다니던 골프 모임에 가지 않기로 했다. 이러면 홍길동의 입장에서는 매월 100만 원을 절약하는 것이다. 그러나 골프장 입장에서는 매월 100만 원의 수입이 줄어든 것이다.

케인스의 주장처럼 한 사람의 저축이 다른 사람의 소득 감소로 이어지는 셈이다. 이는 골프장 주인의 소비 심리를 위축시켜 결국 국가 경제에도 바람직하지 않다는 얘기다. 특히 경기 침체 상황에서는 '절약의 역설' 이론이 빛을 낸다. 케인스는 '경기 침체 → 저축 증가 → 소비 위축 → 경제 전체의 총수요 감소'로 이어지는 절약의 역설을 해소하려면 제3의 경제 주체인 정부가 감세와 재정 지출을 시행해 유효수요를 창출하고 이를 통해 이른 시일 내에 경기 침체에서 벗어나야 한다고 강조했다. 이 이론은 대공황에 따른 극심한 불황으로 신음하던 여러 나라에 유효수요의 중요성을 일깨우고 정부의 적극적 개입의 정당성에 힘을 실어줬다.

시장 실패의 여섯 가지 종류

케인스는 대공황의 원인은 시장 실패 때문이라고 일갈했다. 그럼 시장 실패는 왜 일어날까. 경제학자마다 생각하는 원인이 다를 수 있지만, 신고전경제학파에 따르면 시장 실패는 자유시장에서 재화와 서비스 배분이 파레토 효율적이지 못한 상황이다. 시장이 자원을 효율적으로 배분

빌프레도 파레토

하지 못해 발생한 시장의 결함이라는 얘기다. 주목할 대목은 '효율적'이라는 표현을 '파레토 효율'이라고 한 점이다.

이탈리아 경제학자 빌프레도 파레토Vilfredo Pareto가 제안한 파레토 효율은 자원 배분 상태가 효율적인지를 나타내는 지표다. '파레토 최적'으로도 불리는 파레토 효율은 자원 배분 상태가 가장 효율적이고 최적의 상황이라는 뜻이다. 자원 배분이 '더 좋을 수 없는 최적의 상태'인 셈이다.

그렇다면 일반적으로 시장이 실패하는 원인은 무엇일까. 크게 여섯 가지로 나뉜다.

* 공공재
* 비일관적 시간 선호

* 정보의 비대칭성

* 비경쟁적인 시장

* 주인-대리인 문제

* 외부성

공공재는 모든 이가 이용할 수 있는 재화나 서비스다. 여기에는 공항, 항만, 도로, 철도 등이 포함된다. 공공재는 재화와 서비스에 돈 등 대가를 지불하지 않아도 누릴 수 있는 점이 특징이다. 이에 따라 공공재는 다른 이를 배제할 수 없는 비배제성을 지니므로 비용을 부담하지 않고 이용하는 '공짜 승객'이 나오기 마련이다. 그러므로 공공재는 시장에 맡길 수 없다.

비일관적 시간 선호는 결정을 미루다 마지막 순간에 결정한 후 원하던 결과가 나오지 않을 때를 뜻한다. 예를 들어 헬스클럽에서 파격적인 가격으로 회원을 모집할 때 가입 여부를 미루다 마지막 순간에 가입해 돈을 냈지만 바쁘다는 핑계로 헬스클럽을 거의 이용하지 못하는 경우다. 그러므로 현재에는 최적으로 보였던 행동이 미래에는 최적이 되지 못한다.

정보의 비대칭성은 시장 참여자가 가진 정보가 서로 다를 때 발생할 수 있는 상황이다. 대표적인 예가 중고차 시장이다. 자동차 상태를 잘 알지 못하는 소비자로서는 중고차 업체의 말장난과 속임수(감추어진 특성이라고 부른다) 때문에 질 나쁜 중고차를 살 가능성이 크다. (모든 중고차 업체를 믿을 수 없다는 얘기는 결코 아니다.) 이처럼 소비자가 기대한 것보다 질이 나쁜 제품을 파는 시장을 레몬 시장이라고 한다. 레몬은 표면이 노란색으로 먹음직스럽지만 한 입 베어 물면 톡 쏘는 신맛 때문에 얼굴을 찡그리게 만든다. 레몬 시장은 이처럼 겉과 속이 다른 상황을 뜻한다.

경쟁적 특성이 사라진 시장도 시장 실패를 초래한다. 경제학에 따르면 시장의 자원이 효율적으로 배분되려면 경쟁을 통해 가격이 결정되어야 한다. 그러나 시장이 독점(한 기업이 시장을 거의 모두 차지함)이거나 과점(시장을 몇몇 소수 기업이 장악), 독과점(한 회사가 시장점유율 50퍼센트 이상을 차지하고 몇몇 업체들이 나머지 50퍼센트 시장 가운데 절반 이상을 차지하는 경우) 형태로 이뤄지면 영세 업체가 경쟁에서 살아남기 힘들다. 이때는 소비자 중심으로 가격이 정해지거나 자원이 배분되기 힘들다.

주인-대리인 문제도 시장 실패의 대표적인 예다. 일반적으로 계약 관계에서 권한을 주는 이를 주인, 권한을 받는 이를 대리인이라고 부른다. 대리인은 주인으로부터 권한을 받아 주인을 위해 노력하고 이에 따른 보상을 받는다. 문제는 주인과 대리인 간에 정보의 비대칭성이 나타나거나 혹은 대리인이 자신만의 이익을 추구하는 도덕적 해이(기강 해이)가 나타날 수 있다는 것이다. 대리인이 주인에게 경제적 피해를 입힐 때를 '주인-대리인 문제' 혹은 '대리인 문제'라고 한다.

외부효과 혹은 외부경제로도 불리는 외부성은 경제 주체의 행동이 다른 경제 주체에 이익을 주거나 혹은 손해를 끼치고 이에

윌리엄 필립스

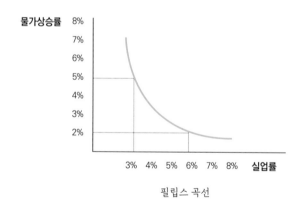

필립스 곡선

대한 대가를 주고받지 못하는 상황이다. 여기서 말하는 경제 주체의 행동은 생산활동, 소비 또는 분배 등이다. 경제 주체의 행동이 다른 경제 주체에 이득을 줄 때를 외부경제, 불이익을 줄 때를 외부불경제라고 한다. 경제학에서 외부성은 외부불경제의 폐해를 지적할 때 많이 언급된다. 대표적인 예로 기업의 도로 건설이나 공장 건설 등 인프라 확충이 하천이나 바다를 오염시키는 부작용을 낳은 현상을 꼽을 수 있다. 이 같은 시장 실패가 발생하면 결국 정부가 각종 규제 정책을 펼치는 시장 개입을 할 수밖에 없다.

필립스 곡선, 그리고 케인지노믹스의 한계

경제 현상에서 실업률과 물가의 관계는 늘 논란의 대상이 된다. 일반적으로 경제가 성장하면 실업률은 낮아진다. 경제성장에 따라 소득이 증가하기 때문에 물가도 함께 오른다. 그렇다면 실업률과 물가는 어떤 상관관계가 있을까.

뉴질랜드 출신 영국 경제학자 올번 윌리엄 하우스고 필립스Alban William Housego Phillips는 1958년 영국 경제학술지 〈이코노미카 Economica〉에 논문 하나를 발표했다. 〈1861~1957년 영국 실업과 명목임금 변화율의 관계The Relation between Unemployment and the Rate of Change of Money Wage Rates in the United Kingdom, 1861-1957〉라는 이 논문에서 그는 영국 실업률과 명목임금의 변화율 사이에는 역의 상관관

계가 있다고 밝혔다. 명목임금은 물가상승을 고려하지 않고 현재 돈을 기준으로 한 임금을, 실질임금은 물가상승까지 고려하여 돈의 실질적인 가치로 계산한 임금을, 역의 상관관계는 서로 반대라는 것을 뜻한다.

필립스의 이론은 실업률이 낮아지는 경기 호황이 오면 자연히 임금이 오르고 물가가 올라간다는 내용을 담고 있다. 그에 따르면 낮은 실업률은 임금인상과 밀접하다. 고임금이 실업을 줄일 수 있다는 필립스의 경제론은 논란의 대상이 된다. 특히 임금 등 고정비용에 대한 부담을 느끼는 기업 입장에서는 필립스 곡선에 의문을 제기할 수밖에 없다.

이러한 가운데 케인스주의자(케인스 경제이론을 추종하는 학자)는 필립스 곡선이 이론상 옳다고 주장했다. 국가(정부)가 개입해 경제성장, 물가, 고용 등을 조절할 수 있다는 케인스의 '총수요관리정책'과도 일맥상통하기 때문이다. 총수요관리정책의 목적은 공급보다 수요가 감소해 경기가 침체하거나 혹은 수요가 크게 늘어 경기가 과열되는 현상을 막기 위해 정부가 수급을 조절해 경기를 안정시키는 것이다. 공식으로 정리하면 다음과 같다.

총수요(Y) = 가계 소비(C) + 기업의 투자(I) + 정부 재정지출(G)

케인스주의자는 필립스 곡선에 힘입어 총수요관리정책을 강조했다. 또한 경기가 불황이면 정부가 어느 정도 수준의 인플레이션을 허용해 실업률을 낮추고, 호황이면 물가를 안정시키기 위해 실업률이 약간 높아지는 것을 허용해야 한다고 주장했다. 필립스 곡선을 통해 정부 정책 입안자들이 경제 발전과 물가 안정의 적정점을 찾아야 한다는 것이 케인스의 경제관인 셈이다. 필립스 곡선은 대공황에 따른 경기 침체에는 어느 정도 효능을 발휘했다.

그러나 1970년대 미국 등 주요 국가들이 스태그플레이션을 겪으면서 필립스 곡선이 효력을 더 이상 발휘하지 못한다는 지적이 쏟아졌다. 1971년 8월 15일 당시 미국 대통령 닉슨은 인기 프로그램이었던 카우보이 드라마 〈보난자Bonanza〉의 정규 방송을 중단시키고 긴급 성명을 발표했다. 그가 발표한 내용은 모든 수입 제품에 10퍼센트의 관세를 매기는 조치를 골자로 한 소비자가격 안정화 정책이었다. 당시 미국 물가가 크게 오른 데 따른 대책이었다. 대다수 경제학자들은 닉슨의 이날 발언을 '닉슨 쇼크'라고 부른다. 문제는 여기에서 끝나지 않았다. 1973년 중동 산유국이 중심이 된 OPEC가 미국 등 서구 진영에 대한 석유 수출을 금지하는 이른바 제1차 석유파동을 일으켰다. 미국 등 대다수 국가들이 1973년 아랍 국가와 이스라엘이 벌인 욤키푸르 전쟁에서 이스라엘을 지지한 데 따른 보복이었다.

이른바 닉슨 쇼크와 석유파동이라는 양대 충격에 케인스주의 경제학은 한계를 드러냈다. 각국 정부가 재정지출을 확대하고 시중에 돈을 풀어도 기업은 투자할 생각을 하지 않았고 석유파동에 따른 물가상승만 이어졌다. 당시 영국에서 집권한 노동당과 각국 사회민주당 정부는 스태그플레이션을 막기 위해 근로자들에게 임금인상 요구를 자제할 것을 요청했지만 근로자들은 실질임금 인하는 수용할 수 없다며 크게 반발했다. 정부가 재정지출을 통해 경기 침체를 막을 수 있다고 여겼던 케인스 경제학으로서는 스태그플레이션이라는 난제를 떠안게 되었다.

케인스 경제학이 힘을 잃고 있는 사이, 신자유주의 경제학자들이 케인스 이론을 공격하기 시작했다. 이들은 재정을 축소하는 등 정부 개입을 최소화하고, 공기업은 민영화하며, 민간 투자를 늘려야 한다고 주장했다. 정부 개입을 통해 유효수요를 확대하는 케인스와 달리 '세율을 인하하고 기업의 투자를 확대하여 경제 전체 총공급을 늘려야 한다'는 '공급 중시 경제학'을 외친 신자유주의 경제이론이 관심을 얻기 시작했다.

재정지출은 마법 지팡이가 아니다-깨진 유리창 이론

케인스의 경제학 이론 가운데 중요한 개념 중 하나는 승수효과다. 수학 용어인 승수는 어떤 숫자에 곱하는 또 다른 숫자를 뜻한다. 예를 들어 10×7일 때 7이 승수다. 그렇다면 투자승수는 무슨 의미일까. 케인스에 따르면 '투자 증가분에 대한 소득 증가 비율'이다. 케인스 이론에 따르면 정부가 경기를 살리기 위해 지출(돈을 지급)하면 가계소득이 늘어나고 가계는 저금을 늘린다. 이 개인의 돈은 기업 투자금이 되며, 기업은 투자금으로 생산을 늘린다. (마치 투자하듯) 정부가 지갑을 열어 지출하면 이 돈이 마중물 역할을 해 결국 가계소득이 늘어난다는 이론이다. 이 경제이론을 '재정지출의 승수효과' 혹은 '재정승수효과'라고 부른다.

이 이론은 과연 옳을까. 세계적 금융경제 정보 제공업체 무디스 애널리틱스Moody's Analytics 분석 자료에 따르면 (미국) 정부가 실업수당으로 1달러를 쓰면 미국 국내총생산은 1.6달러 정도 불어날 수 있다. 재정승수효과가 약 60퍼센트다. 이 정도면 효과가 탁월하다고 할 수 있다. 이러한 재정승수효과를 증명한 이론이 (줄여서) 승수 이론이다. 역사적으로 재정승수효과는 대공황 쇼크가 컸던 1930년에는 무려 3배를 웃돌았지만 현재는 1~2배 사이에 머물고 있다. 앞서 설명한 '헬리콥터 머니'도 정부 지출 증대를 통한 경기 활성화 조치 중 하나인 셈이다((15. 통화주의와 신자유주의: 밀턴 프리드먼) 참고). 이에 따라 일반적으로 한 국가가 경기 침체를 맞이하면 정부가 지갑을 더 열어 지출을 늘리라는 국민적 요구가 쏟아져 나온다. 정부 지출 증가가 재정 정책으로 이뤄져 불황을 타개하는 데 도움이 된다는 승수 이론을 믿기 때문이다.

문제는 정부가 경기 침체 등 경제적 어려움을 겪을 때마다 지갑을 열어 경기를 띄우는(경기부양) 정책을 지탱할 돈이 많지 않다는 점이다. 정부가 재정지출에 필요한 재원을 마련하기 위해 증세하면 세금을 낸 개인의 소득이 감소해 소비 등 지출에 부정적인 영향을 줄 수 있다. 이와 같이 정부가 지출을 늘리지만 유효수요가 증가하지 않는 상황을 '구축효과'라고 한다. 구축은 어떤 세력을 몰아 쫓아낸다는 뜻이다. 정부가 경기부양을 목적으로 재정지출을 위해 세금을 늘리면 기업은 투자를 늘릴 여력이 줄어든다. 일반 국민도 증세에 따라 재정이 부담되므로 지갑을 쉽게 열지 못하게 된다.

결국 정부가 승수효과를 믿고 재정지출을 늘려 국민소득을 높이겠다는 생각은 기업 등 민간 투자와 소비에 변화가 없다는 전제 하에서나 가능하다. 앞의 예에서 보듯 이 전제는 현실적으로 가능하지 않다. 또한 정부가 재정지출을 늘려 경기를 부양하는 과정에서 집중과 선택을 해야 한다. 꼭 필요한 부분에만 정부가 돈을 투입해야 한다는 얘기다.

연말이 되면 주변에서 자주 보이는 광경 가운데 하나가 멀쩡한 보도블록을 새것으로 교체하는 공사다. 지방자치단체들이 정부로부터 받은 예산을 그해 연말에 소진하지 못하면 다음 해 예산을 배정받을 때 금액이 줄어들 수 있다. 그래서 지방자치단체는 예산을 더 받기 위해 일부러 기존 보도블록을 교체하는 공사를 한다. 일각에서는 어차피 한 해 사용될 예산인데 새 보도블록으로 바꾸면 일자리도 생기니 경제에 도움을 주지 않느냐고 반문할 수 있다. 과연 그럴까. 정부 재정지출의 문제점과 관련해 유명한 '깨진 유리창 이론'을 살펴보자.

프랑스의 유명 경제학자 클로드 프레데리크 바스티아Claude-Frédéric Bastiat가 1850년 경제 논평 〈보이는 것과 보이지 않는 것Ce qu'on voit et ce qu'on ne voit pas〉에서 소개한 깨진 유리창 이론은 다음과

같다.

한 소년이 상점 유리창을 깨뜨렸다. 마을 사람들은 손해를 본
상점 주인을 보고 마음이 아팠다. 그러나 깨진 유리창은 유리
장수에게 일거리를 안겨다 주었고, 유리창을 판 유리 장수는
그 돈으로 빵을 샀다. 제빵업자는 빵을 판 돈으로 신발을 수
선했고, 구둣방 주인에게도 일감이 생겼다. 결국 마을 사람들
은 유리창을 깬 소년이 골고루 경제적 이득을 안겨준 은인이
라고 생각했다.

클로드 프레데리크 바스티아

바스티아는 이 사례를 곧바로 반박했다. 가게 유리가 깨져 유리 장수가 돈을 번 것은 분명하다. 이 대목은 바스티아가 강조한 '보이는 것'에 속한다. 그러나 상점 주인은 가게 유리가 깨지지 않았다면 유리 장수에게 돈을 지불할 필요가 없었다. 오히려 가진 돈으로 애들에게 줄 빵이나 신발을 살 수 있었다. 결국 유리 장수만 재미를 보고 나머지 마을 사람들은 손해를 봤다. 이 부분은 '보이지 않는 것'에 속한다.

케인스는 이른바 기회비용을 간과했다. 기회비용은 어떤 선택을 했을 때 포기한 기회 가운데 가장 가치가 큰 것을 말한다. 케인스 이론에서 보면 '깨진 유리창'은 여러 사람에게 이득을 주었을 수도 있다. 그러나 깨진 유리창 덕분에 한 사람만 재미를 보고 나머지 사람들은 별다른 혜택을 누리지 못했다는 점을 깨닫지 못했다. 정부가 무작정 재정을 늘리면 정부에 대한 의존성이 커지고 민간 기업 부문이 구축효과를 겪어 재정 건전성이 오히려 나빠지고 결국 국가의 성장 잠재력이 훼손될 수도 있다는 점을 간과한 것이다.

17

신자유주의의 아버지
프리드리히 아우구스트 폰 하이에크

1899~1992

FRIEDRICH
AUGUST
VON HAYEK

프리드리히 아우구스트 폰 하이에크Friedrich August von Hayek
(1899~1992)는 1899년 오스트리아 수도 빈에서 태어났다. 그의
아버지 아우구스트 폰 하이에크August von Hayek는 빈에서 시 보건의
로 근무했다. 의사였지만 식물학에도 관심이 많아 관련 논문을 여
러 편 썼으며 빈 대학교에서 식물학과 강사로도 활동했다. 하이에
크의 어머니 펠리시타스 폰 유라셰크Felicitas von Juraschek는 유복하고
보수적인 집안에서 자랐으며 언어철학자 루트비히 비트겐슈타인
Ludwig Wittgenstein과는 육촌이었다. 하이에크는 비트겐슈타인과 자
주 만나지 못했지만 그의 철학에 큰 영향을 받았다고 한다.

　제1차 세계대전이 발발하자 하이에크는 열여덟 살 때인
1917년 오스트리아-헝가리 제국 육군 소속 포병연대 병사로 참
전했다. 그는 세계가 전쟁의 화염에 휩싸인 처참한 현실을 '실수'
라고 규정하고, 전쟁이 또다시 일어나지 않게 막는 길을 찾아 학
업에 전념하기로 결심했다. 그는 참전 경험을 이렇게 술회했다.

　(경제학을 전공하기로 한) 결정적인 계기는 제1차 세계대전이
　었다. 정치체제의 문제점에 눈을 돌려 더 나은 세상을 만들기

위해 노력하기로 했다.

빈 대학교에서 경제학을 전공한 하이에크는 학문적 관심을 경제학에만 두지 않고 철학, 심리학까지 공부해 인식의 지평을 넓혔다. 이후 빈 대학교에서 1921년 법학 박사 학위, 1923년 정치학 박사 학위를 각각 받았다. 공부를 마친 뒤에는 오스트리아를 떠나 영국, 미국, 독일에서 생활한 후 1938년 영국 시민이 됐다. 그는 외국에서 지내며 런던 정치경제대학교, 미국 시카고 대학교, 독일 프라이부르크 대학교에서 학자로 생활했다.

경제이론에 한 획을 그은 오스트리아학파

하이에크는 오스트리아학파의 핵심 인물로 잘 알려져 있다. 그러나 그는 오스트리아학파 범주에만 머물지 않고 미국 시카고학파와도 긴밀한 관계를 유지했다.

오스트리아학파는 19세기 말부터 20세기 초 카를 멩거Carl Menger, 오이겐 폰 뵘바베르크Eugen von Böhm-Bawerk, 프리드리히 폰 비저Friedrich von Wieser 등 오스트리아 경제학자들이 형성한 학파다. 이들 모두 빈 대학교 교수로 재직해 오스트리아학파로 불린다.

오스트리아학파를 사실상 형성하고 이끈 카를 멩거는 한계효용 개념을 소개한 것으로 유명하다(〈11. 수요와 공급: 앨프리드 마

오스트리아학파(한계효용학파)

주요 경제학자	카를 멩거, 오이겐 폰 뵘바베르크, 프리드리히 폰 비저
주요 관심 분야	한계효용에 초점 가격 형성은 한계효용(소비자의 주관적 가치 평가)에 토대
정책 방향	정부의 인위적 시장 개입이 아닌 시장 자율 강조 개인의 주관적 행위가 모인 곳이 시장경제라고 강조 질서는 자유의 초석이므로 시장의 자생적 질서가 경제적 번영 가져온다고 주장 경제에 활력을 주는 기업가 정신 강조

카를 멩거   오이겐 폰 뵘바베르크   프리드리히 폰 비저

설〉참고). 한계효용은 소비자가 재화를 잇따라 소비할 때 최후의 한 단위 재화로부터 얻는 심리적 만족도를 뜻한다.

오이겐 폰 뵘바베르크는 시간과 돈의 관계를 연구한 것으로 유명하다. 그의 이론 중 하나인 '시간 선호'의 예를 들어보자.

> 홍길동과 김철수는 저녁에 같이 맥주를 마시기로 했다. 맥줏값은 홍길동이 내기로 했다. 그런데 홍길동이 맥주를 마신 후 지갑을 열어보니 텅 비어 있었다. 현금은 물론 신용카드까지 집에 두고 나왔기 때문이다. 홍길동은 어쩔 수 없이 김철수로부터 10만 원을 빌려 맥줏값을 냈다. 다음 날 홍길동이 김철수와 만나 "어제 빌린 10만 원을 지금 돌려줄까. 아니면 이달 말 월급날에 5만 원을 더해 15만 원을 줄까?"라고 물었다. 김철수는 고민하기 시작했다. '어릴 때부터 친구 사이인 홍길동을 믿지 못하는 것은 아니지만, 돈을 지금 받으면 10만 원이다. 하지만 10만 원이 당장 필요하지 않으니까 홍길동 월급날에 5만 원이 추가된 15만 원을 받을까?'

이처럼 김철수가 현재와 미래에 대한 결정을 두고 고민하는 행위를 '시간 선호'라고 한다. 이자를 연구한 뵘바베르크는 홍길동과 김철수 사례가 보여주듯 현재가 아닌 미래에 5만 원이 더 생긴다면 5만 원은 이자이고, 이자는 시간 선호 때문에 생긴다고 주장했다. 시간 선호는 '현재 가치가 미래 가치보다 중요하다'는 점을 보여주는 대목이다. 그래서 미래를 위해 현재를 포기하면 그 희생에 대한 대가를 받아야 하는데 그것이 바로 이자다. 이자가 원금보다 늘어나는(이를 '플러스값[+]을 가진다'고 표현한다) 현상은 결국 현재 가치가 미래 가치보다 높게 평가되고 있다는 의미다. 뵘바베르크 이론은 결국 이자가 돈의 가격이 아닌 시간의 가격이라는 논리로 이어진다.

프리드리히 폰 비저는 경제학에 자주 등장하는 기회비용 개념을 정립한 학자로 유명하다. 비저는 1914년 저서 《사회경제이론 Heorie der esellschaftlichen Wirtschaft》에서 기회비용을 소개했다. 기회비용은 여러 대안 가운데 하나를 선택하고 나머지를 포기했을 때 포기한 대가 가운데 가치가 가장 큰 값이다. 즉, 선택을 위해 포기한 모든 것이 기회비용이다. 그러나 현실에서 우리는 기회비용을 제대로 파악하지 않고 비용을 계산하는 경우가 많다. 그러므로 가능한 한 모든 선택에 따른 기회비용을 정확하게 파악한 후 결정하는 것이 현명하다.

일반균형 이론과 신자유주의

오이겐 폰 뵘바베르크, 프리드리히 폰 비저 등의 오스트리아학파 2세대는 카를 멩거의 이론을 계승하고 발전시켰다. 이후 오스트리아 출신 미국 경제학자 슘페터와 함께 하이에크가 각광을 받았다. 중요한 점은 카를 멩거가 한계효용 등 효용가치에 중점을 뒀지만 오스트리아학파 3세대인 슘페터와 하이에크는 '일반균형 이론'에 관심을 가졌다는 것이다. 한쪽으로 기울어지지 않아야 균형을 잡듯이 시장에서 수요와 공급이 일치하는 균형 상태가 중요하다는 주장이 일반균형 이론이다. 일반균형 상태가 나타나면 시장에서 가격을 결정하는 메커니즘(시장가격기구)이 작동한다. 이를 통해 시장에서 보이지 않는 손이 수요와 공급의 균형을 이뤄내 경제가 제대로 작동하도록 돕는다는 것이 일반균형 이론의 핵심이다.

하이에크는 이러한 경제이론을 토대로 시카고학파의 경제사상을 수용했다. 밀턴 프리드먼 등이 속한 시카고학파는 정부 개입이 아닌 시장의 자율성을 강조하는 신자유주의의 중요성을 역설했다. 또한 작은 정부를 비롯해 규제 완화, 감세, 공기업 민영화, 노동시장 유연화 등을 적극 추진해야 한다고 주장했다. 하이에크의 주장도 시카고학파와 궤를 같이했다.

하이에크는 정부가 경제에 개입하면 가격이 합리적으로 결정되지 않아 전체주의 사회가 형성되고 국민은 결국 '노예의 길'을 걷게 된다고 강조했다. 1944년 그는 자신의 사상을 정리해《노예의 길The Road to Serfdom》을 발간했다. 'serfdom'은 농노를 뜻한다. 농노는 봉건사회에서 영주의 지배를 받으며 땅을 경작하고 현물이나 노동을 지대로 바쳤다. 《노예의 길》에서 하이에크는 경제적 자유를 억압하는 계획경제는 정치적 자유도 빼앗을 것이라고 주

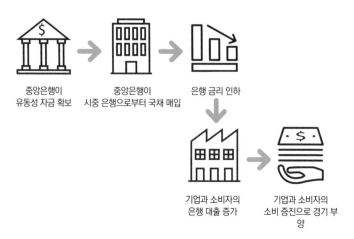

양적완화(출처: boycewire.com)

장하고, 정부가 불황을 타개하거나 경기를 부양하려 할 때 양적완화를 하거나 공적자금을 투입해 시장에 개입하면 '그릇된 투자'가 될 수 있다고 경고했다.

양적완화는 경기를 부양하기 위해 시중에 돈을 푸는 정책이다. 즉, 중앙은행이 시중 은행이 보유하고 있는 국·공채, 주택저당증권, 회사채 등을 사들이고 대금으로 은행에 돈을 공급한다. 시중에 돈을 푸는 것이다. 국채를 매각한 돈을 확보한 시중 은행은 금리를 내리고 기업과 가계는 대출을 늘린다. 이 과정에서 소비가 늘어나 경제가 활성화된다.

양적완화를 아무 때나 해서는 안 된다. 기준금리가 제로금리 등으로 너무 낮아 금리 인하를 통한 경기부양이 어려울 때 펼치는 정책이기 때문이다. 공적자금은 은행 등 금융기관의 운영이 어려워지면 정부가 이들을 돕는 자금이다.

채찍 유인의 역효과와 자생적 질서 이론

하이에크가 지적한 '그릇된 투자'는 다음과 같다.

> 정부가 시장에 개입하면 투자자들은 수익성이 떨어지는 자산
> 에도 투자할 수 있다.
> 문제는 경기 불황을 맞이하면 은행이 그릇된 투자에 따른 부
> 작용을 막기 위해 대출을 줄이고 기존 대출을 회수한다는 것
> 이다. 이러한 가운데 금리가 오르고 투자가 위축돼 불황에서
> 좀처럼 벗어날 수 없다.
> 불황은 투자자들이 그릇된 투자를 멈춰 경기 침체에 따른 피
> 해를 줄일 수 있는 절호의 기회다.
> 그러나 정부가 시장에 개입하면 구조조정 등으로 경제의 '환
> 부'를 도려낼 수 있는 시기가 미뤄져 경기 회복이 오히려 늦
> 춰지는 부작용을 낳는다.

이 현상을 경제학에서는 '채찍 유인의 역효과'라고 부른다. 채
찍 유인의 역효과의 대표적인 예로 인도를 꼽을 수 있다. 인도가
영국의 식민지였던 시절 영국 정부는 인도인들에게 흥미로운 제

안을 했다. 죽은 코브라를 가져오면 보상금을 듬뿍 주겠다는 내용이었다. 영국은 이 방법으로 인도에 만연한 코브라 개체 수를 줄이겠다고 밝혔다. 흥미로운 점은 코브라가 돈이 된다는 점을 알게 된 인도인들이 코브라를 집에서 사육한 후 죽여서 보상금을 받으려 했다는 것이다. 영국 정부가 이러한 현실을 알아채고 보상 프로그램을 없애자 인도인들은 화가 났다. 이들은 화풀이로 사육하던 코브라를 야생에 풀어놓았다. 이 때문에 코브라 숫자가 줄어들기는커녕 오히려 급증하는 부작용이 나타났다. 이른바 '코브라 효과'라는 용어마저 등장했다. 코브라 효과도 일종의 채찍 유인의 역효과다. 문제 해법을 찾으려다 오히려 더 악화되는 상황을 초래한 것이다.

일각에서는 하이에크의 책 제목인 '노예의 길'이 프랑스 정치철학자 알렉시 드 토크빌Alexis de Tocqueville이 쓴 《미국의 민주주의De la démocratie en Amérique(Democracy in America)》에서 영향을 받았다고 설명했다.

> 절제와 균형을 갖춘 민주주의가 뿌리를 내려야 한다. 유럽의 구시대 경제사회구조는 마치 노예의 길로 가는 것과 같다.

토크빌은 또한 미국 자본주의 체제를 높이 평가했다. 이 주장에 영향을 받은 하이에크는 사회주의 계획경제가 사람을 노예의 길로 이끈다고 강조했다. 그는 물질적 욕구를 충족하지 못해 국가라

알렉시 드 토크빌 　　　　　　　 루트비히 폰 미제스

는 권력에 의지해 보상받으려는 자세는 스스로 노예가 되는 행위라고 일갈했다. 이에 따라 그는 사회주의와 정부의 시장 개입 행태를 비판하고 시장경제를 옹호하는 경제자유주의를 지지했다.

　하이에크의 경제철학을 지지한 인물 중 한 사람은 그의 스승이자 오스트리아학파였던 루트비히 폰 미제스Ludwig von Mises다. 빈 대학교 교수였던 그는 이렇게 주장했다.

　　인류가 지속적으로 발전하기 위해서는 자유방임과 시장경제체제, 사유재산권 보호 등이 절대적으로 중요하다. 정부는 개인과 시장경제에 대해 제한된 역할만 해야 한다.

또 미제스는 사유재산권이 없는 사회주의 계획경제에서는 자산을 거래할 수 없으며 가격 형성도 이뤄지지 않아 합리적인 계획을 수립하기가 불가능하다고 비난했다. 그는 대공황은 케인스의 주장처럼 유효수요 부족 때문에 나타난 것이 아니라고 강조했다. 오히려 중앙은행이 시중에 돈을 지나치게 풀어 생긴 거품이 터져 벌어진 경제적 비극이라고 단언했다. 1970년대 미국이 겪은 스태그플레이션을 초래한 원인이 국제유가 폭등이라는 점에는 미제스도 동의했다. 그러나 스태그플레이션의 근본 원인은 국제유가가 아니라 정부가 시중의 유동성(통화량)을 늘리는 '확장적 재정정책'을 시행했기 때문이라고 그는 주장했다. 즉, 국제유가 폭등은 '시중 통화량 증가 → 물가상승 → 국제유가 급등'에 따른 결과라는 얘기다.

오스트리아학파는 2008년 미국에서 시작된 금융위기의 원인으로 제로금리(연간 금리가 0퍼센트대 금리. 예컨대 0.25퍼센트, 0.5퍼센트 등)를 꼽았다. 당시 미국은 제로금리 정책 때문에 시장에 유동성이 과잉으로 공급되면서 집값이 계속 상승한다는 심리가 만연했다. 이에 따라 주택담보대출(집을 담보로 하는 은행 대출)에 기반한 금융상품을 대거 사들인 미국인들이 금융상품 가격 폭락으로 파산했고, 이들에게 대출해준 은행도 부도를 맞이했다는 주장이다. 하이에크의 주장도 미제스와 맥락을 같이했다. 그의 저서 《노예의 길》을 보자.

불황의 원인은 잘못된 투자에서 비롯됐으며, 이는 정부가 인위적으로 금리를 내려 발생했다. 잘못된 투자를 고치는 것만이 해결책이다.

하이에크는 불황을 잘못된 투자에 따른 시장 왜곡을 고치라는 신호로 여겼다. 정부가 불황의 고통을 없애기 위해 시장에 개입하지 말고 시장 왜곡이 교정되도록 기다려야 불황에서 벗어날 수 있다고 강조했다. 하이에크의 경제관은 1974년 노벨경제학상 수상이라는 결실을 맺었다.

한편 하이에크는 1988년 출간한 저서 《치명적인 자만The Fatal Conceit》에서 '자생적 질서'라는 흥미로운 이론을 내놓았다. '자생적'이라는 말은 문자 그대로 스스로 생겨났다는 뜻이다. 즉, 스스로 생겨난 질서다. 하이에크는 자생적 질서가 커진 상황이 '확장된 질서'라고 강조했다. 시장은 자생적인 질서 성향을 지니고 있으므로 정부가 개입하지 않으면 혼돈 상황에서도 질서를 잡아간다고 강조했다. 그는 또 자생적인 질서가 확장되어야 사유재산을 인정하고 시장 내 질서(계약)를 존중하게 된다고 설명했다. 이러한 논리를 통해 사회주의와 공산주의는 결국 망할 수밖에 없다고 강조했다.

프리드리히 아우구스트 폰 하이에크의 《치명적인 자만》

공산주의와 사회주의는 자생적이고 확장된 질서에 있는 자본
주의와 시장경제 체제를 무시한다. 사회주의는 생산과 분배
를 권력자와 그 주변 정책 입안자 몇 명이 다 알아서 할 수 있
다는 치명적인 자만을 드러내고 있다.

사회주의와 공산주의 체제의 국민이 굶주린 채 억압받고 있
는 것이 현실이다.

또한 인류 문명은 혁명이 아닌 진화를 통해 발전했으며, 정부
규제가 없거나 아니면 최소화된 자유시장경제가 번영과 발전을
이끌 수 있다고 그는 주장했다.

몽펠르랭소사이어티의 탄생

하이에크는 제2차 세계대전이 끝난 지 2년 뒤인 1947년 몽펠
르랭소사이어티MPS, The Mont Pelerin Society라는 학회를 결성해 국제
사회로부터 주목을 받았다. 줄여서 'MPS'로 불리는 이 학회는 제
2차 세계대전 이후 공산주의가 세계 곳곳에 등장하고 케인스학파
가 세력을 키워가는 상황에 맞서 하이에크가 1947년 4월 10일
스위스 산악 휴양도시 몽펠르랭에서 자유주의 경제학자와 역사
학자, 철학자들을 초청해 만들었다. 경제정책 싱크탱크의 일종
인 MPS의 원래 이름은 몽펠르랭이 아닌 액턴-토크빌학회Acton-

Tocqueville Society였다. 액턴과 토크빌은 로마 가톨릭 귀족 이름이다. 이에 대해 MPS 회원 프랭크 하이너먼 나이트가 미국 경제학자들의 학회 명칭을 로마 가톨릭 귀족 이름에서 빌려 오는 것은 모임의 취지에 어긋난다고 반대해 회의 장소의 명칭인 몽펠르랭을 사용했다.

자유민주주의와 시장경제 체제가 도전받는 상황에서 대안을 모색하기 위해 모임에 참석한 학자 36명은 하이에크를 초대 의장으로 선출했다. 이후 75년 동안 하이에크를 포함해 프랭크 나이트, 카를 포퍼Karl Popper, 루트비히 폰 미제스, 밀턴 프리드먼, 조지 조지프 스티글러George Joseph Stigler 등 세계적인 학자들이 몽펠르랭 소사이어티 회원으로 활동했다.

20세기 경제학사는 존 메이너드 케인스와 하이에크라는 두 거인의 시대라고 해도 과언이 아니다. 두 사람은 국민의 삶을 향상시키기 위한 국가 개입, 국가의 역할을 놓고 치열하게 갑론을박했다. 케인지언과 신자유주의는 시대적 경제 상황에 따라 밀물과 썰물처럼 시대적 화두가 되고 퇴장하기를 반복했다. 이러한 경제 사조는 지금도 계속되고 있다.

18

소비자의 수요와 효용가치

장 바티스트 세

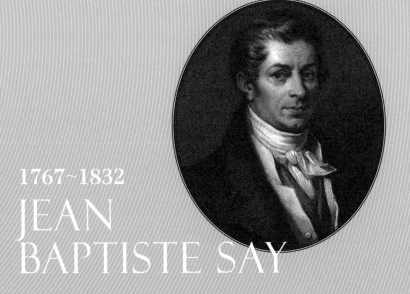

1767~1832

JEAN
BAPTISTE SAY

장 바티스트 세Jean Baptiste Say(1767~1832)는 1767년 프랑스 제3의 도시 리옹에서 태어났다. 그의 아버지 장 에티엔 세Jean-Etienne Say는 신교도(위그노) 집안에서 태어났다. 장 에티엔 세의 집안은 낭트칙령이 폐지되자 프랑스 남부 도시 님에서 스위스 제네바로 이주했다.

1598년 4월 30일 앙리 4세가 프랑스에서 여섯 번째로 큰 도시 낭트에서 공포한 낭트칙령은 '구교 로마 가톨릭 이외의 이단(신교)은 엄벌에 처하고, 이단자 정보를 알려준 이들에게 이단자로부터 몰수한 재산의 4분의 1을 준다'는 기존 조항을 삭제한다는 내용이 중심이었다. 앙리 4세가 프랑스의 신교도에게 신앙의 자유를 부여한 셈이다. 엄밀하게 말하면 앙리 4세도 신교도 출신이었다.

앙리 4세는 1562년부터 1598년까지 36년간 구교도와 신교도 간에 벌어진 프랑스 종교전쟁(위그노전쟁)으로 약 20만 명이 목숨을 잃고 1572년 8월 24일 5,000~3만 명에 이르는 신교도가 살해된 성 바돌로매 축일의 학살을 목격하면서 종교 간 화합의 중요성을 깨달았다. 그는 프랑스에서 끊이지 않는 구교와 신교의

프랑수아 뒤부아의 〈성 바돌로매 축일의 학살〉

종교 분쟁을 끝내기 위해 가톨릭으로 개종한 후 신교도에게 신앙의 자유와 정치적 권리를 줬다.

　이 칙령으로 프랑스 남부와 서부를 중심으로 널리 퍼져 있던 신교와 구교 간 갈등이 해결 국면을 맞았다.

　이 갈등의 전말을 살펴보자. 당시 위그노들은 주로 상공업에 종사하면서 프랑스에서 무시할 수 없는 세력으로 성장하고 있었다. 프랑스 가톨릭 세력은 위그노의 부상을 못마땅하게 여겼다. 프랑수아 1세 때부터 시작된 프랑스 가톨릭의 위그노 탄압은 갈수록 정도가 심해졌다. 이런 가운데 가톨릭교도 기즈 공작이 1562년 예배를 올리던 위그노들을 기습 공격해 위그노전쟁을 촉발했다. 위그노전쟁은 3차까지 이어진 후 임시 휴전에 들어갔다. 그러나 가톨릭 세력은 여전히 위그노를 인정하지 않았고 1572년 8월

소비자의 수요와 효용가치 • 장 바티스트 세

24일 성 바돌로매 축일에 많은 위그노를 죽이는 대학살을 일으켰다. 위그노와 가톨릭교도 간 갈등은 극으로 치달았다.

위그노전쟁은 프랑스 역사상 최초의 종교전쟁으로 기록된다. 표면상으로는 프랑스에 깊이 뿌리 내린 구교(가톨릭) 세력의 탄압에 신교(위그노)가 반발한 사건으로 비친다. 일부 역사학자들은 위그노로 상징되는 신흥 부르주아 계급이 구제도, 즉 앙시앵 레짐ancien régime의 정점인 가톨릭 중심 사회의 모순을 타파하기 위해 벌인 전쟁이라고 분석한다. 앙시앵 레짐은 프랑스혁명(1789~1794) 이전의 프랑스 사회를 지배한 지배 구조를 뜻한다.

앙리 4세의 낭트칙령으로 구교와 신교 간 갈등이 완전히 사라진 것은 아니었다. 이를 뒷받침하듯 후에 왕위에 오른 루이 14세는 절대주의 권력을 갖추고 종교적 통일을 일궈내기 위해 낭트칙령을 폐지했다. 그 결과 약 40만 명에 달하는 신교도가 종교적 박해를 피해 프랑스를 떠나 프로이센, 영국 등지로 망명했다. 장 바스티드 세의 집안도 스위스 제네바로 삶의 터전을 옮겼다. 종교 얘기는 여기까지 하자.

세는 학교를 졸업한 후 아버지 소원대로 사업가가 되기로 했다. 영국 런던에서 2년간 인턴(경영 실습)을 지낸 후 프랑스로 돌아와 직장 경험을 쌓기 위해 보험회사에서 잠시 일했다. 세는 당시 보험회사 사장이 건네준 애덤 스미스의 《국부론》을 읽고 큰 감명을 받았다. 이후 잡지사에 취직해 기자와 편집자를 거친 후 정계에 입문해 1799년 나폴레옹이 집권한 정부에서 호민관이 되었다.

호민관은 원래 고대 로마에서 평민의 권리를 지키기 위해 평민 중에서 선출한 관직이다. 프랑스의 경우에는 국민을 위해 일하는 공무원의 일종이었다. 호민관으로 근무하던 세는 1803년《정치경제학 개론Traité d'économie politique》을 써서 관심을 모았다. 미국 제4대 대통령 제임스 매디슨은 이 책이 지금껏 접한 경제학 서적 가운데 가장 훌륭하다고 극찬했다.《정치경제학 개론》은 출간 첫해인 1803년에 6판까지 발간되며 폭발적인 인기를 얻었다.

세의 인기에 나폴레옹도 관심을 갖기 시작했다. 나폴레옹은 세와 저녁 식사를 하면서 책의 새 판(7판으로 추정)에 자신의 인기 없는 재정 정책을 적극 지지하는 내용을 담아달라고 제안했다. 당시 집권한 나폴레옹은 국민적 지지도를 얻기 위해 나라 곳간의 돈을 흥청망청 쓰며 방만하게 경영했다. 세는 재정 정책을 지지하는 내용을 쓸 수 없다고 거절했고, 이 일로 호민관 자리에서 쫓겨났다.《정치경제학 개론》은 프랑스에서 금서로 분류돼 판매가 금지됐다. 세는 나중에 학계로 복귀해 프랑스 국립공예원과 콜레주 드 프랑스 경제학과 교수로 활동했다.

공급은 스스로 수요를 창출한다

세는 '공급이 스스로 수요를 창출한다'는 이른바 '세의 법칙'을 선보였다. 그는 공급과 수요의 관계를 설명하기 위해 신발과 모자를 예로 들었다.

한 제화공이 있다. 이 친구가 모자를 얻는 방법은 무엇일까.
한 가지 방법은 신발을 많이 생산해 모자와 물물교환하는 것
이다. 또 다른 방법은 (모자를 만드는 방법을 모르고 저렴한 비용
으로 생산할 기술도 없지만) 모자를 직접 만드는 것이다. 제화
공의 예처럼 공급(제화공의 신발 제작)이 수요(모자 구입)를 창
출한 셈이다.

신발과 모자의 수급 가능성을 더 살펴보면 크게 세 가지로 생
각해볼 수 있다.

첫 번째, 신발과 모자가 모든 수요를 충족할 만큼 충분한 경우
두 번째, 시장에 신발 공급량이 너무 많고 모자 공급도 너무
많은 경우
세 번째, 시장에 모자는 너무 많지만 신발이 충분하지 않은
경우

세는 두 번째와 세 번째 경우는 시장이 제품 배분을 제대로 못
해서 나타난 결과라고 여겼다. 세의 법칙에 따르면 시장에서 신발
과 모자가 공급과잉 상태를 보일 수 없기 때문이다. 제화공은 모
자가 더 필요하지 않으면 신발을 더 만들지 않을 것이라고 생각한

장 샤를 레오나르 드 시스몽디

그는 제품의 '일반적인 과잉은 있을 수 없다'고 주장했다.

'일반적인 과잉'은 스위스 출신 고전경제학파 학자 장 샤를 레오나르 드 시스몽디Jean Charles Léonard de Sismondi가 내놓은 이론이다. 공급 능력을 중시하는 공급 중시 경제학 관점에서 볼 때 일반적인 과잉은 공급이 수요보다 많은 과잉생산이다. 그러나 수요 중시 경제학의 시각에서 보면 소비가 생산을 따라가지 못하는 '과소 소비'다.

세는 수요과 공급에 따라 신발이 시장에 너무 많이 공급되면 신발 제조업자가 신발 공급을 줄이면 된다고 생각했다. 모자도 마찬가지다. 시장에서 모자 수요가 늘어나면 공급을 늘려 수요에 대응하면 된다. 이를 토대로 세는 시장에 초과 공급이나 초과 수요에 따른 일반적인 과잉은 없다고 확신했다. 또한 특정 제품이 일시적으로 시장에 초과 공급될 수는 있지만 공급량이나 가격 조절을 통해 일반적인 과잉이 해결될 것이라고 단언했다. 세가 이처럼 '세의 법칙'을 선보이게 된 시대적 배경은 무엇일까.

세가 살던 시대에 제1차 산업혁명(1760~1840)이 절정에 달했다. 각종 제품이 공장에서 대량으로 쏟아져 나왔으며, 소득수준이 향상되어 물건을 시장에 내놓기만 하면 팔리는 시절이었다. 한마디로 제품을 만드는 이들은 땅 짚고 헤엄치는 시대를 만끽했다. 이를 지켜본 세는 '물건을 만들어 시장에 내놓기만 하면 같은 양의 수요(제품 판매)가 생겨 공급이 스스로 수요를 창출한다'는 이론을 내놓았다. 경제 현상에서 앞서 설명한 공급과잉이 일어나지 않고 이에 따른 불황도 생길 수가 없다고 강조했다.

세의 법칙은 1920년대 말 대공황이 일어나면서 공격을 받았다. 대공황의 여파로 경제가 무너져 공장이 문을 닫고 수많은 사람이 실업자가 됐다. 이에 따라 제품이 팔리지 않고 창고에 수북이 쌓여 먼지만 날렸다. 공급이 수요를 앞질렀다. 공급이 스스로 수요를 창출한다는 세의 법칙은 휴지 조각 신세가 되었다.

그 틈을 타 존 메이너드 케인스가 세의 법칙을 반박하는 경제 이론을 내놓았다. 공급이 아니라 '수요가 공급을 결정한다'고 생각한 그는 정부가 시장에 적극 개입해 소득을 재분배하고 일자리를 창출해야 한다고 주장했다. 경제 위기에 케인스의 이론이 절묘하게 맞아떨어져 세의 법칙은 갈수록 입지가 좁아졌다. 그렇다고 세의 법칙이 이론적으로 큰 결함이 있었던 것은 아니다. 대공황이 큰 악재로 작용했을 뿐이다.

효용가치설과 기술혁신-소비자의 욕구를 파악하라

세는 정부가 시장에 개입하는 것을 철저하게 반대했다. 그는 애덤 스미스의 보이지 않는 손처럼 시장이 자율적으로 움직여야 하며, 그러면 모든 사람이 더 많은 재화를 소비하므로 재화를 소유하지 못하는 불평등과 이에 따른 빈곤을 줄일 수 있다고 믿었다.

세는 한 발 더 나아가 재화의 가치도 연구했다. 그는 가치의 기본은 효용이라고 강조했다. 효용은 인간 욕구를 충족할 수 있는 상품이나 서비스를 만들 수 있는 능력이다. 세의 '효용가치설'은 재화 가치는 소비자의 주관적인 효용에 따라 결정된다는 이론이다. 효용은 제품을 만드는 데 투입되는 노동(노동가치설)이 아니라 소비자들의 주관적인 평가에 따라 결정된다는 얘기다. 결국 기업이 시장에서 돈을 벌려면 소비자의 욕구를 잘 반영한 제품을 만들어 판매해야 한다는 의미다.

효용가치설은 가격 이론에도 영향을 줬다. 제품 생산에 많은 원가가 들더라도 소비자가 외면하면 제품이 팔리지 않아 제대로 된 값을 받기 어렵다. 즉, 효용가치는 시장의 수요와 공급에도 영향을 주고 이를 통해 가격이 결정된다는 논리다. 이 이론은 시장의 수요와 공급이 가격을 결정한다는 경제학의 기본 이론에 토대를 두었다. 세의 효용가치설은 상품 가격은 노동 가치만큼 매겨져야 한다고 주장하는 노동가치설을 일축한 셈이다. 효용가치설을 정리하면 기업이 소비자가 원하는 제품을 만들어 제품 구매로 이어지면 이를 통해 기업이 발전하는 것은 물론 국가 경제 발전으로 이어진다는 주장이다. 특히 효용가치설은 지금처럼 최첨단 정보기술 제품이 쏟아지는 시대에도 들어맞는다.

요즘은 유치원생은 물론 고령층도 대부분 스마트폰을 가지고 있다. 거의 모든 국민이 스마트폰을 갖고 있는데, 첨단 성능을 갖춘 새 스마트폰이 나오면 많은 사람이 환호하고 새로 구매한다. 이 현상은 소비자의 욕구를 잘 반영한 결과다. 공급(최첨단 스마트폰 출시)이 수요(최신 스마트폰 구입)를 창출한다는 세의 법칙이 맞아떨어지는 예다.

결국 세의 법칙은 무조건 제품을 공급해 수요를 창출하기보다는 소비자의 요구를 잘 충족시킬 수 있는 기능을 갖춰야 한다는 점을 보여준다. 효용성 있는, 즉 쓸모 있는 기능을 갖춘 제품이 공급되면 그 쓸모가 수요를 만들어내고 또 다른 효용성을 창출한다.

창문세와 난로세

1642년부터 1651년 사이 영국에서는 왕당파와 의회파가 종교적 자유를 요구하며 잉글랜드내전을 벌인 탓에 나라 곳간이 텅 빌 정도였다. 극심한 재정난을 겪은 영국의 찰스 2세는 왕실 운영에 필요한 세수를 확보하기 위해 1662년 기상천외한 세금을 만들어 국민적 공분을 샀다. 바로 '난로세'였다. 이 세금은 난로 머니, 굴뚝세, 굴뚝 머니 등 다양한 명칭으로 불렸다.

영국 왕실은 운영비로 한 해 120만 파운드(약 18억 4,000만 원)가 필요하다고 생각했다. 난로세 과세 대상은 벽난로가 설치된 주택에 사는 영국인이었다. 집에 설치된 난로 한 개당 2실링이 부과되었다. 1파운드(2021년 기준으로 1,533원)가 20실링인 점을 감안하면 2실링은 153원 정도다. 우리나라 돈으로 환산하면 큰 돈은 아니지만 1662년 당시 물가로 따지면 꽤 많은 금액이었다. 2021년 시세로 계산하면 2실링은 약 2만 1,500원이 넘는다. 난로세는 소득이 넉넉하지 않은 일반 서민들에게 큰 부담이 됐다. 그러나 영국 세무 당국은 일반 영국인의 집에 벽난로가 설치되어 있는지를 확인하기 위해 징수원을 집집마다 보내 불편을 초래했다. 이에 따른 사생활 침해도 논란이 되었다. 결국 1689년 윌리엄 3세는 성난 민심을 달래기 위해 난로세를 폐지했다.

황당한 과세 정책은 여기서 끝나지 않았다. 네덜란드와 네 차례 영란전쟁을 벌인 영국은 전쟁에 필요한 세원을 확보하기 위해 또 다른 세금을 도입했다. 바로 '창문세'다. 찰스 2세의 실정에서 교훈을 얻지 못한 듯 윌리엄 3세는 1696년 주택 창문 수에 따라 세금을 매기기로 했다.

피러르 코르넬리스 판수스트의 영란전쟁 역사화

창문세 과세 대상은 창문이 여섯 개가 넘는 집이었다. 아홉 개 이하 창문이 있는 집은 2실링(현재 시세로 따지면 약 14파운드, 약 2만 1,500원), 10~19개 창문이 있는 집은 4실링(약 4만 3,000원), 20개 이상 창문이 있는 집은 8실링(약 8만 6,000원)이었다. 세금 부담을 느낀 영국 국민은 창문에 흙을 바르거나 벽돌로

창문세 때문에 창문을 막은 영국의 주택

창문을 막았다. 영국에서는 지금도 창문이 없는 오래된 건축물을 쉽게 발견할 수 있다. 난로세와 창문세는 영국판 가렴주구(가혹하게 세금을 거두는 행위)의 전형이라 할 수 있다. 영국민이 잘못된 조세제도에 저항해 창문을 벽돌로 막는 것도 웃지 못할 해프닝이었다. 창문세는 영국민의 반발을 사다 결국 1851년 역사 속으로 사라졌다.

영국을 여행하며 창문이 없는 집을 목격한 세는 창문세 등의 영국 조세제도를 맹비난했다. 조세는 국가나 지방자치단체가 재정 활동에 필요한 재원을 마련하기 위해 국민으로부터 거둬들이는 수입이라는 점에는 이론의 여지가 없다. 그러나 난로세와 창문세처럼 정부가 국민에게 주는 혜택과 세제가 전혀 관계없으면 국

민적 공감대를 형성하기 힘들다. 오히려 세제에 반발하는 조세저 항만 불러일으킬 뿐이다.

세는 정부의 과도한 개입과 설득력 없는 조세정책, 시장 규제 등은 경제활동을 위축시킨다고 강조했다. 자유시장과 자유무역이 당시 프랑스가 직면한 빈곤과 실업을 해결할 수 있다고 믿었다. 그는 규제 완화와 정부 지출 삭감, 조세 부담 경감을 정부가 앞장 서서 시행해야 한다고 역설했다. 그가 주장한 규제 철폐, 조세 삭 감, 정부 지출 축소는 1980년대 레이거노믹스(⟨2. 래퍼 곡선: 아서 래퍼⟩ 참고)의 근간으로 자리를 잡았다.

레이거노믹스 4대 핵심 정책

1. 정부 지출 삭감

2. 소득세와 양도소득세 감세

3. 기업 규제 완화

4. 인플레이션을 막기 위한 통화 공급 억제

미국 제40대 대통령 레이건이 추진한 경제정책인 레이거노믹 스는 감세, 정부 규제 완화 등을 밀고 나갔다. 경제를 활성화하여 '위대한 미국'을 재건하겠다는 그의 열정을 보여주는 대목이다. 이 정책은 정부 개입과 과세가 소비와 경제 활성화를 막는다는 세의 경제관을 반영한 셈이다.

'기업가'라는 용어의 기원

세는 '기업가entrepreneur'라는 표현을 처음 사용한 경제학자이기도 하다. 그는 1803년 발표한 《정치경제학 개론》에서 '기업가 정신 이론'을 언급하면서 모든 생산과정에는 노력, 지식, 그리고 기업가의 능력이 필요하다고 강조했다.

기업가의 자질

첫 번째, 열정, 끈기, 비전, 자신감

두 번째, 소비자가 돈을 주고 살 만한 위대한 아이디어

세 번째, 성공하는 계획

네 번째, 성과를 거두기 위해 꾸준히 실행하는 능력

세에 따르면 기업가는 소비자의 요구를 충족시키기 위해 토지, 자본, 노동 등과 같은 생산요소를 결합하는 생산과정의 중개자다. 결과적으로 이들 생산요소는 경제에서 핵심 역할을 하며, 때로는 경제가 잘 돌아가게 조정하는 기능도 한다. 세의 이론을 정리하면 기업가는 기업 생산활동을 통솔하는 의사결정자일 뿐만 아니라 경제에 중요한 생산요소의 한 축이다. 그는 또 기업가는 날카로운 판단 능력을 갖춰야 한다고 역설했다. 기업가는 시장 수요를 끊임없이 평가하고 시장을 정확하게 판단해야 하기 때문이다. 세는 또 경제성장을 일궈내려면 자본과 생산성을 갖추는 기본 요건 외에

새로운 상품과 시장을 개척해야 하며, 이 과정에도 기업가 정신이 반드시 필요하다고 덧붙였다.

　세는 인간이 계획하거나 의도하지 않은 결과가 나오더라도 이를 다시 본궤도에 올릴 수 있는 자생적 질서는 시장경제만이 보여줄 수 있는 특성이라고 강조했다. 시장경제는 국가의 개입이나 규제가 아니라 보이지 않는 손의 원리에 따라 질서를 갖추게 된다는 주장이다.

19

공산주의

카를 하인리히 마르크스

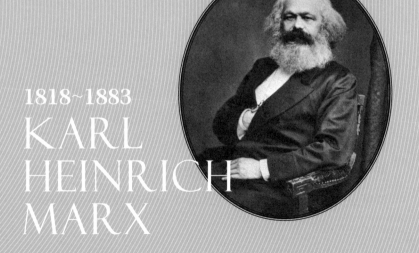

1818~1883

KARL
HEINRICH
MARX

카를 하인리히 마르크스Karl Heinrich Marx(1818~1883)는 1818년 독일 서부 라인란트팔츠주 트리어시 브뤼켄가세에서 태어났다. 트리어는 경제적으로 발전한 핵심 지역이었으며, 한때 프랑스혁명군이 장악해 정치적으로 진보적이었다.

철학자, 경제학자, 역사학자, 사회학자, 정치연구가, 기자, 사회혁명가 등 여러 칭호가 붙는 마르크스는 유대인 집안에서 태어났다. 아버지 하인리히 마르크스Heinrich Marx와 어머니 헨리에테 프레스부르크Henriette Pressburg가 모두 유대인 혈통을 지닌 집안 출신이었다. 마르크스의 외할아버지는 네덜란드 국적을 지닌 랍비였고, 친할아버지 마이어 할레비 마르크스Meier Halevi Marx는 1723년부터 트리어에서 랍비를 교육하고 양성했다. 변호사로서 전형적인 중산층이었던 마르크스의 아버지는 비교적 안락하게 살았다. 마르크스의 아버지는 변호사로 일하며 넉넉한 수임료를 받았을 뿐 아니라 독일 농촌 지역 모젤에 포도밭을 여러 개 소유했다.

경제적으로 풍요롭게 생활한 마르크스의 아버지는 마르크스가 태어나기 전 유대교를 버리고 기독교로 개종했다. 유대인에 대한 박해 등의 불이익을 피하기 위해서였다. 그는 유대인 이름 헤르셸

Herschel을 버리고 독일 이름 하인리히Heinrich로 바꿨다. 마르크스 아버지의 '과거 흔적 없애기' 탓인지 마르크스는 유대인 혈통을 지녔지만 다른 유대인에 대한 애착은 없었다.

9남매 중 셋째로 태어난 카를 마르크스는 큰형 모리츠가 사망한 후 사실상 장남이 되었다. 아버지로부터 사교육을 받은 그는 트리어 고등학교에 입학한 후 열일곱 살 때인 1835년 독일 본 대학교에 들어가 철학과 문학을 전공했다. 대학 시절에는 흥청망청하며 살았다. '트리어 선술집 술고래 모임'에 가입한 그는 부회장으로 활동하며 술을 벗 삼아 지냈다. 그 모습을 지켜본 그의 아버지는 본 대학교보다 면학 풍토가 잘 조성된 베를린 대학교로 아들을 전학시켰다. 그의 아버지는 또한 법학을 전공하라고 종용했다. 아버지의 등쌀에 못 이겨 대학교까지 옮긴 마르크스는 베를린 대학교에서 법학을 전공하고 역사학과 철학 등을 함께 공부했다.

변증법적 유물론-상품 물신주의에 대한 비판

마르크스는 베를린 대학교에서 게오르크 빌헬름 프리드리히 헤겔Georg Wilhelm Friedrich Hegel 철학에 푹 빠졌다. 당시 베를린 대학교에서 교수로 활동했던 헤겔은 윤리를 개인적 측면이 아닌 사회와 역사적 관점에서 바라봤다. 그는 공동체 윤리가 가족, 시민사회, 국가라는 3단계를 거쳐 변증법적으로 발전한다고 주장했다. 변증

게오르크 빌헬름 프리드리히 헤겔

법은 논리에 모순이 있는지를 파악하기 위해 상대방 입장을 듣고 문제점을 조율하는 논리 기법이다. 특히 헤겔은 사물이나 인식이 '정-반-합' 3단계를 거쳐 전개된다고 설명했다. '정正'은 말하는 이가 자신의 논리에 모순이 있지만 파악하지 못하는 단계이며 '반反'은 상대방의 지적을 통해 모순이 드러나는 단계다. 이러한 모순과 반론을 통해 더 나은 결론으로 이어지는 과정이 '합合'이다. 정리하면 역사란 정-반-합 과정을 거쳐 진화한다. 서로 다른 생각과 인생관을 가진 사람들이 모인 집합체가 사회다. 정책이나 방법론을 놓고 서로 충돌할 수밖에 없다. 이때 서로 양보하고 타협해 대안을 마련하는 것이 합리적인 해법이다. 헤겔의 변증법을 이러한 해결책 중 하나로 볼 수도 있다.

마르크스는 여기에 그치지 않고 유물론을 변증법과 접목한 이른바 변증법적 유물론을 주장했다. 유물론은 물질을 제일 중요한 요소로 여기고 정신적인 것을 부차적인 것으로 여기는 철학이다. 따라서 세계 역사는 정신(관념, 이데아)이 아니라 물질에 의해 바뀌었다고 주장한다. 마르크스는 '정-반-합'으로 이어지는 변증법을 통해 인류 역사에서 노동이 차지하는 부분에 눈길을 돌렸다.

마르크스는 봉건제도가 유지된 비결은 농노(소작농)의 노동 때문이라고 설명했다. 그러나 영국에 산업혁명이 일어나 증기기관차가 발명되고 산업이 발전했다. 산업혁명에 따라 신기술이 등장하면서 농업이 아닌 산업이 주요 관심사가 되었다. 이러다 보니 농업은 더욱 피폐해지고 삶의 터전을 잃은 농노들은 일자리를 찾아 도시로 향했다. 영국판 이촌향도 현상이 일어난 것이다. 이러한 사회적 변화를 가져온 물질은 바로 증기기관차라고 마르크스는 주장했다.

마르크스는 또 산업혁명으로 경제 중심축이 봉건시대 영주에서 돈을 가진 자본가로 바뀌었다고 강조했다. 따라서 생산 주체인 농노가 사라진 봉건제도는 몰락할 수밖에 없었다고 분석했다.

마르크스의 경제관에 따르면 자본주의에는 이른바 '상품 물신주의commodity fetishism'가 자리 잡았다. 물신주의는 인간이 상품이나 돈 등 생산물을 신처럼 숭배하는 현상이다. 물신주의를 뜻하는 페티시즘fetishism은 맹목적 숭배를 가리킨다. 이 용어는 원래 종교에서 비롯됐다. 원시종교는 물건에 초자연적인 힘이 깃들어 있다고

카를 하인리히 마르크스의《자본론》

믿고 숭배했다. 새 깃털을 비롯해 나뭇조각, 돌조각 등에 영험한 힘이 있다고 믿은 원시시대 사람들은 이들을 숭배함으로써 병을 치료하거나 재앙을 면하려 했다. 마르크스는 1867년 저서《자본론Das Kapital》에서 노동의 산물인 상품이 사람들 사이에서 신처럼 여겨지는 현상을 비난했다. 그는 또 생활의 한 수단에 불과한 돈과 상품이 자본주의 체제에서 신성한 존재가 됐다고 지적했다.

인류 역사는 원시 공산사회에서 출발해 노예를 둔 고대를 거쳐 농노를 둔 중세 봉건제도로 바뀌었다. 그 후 자본주의 사회로 탈바꿈했지만 자본주의의 체제적 문제점 때문에 사회주의 사회를 거쳐 결국 공산주의 사회로 귀결될 것이다.

마르크스가 말한 자본주의 문제점은 빈부 격차, 이에 따른 불평등, 분배의 와해 등이다. 그는 결국 이러한 모순을 해결할 수 있는 '마술 지팡이'가 공산주의라고 강조했다.

공산주의·사회주의·자본주의의 차이

그렇다면 자본주의, 사회주의, 공산주의는 과연 무엇일까. 세계 정치, 경제 사조를 따질 때 자주 등장하지만 헷갈리는 개념이 자본주의, 사회주의, 공산주의다.

사유재산을 보장하는 자본주의는 이윤을 얻기 위한 상품 생산과 소비가 이뤄지는 경제체제다. 최대 목적은 이윤을 얻는 것이며, 이윤 추구 활동을 권장한다.

이에 비해 사회주의는 반자본주의 성향을 지닌다. 사회주의는 말 그대로 개인의 자유보다는 사회를 더 중요시하는 체제다. 인간은 독립적인 존재가 아니며 인간성은 물론 개인 능력도 사회에서 형성되므로 개인 소유물이 아니다. 또한 사회주의는 생산수단을 공동으로 소유하고 통제한다. 마르크스는 자본주의 문제점이 사유재산제도에서 시작되었기 때문에 생산수단을 공동으로 소유하거나 국유화하면 경제적 불평등을 없앨 수 있다고 강조했다. 사회주의 핵심 이념 중 하나는 경제적 불평등을 해소하는 일이다. 사회주의는 물질적 결핍으로부터 인간을 해방하기 위해 재화 생산보다는 분배 문제에 초점을 맞추었다.

그렇다면 공산주의는 무엇인가. 공산주의communism의 어원은 'commune'이다. 다른 사람과 나눈다는 뜻을 지닌 라틴어가 어원이다. 공산주의는 말 그대로 사회 공동체 재산이 구성원 모두에게 속하는 제도다. 이에 따라 사유재산제를 인정하지 않고 재산을

공산주의 • 카를 하인리히 마르크스

공유해 부자와 가난한 자 간의 괴리가 없는, 즉 계급이 없는 평등 사회를 만들자는 사상이다.

문제점투성이인 자본주의 사회가 공산주의 사회로 발전하려면 진통이 따른다. 이 과도기에 프롤레타리아 독재가 필요하다.

마르크스가 언급한 프롤레타리아는 고대 로마의 '프롤레타리우스proletarius'에서 비롯된 말이다. 프롤레타리아는 정치적 권리나 병역 의무가 없고 어린이proles만 낳는 무산계급 또는 노동계급을 뜻한다. 마르크스는 자본주의 사회가 발전할수록 재력이 자본가에게 집중되고 프롤레타리아 계층은 절대적 빈곤에 빠진다며 이같이 주장했다.

사회주의는 공산주의로 가기 위한 과도기적 단계다. 사회주의가 무르익어 사유재산과 계급과 국가가 모두 사라진 높은 단계에 진입하면 공산주의가 된다.

즉, 공산주의는 사회주의의 제2단계다.

산업혁명과 빈부 격차

헤겔이 제시한 관념론은 정신과 이성 등을 중요하게 여기고 이를 통해 물질적 현상을 밝히려는 이론이다. 즉, 인간의 정신이 제일 중요하다는 전제를 깔고 있다. 반면 마르크스가 관심을 보인 유물론적 사상은 인간의 생산활동 등 물질적인 삶이 더 중요하다고 역설한다. 관념론은 종교, 문화, 철학, 역사 등 정신적인 면을 중요하게 여기지만 유물론은 노동 등 인간 생산활동이 핵심이라고 본다.

마르크스가 유물론에 집착한 이유는 무엇일까. 마르크스가 살았던 시대는 영국에서 출발한 산업혁명의 거센 바람이 불던 시기였다. 산업혁명으로 거대한 자본을 축적한 자본가가 등장했지만 이에 따른 극심한 빈부 격차도 심각한 사회·경제적 문제가 됐다. 특히 18세기 영국과 프랑스 등 주요 경제국에는 노동자의 단결을 막는 법규가 자리 잡고 있었다. 1791년 프랑스에서 제정된 르샤플리에법, 1799년 영국에서 제정된 단결금지법이 대표적인 예다. 르샤플리에법은 프랑스 북서부 지역인 브르타뉴 출신 국회의원 르샤플리에의 이름에서 따온 것이다. 프랑스혁명(1789~1794)이 한창이던 1791년 르샤플리에는 길드(중세 유럽의 동업자조합)가 폐지된 후 노동자들이 임금인상 투쟁을 벌이는 모습을 보고는 길드제 폐지에 따른 임금인상은 개별적으로 이뤄져야 한다며 노동조합 활동을 금지하는 법을 가결시켰다.

산업혁명에 따른 실업과 임금 하락에 항의하는 기계 파괴 운동도 벌어졌다. 대표적인 예가 러다이트 운동이다. 산업혁명이 진행 중이던 1811∼1817년 영국 직물공업에 기계가 도입되었다. 그동안 사람이 하던 일을 기계가 대신하는 시대가 열렸다.

당시 영국은 프랑스의 나폴레옹과 전쟁을 벌여 승리했지만 경제적 불황 때문에 일자리가 줄고 실업자가 넘쳐났다. 설상가상으로 일부 악덕 기업주가 임금을 제때 주지 않는 임금체불까지 일삼았다. 여기에 직물기계 등으로 기계화가 진전되어 삶이 어려워지자 노동자들은 실업과 생활고의 원인을 기계 탓으로 여기고 기계 파괴 운동을 벌였다.

기계 파괴 운동은 네드 러드Ned Ludd라는 지도자가 이끈 것으로 알려져 '러다이트 운동'이라고 불린다. 기계 파괴 운동은 처음에는 영국 노팅엄의 직물공장에서 시작해 랭커서, 체셔, 요크셔 등 북부의 여러 주로 확산했다. 결국 러다이트 운동은 정부의 단속으로 중단됐지만 산업화와 기계화에 따른 인간 소외라는 어두운 단면을 보여주었다.

근로자 인권 침해 문제도 수면 위로 떠올랐다. 결국 영국의 단결금지법은 1824년, 프랑스의 르샤플리에법은 1864년에 폐지되어 노동자가 노동조합을 결성할 수 있게 되었다. 1936년 2월 5일 개봉된 영화 〈모던 타임스Modern Times〉에는 영국 희극배우이자 영화감독이며 제작자 찰리 채플린Charles Spencer Chaplin이 분한 주인공과 단순 노동자들이 컨베이어 벨트에서 하루 종일 나사못을 조이

러다이트 운동

러다이트 운동의 지도자 네드 러드

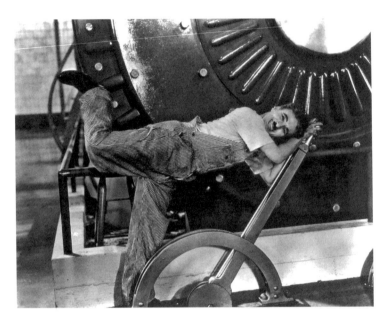

영화 (모던 타임스)

는 모습이 나온다. 분업화 시대에 노동자들이 기계 부품처럼 공장에서 일하는 장면이다.

잉여가치와 산업예비군에 관한 논란

마르크스는 이른바 '잉여가치'도 자본주의 체제의 대표적인 맹점이라고 공격했다. 잉여가치는 제품을 판매하여 번 금액과 제품을 생산하는 소유주(사장)가 제품을 제조하는 데 드는 비용의 차액이다. 즉, 매출액에서 제품 생산에 들어가는 재료, 공장 운영비, 인건비 등을 뺀 금액이다. 마르크스는 잉여가치를 자본가(소유주 또는 사장)가 아닌 근로자와 나눠야 한다고 주장했다. 자본가는 노동자가 일한 만큼 임금을 지불해야 하는데 실제로 지급하는 것은 최소한의 생계비 정도라는 얘기였다.

마르크스는 자본가가 노동자에게 충분하게 보상하지 않는 이유는 '산업예비군'이 넘쳐나기 때문이라고 주장했다. 산업예비군은 노동 수요가 감소해 발생하는 실업자, 즉 실업 인구다. 마르크스는 산업화에 따른 기계화로 일자리를 잃는 노동자(산업예비군)가 서로 일자리를 얻기 위해 경쟁적으로 임금을 낮춰 자본가로서는 근로자에게 많은 돈을 주지 않아도 된다며 여기서 생기는 '남는 돈'이 잉여가치라고 주장했다. 그는 산업예비군이 많을수록 임금을 생계 수준 이하로 떨어뜨리는 악역을 한다고 강조했다. 그에

카를 하인리히 마르크스의
《공산당 선언》

따르면 이게 자본주의의 맹점이었다.

잉여가치론의 배경에는 영국 경제학자 윌리엄 페티William Petty와 영국 철학자 겸 정치사상가 존 로크John Locke가 주장한 노동가치설이 자리 잡고 있다. 노동가치설에 따르면 상품 가치는 노동에 의해 만들어지고 가치 크기는 노동 시간과 비례한다.

마르크스는 자본주의의 문제점을 질타하고 1848년 《공산당 선언Manifest der Kommunistischen Partei》을 발표했다. 이후에도 그는 자본주의 경제체제의 맹점을 신랄하게 공격했다.

자기실현적 예언의 한계

마르크스의 경제사회관은 한동안 맞아떨어지는 듯했다. 1929년 대공황이 일어나 수많은 공장이 문을 닫고 길거리에 실업자가 쏟아져 나오자 자본주의 체제가 한계에 도달했다는 분노의 목소리가 분출됐다. 또한 1917년 10월혁명으로 탄생한 소비에트사회주의연방공화국(소련), 공산화 물결에 휩싸인 동유럽 국가, 1949년 10월 1일 중국의 공산화 등은 마르크스의 세계관이 현실이 되었다는 분위기를 자아내기에 충분했다.

그러나 그게 전부였다. 자본주의는 마르크스의 주장처럼 체제의 문제점을 드러냈지만 스스로 잘못된 것을 고쳐나가는 조정 작용을 갖췄다. 예컨대 미국은 1929년 대공황을 겪으면서 독점금지법을 만들었다. 이에 따라 시장 지배력이 50퍼센트가 넘는 기업은 독과점법에 걸려 규제를 받았다.

마르크스가 꿈꿨던 '원시시대 → 노예제도 기반 봉건제도 → 자본주의 → 사회주의 → 공산주의'의 진화도 일어나지 않았다. 심지어 마르크스의 사상에 동조했던 옛 소련 등 동유럽 국가들의 공산주의는 몰락하는 신세가 되었다. 중국도 경제체제에 공산주의가 아닌 자본주의 체제를 받아들이고 있다.

마르크스가 노동가치설을 통해 주장한 '동일 노동-동일 임금'도 도마 위에 올랐다. '노동의 가치=재화의 가치'라는 그의 주장은 첨단기술력, 경영 혁신, 창의력, 그리고 인센티브 추구 성향 등의 현실을 무시한 오류였다.

마르크스가 만약 살아 있다면 현재 거의 모든 기업에 등장한 노동조합을 보고 깜짝 놀랄 것이다. 그가 주장한 노동자 탄압은 옛날 얘기가 됐다. 노동자들의 권한이 경계를 넘어 최근에는 노동조합의 경영 개입이 지나치다는 논란까지 나오고 있는 게 엄연한 현실이다.

공산주의 체제의 최대 문제점은 자유가 결핍된 데 따라 나타나는 개인의 자유·창의성·책임감의 부재다. 경직된 공산주의 사회에서는 보이지 않는 손이 작동하는 시장의 자동 조절 기능과 개인의 창의성 발휘를 상상할 수 없기 때문이다. 국가가 독점하는 생산방식에 의존한 공산국가들은 경제를 발전시킬 원동력을 찾지 못했다. 낙후한 경제체제로서는 전반적인 복지 수준이 낮은 상태에 머물 수밖에 없었다. 이와 함께 생활수준도 하향 평준화되었기 때문에 평등이라는 공산주의 가치도 공허한 메아리로 남았다. 지하에 있는 마르크스로서는 자기 이론의 오류에 땅을 치며 통곡할 지도 모른다.

20

행동경제학

리처드 세일러

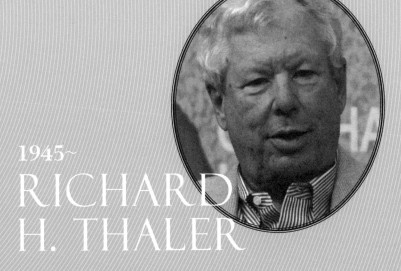

1945~

RICHARD
H. THALER

리처드 세일러Richard H. Thaler(1945~)는 1945년 9월 12일 미국 뉴저지주에 있는 인구 7만 명의 소도시 이스트오렌지에서 태어났다. 세일러는 유대인 집안 출신이다. 그의 어머지 로슬린 멜니코프Roslyn Melnikoff는 교사로 근무하다가 부동산 중개업자가 되었다. 아버지 앨런 모리스 세일러Alan Maurice Thaler는 뉴저지주 최대 도시 뉴어크에 있는 금융회사 프루덴셜파이낸셜에서 보험계리사로 활동했다.

세일러는 뉴어크 아카데미(고등학교)를 졸업한 후 오하이오주에 있는 케이스 웨스턴 리저브 대학교에 입학했다. 그 후 로체스터 대학교에서 석사와 박사 학위를 받고 로체스터 대학교에서 교편을 잡았다. 현재 시카고 대학교 부스경영대학원에서 교수로 활동하고 있다.

행동경제학의 지평을 넓히다

세일러는 최근 두각을 나타내고 있는 행동경제학자 가운데 한

명이다. 행동경제학은 소비자 행동을 토대로 경제 현상을 해석한다. 기존 경제이론에 그치지 않고 소비자의 행태까지 면밀하게 분석한다. 전통적인 경제학 이론에 인간의 심리를 분석하는 심리학을 접목한 일종의 경제심리학인 셈이다.

기존 경제학은 인간이 물질적 동기에 따라 행동하는 합리적 존재라는 가정에서 출발했다. 경제학의 아버지 애덤 스미스도 《국부론》에서 '인간은 이기심으로 움직이는 존재'라고 주장했다. 또한 기존 경제학은 인간이 경제활동을 할 때 이성에 근거해 항상 합리적인 결정을 내리는 '호모이코노미쿠스Homo Economics(경제인)'라고 여겼다. 존 스튜어트 밀이 저서 《정치경제학》에서 처음 소개한 호모이코노미쿠스는 경제학의 기본 전제로 자리 잡았다. 호모이코노미쿠스는 새로운 정보를 접하면 기대효용 이론에 따라 최선의 선택을 한다. 기대효용 이론은 인간이 불확실한 상황에서 효용가치를 극대화할 수 있는 의사결정을 내린다는 뜻이다. 즉, 인간은 미래에 무슨 일이 일어날지 모른다는 가정하에 실현 가능한 여러 상황을 분석하여 현명하게 의사결정을 한다는 이론이다.

그러나 행동경제학은 인간의 행동을 다른 관점에서 봤다. 위험회피가 대표적인 예다. 위험회피는 불확실성이 큰 결과보다는 불확실성이 낮은 결과를 선호하는 현상이다. 예를 들어보자.

홍길동은 친구와 게임하다가 두 가지 선택을 해야 하는 상황에 놓였다. 첫 번째는 동전 던지기 게임에서 결과에 관계없이

니콜라우스 베르누이

무조건 50달러를 받는 경우다. 두 번째는 동전을 던져 100달러를 받거나 아니면 돈을 한 푼도 받지 못하는 경우다.

　이러한 상황에서 사람들 대부분은 50달러를 받는 쪽을 택한다. 물론 100달러를 받기 위해 두 번째를 선택하는 사람도 있을 것이다. 그러나 대다수 사람들은 불리하고(돈 한 푼 못 받는 상황) 불확실한 조건보다는 만족스럽지는 않지만 확정된 상황(50달러)을 더 좋아한다.

　행동경제학에서 다루는 또 다른 내용은 '상트페테르부르크의 역설'이다. 스위스 수학자 니콜라우스 베르누이Nicolaus Bernoulli가 제시한 이 이론은 도박을 통해 얻을 수 있는 기대치는 무한대일 수 있지만 끝까지 도박에 참여하는 사람은 거의 없다는 얘기다. 예를 들어보자.

　러시아 북서부 도시 상트페테르부르크에 있는 한 도박장에서 화끈한 도박이 벌어졌다. 도박에 참가한 이들은 동전을 던져 앞면이 나오면 돈을 버는 방식의 게임을 했다. 처음에 동전 앞면이 나오면 2달러를 받고 그다음부터 상금을 2배로 늘리는 방식이다. 처음에 동전을 던져 앞면이 나오면 2달러, 두 번째 동전 던지기에서 앞면이 나오면 4달러, 그다음에 8달러, 16달러, 32달러, 64달러, 128달러, 256달러…순으로 상금이 계속 2배로 늘어난다. 동전의 앞면이 나올 확률은 반반, 즉 50퍼센트다. 처음에 동전을 던져 앞면이 나오면 2달러를 받지만, 두 번째, 세 번째 연속으로 앞면이 계속 나올 가능성은 적다. 이처럼 운이 좋으면 돈을 계속 벌 수 있겠지만 대다수 사람들이 게임에 '끝까지' 참여하지 않는 이유는 이러한 확률 때문이다.

우리가 일상생활에서 흔히 접하는 로또복권도 마찬가지다. 한 사람이 받는 1등 당첨 금액이 10억 원에 근접하지만 1등 당첨은 확률적으로 쉽지 않다. 당첨 확률이 낮은데도 많은 사람이 로또복권을 사기 위해 줄을 서는 이유는 무엇일까. 사람들이 '위험회피'와 '상트페테르부르크의 역설' 사이에서 고민하며 결정을 내리기 때문이다.

복권 당첨 확률은 매우 낮으므로 어떻게 보면 복권을 구입할 필요가 없다. 그러나 사람들은 복권 구입 가격을 위험 요인으로 여기지 않는다. 가격이 저렴하기 때문이다. 당첨 확률은 매우 낮지만 투입 비용에 비해 투자 위험도가 크지 않기 때문에 지갑을 열어 복권을 구입한다. 결국 복권처럼 당첨 확률이 낮은 상품에 대해 소비자들은 당첨에 따른 '기대수익률'을 갖고 있다는 얘기다.

행동경제학 • 리처드 세일러

대니얼 카너먼

다소 역설적이지만 인간의 어쩔 수 없는 속성이기도 하다.

인간이 합리적? 천만의 말씀!

행동경제학은 인간 감정이나 심리적 측면에 더 주목한다는 점에서 기존 경제학과 뚜렷하게 다르다. 이스라엘 경제학자 겸 심리학자 대니얼 카너먼Daniel Kahneman 프린스턴 대학교 심리학-공공분야 명예교수는 인간이 자기 이익을 늘 합리적인 방식으로 추구하는 존재가 아니라고 단언했다. 2002년 노벨경제학상을 수상한 카너먼은 이렇게 강조한다.

행동경제학

인간 심리와 본성이 예측 불가능하므로 인간의 합리성만 고집해서는 안 된다.

세일러의 견해도 같다. 그는 경제학에 심리학 등 사회과학을 접목해 좀처럼 예측하기 힘든 인간 행동과 경제활동의 함수관계를 찾으려 노력했다. 수십 년간 행동경제학을 연구하며, 호모이코노미쿠스라는 잘못된 전제에서 출발한 주류 경제학의 맹점을 파헤치려 노력했다. 즉, 불완전한 속성을 지닌 인간이 어떤 상황에서 경제활동을 하는지를 파악하려 했다.

엄밀하게 말하면 행동경제학은 세일러에 앞서 허버트 알렉산더 사이먼이 체계적으로 연구했다. 사이먼은 합리적 인간을 다룬 주류 경제학과 달리 경제학은 제한된 합리성을 가진 인간을 연구해야 한다고 강조했다. 그는 인간이 올바른 선택에 필요한 정보가 제한되고 주어진 정보를 완벽하게 분석하는 데 한계가 있으므로 결국 완벽한 판단과 선택을 하지 못한다고 설명했다. 이러다 보니 합리성보다는 주먹구구 방식을 선택할 수밖에 없다. 결국 인간은 정보가 부족하고 시간적 제약을 받으며 인지능력도 한계가 있으므로 결코 100퍼센트 합리적이지 않다는 것이다.

그렇다고 인간의 불완전성을 탓할 수만은 없다. 인간의 불완전성과 때로는 이율배반적인 성향 때문에 행동경제학이 등장했기 때문이다. 소비자 경제활동을 더 잘 이해하도록 도와주기 때문에 학계는 물론 기업 등에서도 행동경제학을 적극 활용하고 있다. 소비자를 대상으로 제품을 판매하는 마케팅이나 주식 투자 등에도 행동경제학 이론이 적용되고 있다. 심지어 미국 중앙은행 연방준비제도도 행동경제학 연구소를 만들어 소비자의 경제활동을 연구하며 금융정책에 반영하고 있다. 행동경제학은 기존의 딱딱한 경제이론이 규명하지 못한 소비자의 행동을 분석해 이론으로 체계화했다는 점에서 높이 평가할 만하다.

승자의 저주

치열한 경쟁에서 승리했다면 형언할 수 없는 기쁨을 만끽해야 하는 게 당연한 이치다. 그런데 승리를 축하하며 와인 잔을 들기보다는 땅을 치며 후회하는 경우가 생긴다면 어떻게 해야 할까. 이처럼 승리가 기쁨이 아닌 후회 혹은 저주로 이어지는 것을 '승자의 저주'라고 부른다. 세일러는 1992년 저서《승자의 저주: 경제생활의 역설과 변칙The Winne's Curse: Paradoxes and Anomalies of Economic

Life》을 통해 '승자의 저주'를 선보였다.

에피루스의 왕 피로스

승자의 저주는 피로스왕과 관련 있다. 고대 로마 철학자 겸 저술가 플루타르코스Plutarchos가 쓴 영웅전 《피로스의 삶Life of Pyrrhus》에 따르면 피로스는 기원전 3세기 고대 왕국 에피루스의 왕이었다. 피로스왕은 기원전 279년 병력 2만 5,000여 명에 달하는 군대를 이끌고 로마를 침공했다. 아스쿨룸의 전투로 불리는 이 싸움에서 피로스왕은 승리를 거뒀지만 희생도 컸다. 병사 가운데 70퍼센트가량이 전투에서 목숨을 잃었기 때문이다. 피로스왕의 승리는 남는 게 별로 없는 승리, 즉 상처뿐인 영광이었다. 승자의 저주는 피로스왕의 승리와 같은 상황을 말한다. 다른 말로 '피로스의 저주'라고도 한다. 즉, 치열한 경쟁에서 이겼지만 그 과정에서 너무 많은 것을 잃어 결과적으로 손해가 큰 상황이다.

승자의 저주는 경매나 기업 인수합병M&A, 기업공개IPO, 주파수 경매 등에서 많이 볼 수 있다. 특히 기업 인수합병에서 자주 나타난다. 인수 경쟁에 돌입한 기업이 적정 가치를 크게 웃도는 금액을 지불해야 하는 경우가 가끔 발생한다. 그 결과 인수에 따른 시너지 효과는 별로 얻지 못하고 오히려 막대한 인수 자금을 마련하느라 손해 볼 때가 있다. 이때 기업이 승자의 저주에 빠졌다고 한다.

일반적으로 A라는 기업이 기업 B를 인수하려 할 때 다양한 방법으로 B에 관한 정보를 얻으려 하지만 때로는 정보가 불충분하여 B의 객관적 가치를 제대로 평가하기가 어렵다. 설상가상으로 예상치 못한 부채, 이른바 돌발부채도 인수 과정에 등장할 수 있다. 현실을 뒷받침하듯 세계적 경영 컨설팅업체 매킨지McKinsey & Company가 조사한 바에 따르면 기업 인수합병 사례의 절반 이상이 기업 가치를 제대로 평가하지 않은 채 이뤄졌다고 한다. 정보 비대칭성의 영향을 받았기 때문이다. 비대칭성은 사물이 서로 같은 모습으로 짝을 이루지 못한다는 뜻이다. 즉, 정보의 비대칭은 거래 당사자 가운데 한쪽이 다른 쪽보다 제품이나 서비스에 관한 정보를 더 많이 가진 상태다.

정보의 비대칭성은 보험회사와 보험 가입자, 주주와 경영자 간의 관계를 설명할 때 자주 등장한다. 보험 가입자는 (보험료 부담 때문에 자신의 건강 상태가 나쁘더라도) 보험회사에 제대로 알리지 않고 가입하는 성향이 있기 때문이다. 보험회사는 건강검진을 의무적으로 실시하는 등 보험 가입자의 도덕적 해이를 막으려 한다.

원래 승자의 저주는 1950년대 미국 텍사스주 해양 석유채굴권 경매에서 유래했다. 당시 석유채굴권을 확보하기 위해 경매에 참가한 업체(응찰 업체)들이 앞다퉈 높은 입찰 가격을 제시하여 입찰 과정이 뜨겁게 달아올랐다. 결국 입찰을 통해 결정된 가격(낙찰가)은 2억 달러에 달했다. 그 후 낙찰받은 업체가 유전을 시추해 보니 실제 석유 매장량은 500만 달러어치에 불과했다. 실제 가치보다 터무니없이 높게 결정된 낙찰가로 큰 낭패를 본 것이다.

기업공개도 예외는 아니다. 기업공개는 특정 기업이 일반 투자자들을 상대로 주식시장에서 최초로 주식을 파는 것을 말한다. 즉, 회사 주식을 불특정 다수의 투자자에게 공개해 주식을 분산해 소유하도록 하는 것이다. 기업은 주식시장에 상장하기 전에 기업 재무 현황 등을 공개하는 절차를 밟는다. 이를 통해 기업공개를 한 회사는 더 성장할 수 있는 자금을 조달한다. 그런데 특정 기업이 기업공개를 통해 자금을 조달할 때 회사 가치와 성장 가능성을 지나치게 부풀려 투자자들로부터 자금을 모을 가능성이 있다. 그 후 투자자들이 상장기업의 경영 상태를 파악해보면 애초 알려진 것과 달리 투자 가치가 없는 경우도 있다. 이 사례도 승자의 저주 중 하나다.

이동통신 시장도 승자의 저주에 자주 빠지는 업종 가운데 하나다. 각국 정부가 한정된 주파수를 경매에 부쳐 팔기 때문이다. 일반적으로 2세대2G 이동통신 시장에서 3세대3G, 4세대4G로 통신망을 업그레이드하려면 주파수 대역을 넓히는 과정이 필요하다. 문제는 업그레이드된 통신망 사업을 따내더라도 때로는 각국 통신 인프라 수준과 소비자 수요가 부진하여 막대한 금액을 투자한 만큼 돈을 벌기가 쉽지 않다는 점이다. 한 예로 독일 이동통신업체 모빌컴은 2000년 무려 84억 유로(약 11조 원)를 내고 3G망 주파수를 샀다. 그러나 모빌컴은 3G 사업에서 경영난을 겪고는 3년 만에 사업권을 반납하고 시장에서 떠났다. 영국 이동통신업체 브리티시텔레콤BT도 2000년 영국, 독일 등 주요 시장에서 'IMT-2000(3세대 영상 이동통신)' 사업권을 확보했지만 몇 년 동안 경영난에 시달리는 후유증을 앓았다.

우리나라에도 승자의 저주 사례가 많다. 대표적인 예가 금호아시아나그룹이다. 금호아시아나그룹은 한때 10대 대기업 반열에 올랐지만 무리한 기업 인수합병으로 승자의 저주 늪에 빠졌다. 금호아시아나그룹은 2006년 11월 당시 국내 시공 능력 1위 건설업체 대우건설을 6조 4,000억 원에 인수한 데 이어 2008년 3월 물류업계 1위 대한통운을 4조 1,040억 원에 사들였다. 이에 힘입어 금호아시아나그룹은 재계 순위(자산 기준) 7위까지 치솟았다. 그러나 덩치를 키운 금호아시아나그룹의 행복은 여기까지였다. 대우건설을 인수하는 과정에서 KDB산업은행 등 금융회사로부터 3조 원을 빌린 일이 그룹 경영의 발목을 잡는 계기가 되었다. 2008년 글로벌 금융위기가 일어났고 그 여파로 건설업이 부진에 빠졌기 때문이다. 금호아시아나그룹은 2009년 6월 대우건설을 재매각한다고 발표했지만 매각이 제때 되지 않았다. 결국 금호산업과 금호타이어가 워크아웃(기업재무개선작업)에 돌입했다. 워크아웃은 부도로 쓰러질 위기에 있는 기업 가운데 회생시킬 가치가 있는 기업을 골라 살려주는 작업이다. 결국 대우건설은 산업은행이 인수하고 대한통운은 CJ그룹이 인수해 CJ대한통운으로 회사 간판을 바꿨다. 금호아시아나그룹의 사례는 야심 찬 기업 인수합병이 때로는 회사 덩치를 키우는 역할을 하지만 글로벌 위기 등이 나타나 외부 경영 여건이 악화하면 기업의 생명까지 위협하는 승자의 저주가 될 수 있다는 점을 보여준다.

넛지의 매력에 빠져라

네덜란드 수도 암스테르담에 있는 스키폴공항 당국에 남성 화장실이 지저분하다는 이용객의 불만이 쇄도했다. 이유를 알아보니 남성 화장실 이용객들이 소변기에 제대로 조준하지 못해 소변이 밖으로 튀는 문제점이 있었다. 공항 당국은 고민에 빠졌다. 그때 공항 직원 한 명이 남성 소변기에 파리 스티커를 붙이자고 주장했다. 소변기 표면에 붙어 있는 것처럼 보이는 파리를 뜨거운 소변으로 제압하려는 남성의 본능을 자극하자는 것이었다. 결과는 어땠을까. 놀랍게도 변기 밖으로 튀는 소변의 양이 80퍼센트 이상 줄어 악취가 크게 감소했다. 청소 비용도 눈에 띄게 줄었다.

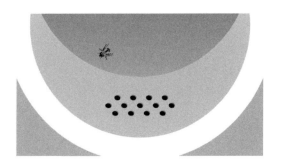

행동경제학 • 리처드 세일러

만일 소변기에 파리를 그려 넣지 않고 '소변기 밖으로 튀지 않도록 주의하세요'라는 경고성 문구만 붙였다면 오히려 반발 심리 때문에 화장실이 더 오염됐을지도 모른다.

미국 미네소타주는 세금 미납자에게 독특한 안내문을 발송했다. 일반적으로 납세를 제대로 하지 않으면 '세금을 내지 않으면 처벌받습니다'라는 경고성 문구가 담긴 독촉장을 보내기 마련이다. 그런데 미네소타주 조세 당국은 '미네소타 주민의 90퍼센트 이상이 이미 납세 의무를 마쳤습니다'라는 내용을 담은 편지를 발송했다. 그 결과 미납자 대부분이 세금을 내는 상황이 벌어졌다. '남들은 대부분 세금을 냈다'는 말로 미납자를 자극해 '정상적인' 납세자 집단으로 들어오도록 유도한 것이다.

이처럼 명령이나 지시 같은 강압적인 방법이 아닌 상대방의 선택을 유도하는 방식을 영어로 '넛지Nudge'라고 한다. 넛지는 원래 '팔꿈치로 살짝 찌르다'는 뜻이다. 세일러는 2008년 저서 《넛지: 건강, 부, 행복을 개선하는 방법Nudge: Improving Decisions About Health, Wealth, and Happiness》을 통해 소비자가 현명한 선택을 하도록 부드럽게 유도해야 한다고 설명했다. 이 이론을 흔히 '선택설계'라고 부른다.

넛지 이론은 현실 생활에서 많이 적용되고 있다. 학교 앞에 설치된 어린이보호구역(스쿨존)도 대표적인 예다. 운전자들이 학생들을 보호할 수 있도록 차량 주행 속도를 시속 30킬로미터 이하로 줄이는 스쿨존은 운전자들에게 경각심을 불러일으키기에 충분했다. 이에 따라 학교 앞 교통사고가 크게 줄어들고 있는 추세다. 지하철 좌석에 표시된 분홍색 좌석도 마찬가지다. 몸이 불편한 임산부를 위해 분홍색 좌석을 따로 마련한 것이다. 이에 따라 (물론 지금도 일부 양심이 없는 사람들은 앉지만) 임산부 전용 좌석은 대부분 임산부가 앉을 때까지 빈 좌석으로 남기 마련이다.

일각에서는 넛지가 개인의 자유를 무시하는 '시장 개입'이라고 주장한다. 그러나 세일러는 스스로를 '자유주의적 개입주의자'라고 칭한다. 누군가의 지시나 강압이 아닌 부드럽고 상대방을 배려하는 '소프트 파워'가 사회를 더 발전시킨다는 뜻이다. 소프트 파워는 강제나 보상이 아닌 설득과 보편타당성을 통해 원하는 것을 얻는 능력이다. 넛지가 정책 변화를 위한 사회경제적 비용을 추가로 지불하지 않고 사회 구성원을 배려하며 행복하게 만드는 효과를 거두고 있다는 점도 무시할 수 없다. 부드럽지만 강한 힘을 발휘하는 넛지 이론은 지금도 전 세계 많은 나라의 정부 당국과 기업이 여러 방식으로 활용하고 있다.

종합 문제

1. 근대 경제학의 효시이자 대표적인 고전경제학파 경제학자 애덤 스미스는 저서 《국부론》을 통해 시장이라는 (   )이 국부를 효율적으로 분배하는 최적의 수단 이라고 강조했다.

2. 16세기 영국에서 모직물 공업이 발달하여 양털 가격이 급등하자 지주들이 수입을 늘리기 위해 농경지를 목초지로 만든 조치는?

3. 19세기 영국에서 일부 대기업이 경쟁 업체와 손잡고 제품 가격을 올려 소비자에게 부담을 준 행위는? 특정 업체가 다른 사업자와 짜고 가격을 올리거나 신규 진입한 경쟁자에게 불리한 사업 조건을 만드는 행위다.

4. 경제활동에 참여하는 모든 이가 완전하고 동일한 정보를 갖지는 못하는 현상으로, 대표적인 예가 중고차 시장과 보험업계인 것은?

5. 경기 불황과 물가상승이 동시에 나타나는 현상을 A라고 한다. 또한 A보다 경기 불황과 저성장 구도가 오래 이어지면 B라고 한다.

6. 세율이 증가하면 조세 수입이 늘어나지만 일정 수준이 지나면 조세가 오히려 줄어든다는 내용을 담은 이론은?

7. 로널드 레이건 전 미국 대통령이 감세를 통해 경제성장을 이끈 경제정책을 (   ) 라고 한다.

8. 급증하는 인구수 때문에 소득 증가 속도가 주춤해지므로 인류가 더 행복해질 수 없다는 내용을 담은 이론은?

9. 미국 경제학자 해리 덴트가 주장한 내용으로 생산가능인구 비율이 급속히 줄어 국가 경제와 사회에 부정적인 영향을 주는 현상은?

10. A는 특정 국가의 화폐가치와 금속 중량 등 특정 기준을 등가 관계로 맺는 것을 뜻한다. 이를 통해 화폐단위 가치를 금의 일정량 가치와 묶으면 B라고 부른다.

11. 1944년 7월 44개국 대표단이 미국 뉴햄프셔주에 모여 체결한 다자주의 협정으로 금 1트로이온스에 35달러로 금 가격을 고정한 국제통화 체계는?

12. 1815년 영국은 프랑스 등 유럽 지역 농산물이 수입돼 곡물 가격이 급락하여 지주 등 정치적 지지층이 크게 반발하자 (   )을 선포해 수입 곡물 가격에 관세를 부과했다. 이는 지주 이익을 극대화한 정치적 조치였다.

13. '농업'과 '물가상승'을 뜻하는 말의 합성어로 곡물 가격 인상에 따른 물가상승을 나타내는 용어는?

14. 임차료가 같은데 이익이 더 나는 토지가 있으면 그 땅을 임차받으려 사람들이 몰려들기 마련이다. 임차 경쟁으로 비옥한 땅의 지대가 더욱 비싸져 토지 임차료가 차이를 보이는 현상은?

15. 네덜란드 출신 영국 정신과 의사 겸 철학자 버나드 맨더빌이 1714년에 쓴 작품으로 당시 유럽 사회를 휩쓴 금욕과 이타심은 위선에 불과하고 개인의 소소한 악덕과 욕심이 경제를 발전시키는 원동력이라고 주장한 책은?

16. 재화나 서비스가 초기에는 만족감을 주지만 어느 시점이 지나면 (싫증이 나) 만족도가 떨어져 재화나 서비스 사용이 오히려 줄어드는 현상은?

17. 경제 상황을 사회복지에 영향을 주는 관점에서 보고 평가하는 경제학의 한 분야로 경제활동이 궁극적으로 사회 구성원의 행복을 가져다줘야 한다고 주장한 이론은?

18. 위기 상황에서 소수의 사람을 희생시켜 다수를 구할 것인지에 대한 고민을 담은 문제를 (   )라고 한다.

19. 흔히 '역U 자형 곡선'으로 불리는 (　)은 경제개발 초기 단계에는 빈부격차가 크지만 소득이 일정 수준 이상으로 늘어나면 소득 불균형이 줄어든다는 내용을 담고 있다.

20. 1933년 집권한 프랭클린 D. 루스벨트 전 미국 대통령이 벼랑 끝에 몰린 미국 경제를 살리기 위해 댐, 도로 등을 짓는 대규모 사회간접자본 공사를 통해 실업자에게 일자리를 만들어준 정책은?

21. 조지프 알로이스 슘페터는 기업이 얻는 (　)은 혁신을 일궈낸 데 따른 정당한 대가이며 기업 발전의 원동력이라고 주장했다.

22. 조지프 알로이스 슘페터가 주장한 (　)은 낡은 것을 계속 파괴하고 새로운 것은 계속 창조해 제조 과정에서 생산성을 높이는 혁신이라고 강조했다.

23. 인류사를 보면 40~60년을 주기로 고도성장과 저성장이 번갈아 일어나 세계 경제에 큰 획을 긋는 대발명이나 대전환이 나타났다고 주장한 내용을 담은 이론은?

24. 어떤 정책의 영향 및 혜택이 다른 영역이나 지역으로 퍼져나가는 현상을 뜻하며, 기업이 해결하지 못하는 후생을 국가가 펼치면 국민 개개인에게 혜택을 준다는 경제이론은?

25. 경제적 행위가 시장 내부가 아닌 외부에서 이뤄지는 것을 흔히 A라고 부른다. A가 사회나 소비자에게 나쁜 결과를 초래하면 B라고 부르며, B는 다른 용어로 흔히 C라고 통용된다.

26. (　)는 특정 상품에 대한 수요가 다른 사람에게 영향을 주는 현상을 말하며 스마트폰이 대표적인 예다.

27. ( )는 경제 주체가 경제활동을 하는 과정에 발생하는 외부효과에 대해 부과하는 세금이며 유류세, 교통혼잡세가 대표적인 예다.

28. 경제학에서 물량이 제한되거나 부족해 상품을 얻는 데 제한이 있는 상태를 A라고 부른다. 이에 비해 공기나 바다처럼 공급량이 넘쳐 굳이 돈을 낼 필요가 없는 것을 B라고 한다.

29. 특정 대안을 선택했을 때 다른 대안이 갖고 있는 잠재적인 이득의 손실을 가리키는 용어는?

30. 영국 경제학자 앨프리드 마셜이 선보인 경제이론 A는 경제 현상에 영향을 주는 변수가 너무 많아 이를 일일이 고려하면 경제 법칙을 수립하기가 불가능하므로 한 가지 변수를 검토할 동안 나머지 변수들은 사실상 없는 것으로 가정한다.

31. 100킬로그램이 넘는 거구의 운동선수들이 뷔페 식당에 몰려와도 식당이 쉽게 망하지 않는 이유는 이들이 허기를 이기지 못해 처음 먹는 음식은 맛있고 만족도가 크지만 음식을 계속 먹으면 처음 느꼈던 만족도를 얻을 수 없기 때문이다. 이처럼 소비가 늘어날 때마다 만족도가 늘어나지 않고 오히려 감소하는 현상은 무엇인가?

32. 경제학파 가운데 미국과 캐나다 접경지역 오대호(슈피리어호, 미시간호, 휴런호, 이리호, 온타리오호) 인근에 있는 학교 출신들이 주장하는 경제사상을 A라고 부르며, 미국 서부 캘리포니아와 동부 해안 인근 지역에 있는 대학교 출신 학자들의 사상을 B라고 부른다.

33. 자유무역연합처럼 경제동맹을 맺은 국가들이 회원국 외의 국가로부터 들어오는 수입 제품에 부과하는 관세는?

34. 초기 발전 단계에 있으므로 기존 외국 업체들과 경쟁하기 어려운 상태에 있는 신산업을 뜻하는 경제학 용어는?

35. 위험은 결과를 예측할 수 없지만 실현 가능한 여러 확률을 통해 의사결정을 하는 행위다. 이를 통해 최선의 결과가 나오도록 하는 것은?

36. 경제 상황이 나빠져 금융시장에 위기감이 커지면서 예금을 찾지 못할 수도 있다는 두려움 때문에 고객들이 앞다퉈 은행에서 돈을 찾는 상황을 가리키는 용어는?

37. 케인스 이론을 주장하지만 동시에 시장경제의 중요성도 강조하는 경제이론은?

38. 정부가 지출을 늘리면 지출 금액보다 수요가 더 많이 창출되는 현상을 ( )라고 한다.

39. 개인소득이 늘어나면 소비재 수요가 늘어 신규 투자 증가로 이어지므로 처음 늘어난 소득보다 몇 배가 넘는 투자 증가 효과를 유발한다는 내용을 담은 경제이론은?

40. 경기과열이나 경기 침체에 정부가 섣부르게 대응해 경제 회복은커녕 오히려 부작용을 초래하는 현상을 가리키는 용어는?

41. 경기 침체 국면에서 통화를 지나치게 많이 공급하면 안 된다는 원칙을 정해 이를 지키도록 하는 경제정책은?

42. 극심한 경기 침체 상황에 놓이면 헬리콥터가 하늘에서 돈을 뿌리듯이 중앙은행이 돈을 뿌려 통화량을 늘리는 방법을 가리키는 용어는?

43. 경기 침체 때 중앙은행이 이자율을 제로에 가깝게 내려도 경제가 침체 국면에 머무는 '돈맥경화' 현상을 가리키는 용어는?

44. 물가가 정부 금융당국의 통제를 벗어나 1년에 수백 퍼센트 이상 상승하는 현상을 일컫는 용어는?

45. 화폐가치는 그대로 유지하면서 화폐 액면 단위를 100분의 1 혹은 1,000분의 1로 내리는 조치를 가리키는 용어는?

46. 경제학에서 한 회사가 시장점유율을 50퍼센트 이상 차지하면 A, 경쟁자가 있지만 셋 이하 회사가 시장점유율의 75퍼센트를 차지하면 B라고 하며, A와 B가 결합한 상황을 C라고 부른다.

47. 사소한 무질서를 방치하면 큰 사회적 문제로 이어질 가능성이 높다는 이론은?

48. 보상 체계가 충분하지 않아 문제를 해결하기보다는 오히려 악화시키는 상황을 일컫는 용어는?

49. 주로 경매나 기업 인수합병, 기업공개, 주파수 경매 등에서 자주 목격되며 기업 인수 경쟁에 돌입한 기업이 적정 가치를 크게 웃도는 금액을 지불해 인수에 따른 시너지를 얻지 못하는 현상은?

50. 명령이나 지시 같은 강압적 방법이 아니라 상대방이 선택하도록 유도하는 것을 A라고 한다. 경제학에서 소비자가 현명하게 선택하도록 부드럽게 유도하는 것을 흔히 B라고 부른다.

해답

1. 보이지 않는 손

2. 인클로저

3. 담합

4. 정보의 비대칭성

5. A: 스태그플레이션, B: 슬럼프플레이션

6. 래퍼 곡선

7. 레이거노믹스

8. 맬서스 함정

9. 인구절벽

10. A: 본위제도, B: 금본위제도

11. 브레턴우즈 체제

12. 곡물법

13. 애그플레이션

14. 차액지대론

15. 꿀벌의 우화

16. 한계효용 체감의 법칙

17. 후생경제학

18. 트롤리 딜레마

19. 쿠즈네츠 곡선

20. 뉴딜 정책

21. 초과이윤

22. 창조적 파괴

23. 콘드라티예프 파동 이론

24. 스필오버효과

25. A: 외부효과, B: 부정적 외부효과, C: 외부불경제

26. 네트워크 효과

27. 피구세

28. A: 희소성, B: 자유재

29. 기회비용

30. 세테리스 파리부스

31. 한계효용 체감의 법칙

32. A: 민물경제학파, B: 짠물경제학파

33. 역외공통관세

34. 유치산업

35. 기대효용

36. 뱅크런

37. 카페테리아 케인지언

38. 정부 지출 승수효과

39. 가속도원리

40. 샤워실의 바보

41. K준칙 또는 통화준칙주의

42. 헬리콥터 머니

43. 유동성 함정

44. 하이퍼인플레이션

45. 디노미네이션

46. A: 독점, B: 과점, C: 독과점

47. 깨진 유리창 이론

48. 채찍 유인의 역효과

49. 승자의 저주

50. A: 넛지, B: 선택설계

찾아보기

ㄱ

역사상 가장 위대한 경제이론

초판 1쇄 인쇄 2022년 5월 23일
초판 1쇄 발행 2022년 6월 3일

지은이 김민구
발행인 박효상
편집장 김현
기획·편집 장경희
디자인 임정현
마케팅 이태호 이전희
관리 김태옥
교열·교정 강진홍

종이 월드페이퍼 | 인쇄·제본 예림인쇄 바인딩 | 출판등록 제10-1835호
펴낸 곳 사람in | 주소 04034 서울시 마포구 양화로11길 14-10(서교동) 3F
전화 02) 338-3555(代) | 팩스 02) 338-3545 | E-mail saramin@netsgo.com
Website www.saramin.com

책값은 뒤표지에 있습니다.
파본은 바꾸어 드립니다.

ⓒ 김민구 2022

ISBN 978-89-6049-949-2 03320

우아한 지적만보, 기민한 실사구시 사람IN